中国社会科学院文库
文学语言研究系列
The Selected Works of CASS
Literature and Linguistics

中国社会科学院创新工程学术出版资助项目

中国社会科学院文库 · **文学语言研究系列**
The Selected Works of CASS · **Literature and Linguistics**

安徽宣城（雁翅）方言

SURVEY OF YANCHI DIALECT IN XUANCHENG CITY IN ANHUI PROVINCE

沈 明 著

中国社会科学出版社

图书在版编目（CIP）数据

安徽宣城（雁翅）方言/沈明著. —北京：中国社会科学
出版社，2016.8
ISBN 978 - 7 - 5161 - 8475 - 2

Ⅰ.①安…　Ⅱ.①沈…　Ⅲ.①吴语—方言研究—宣城市
Ⅳ.①H173

中国版本图书馆 CIP 数据核字（2016）第 146143 号

出　版　人	赵剑英	
责任编辑	张　林	
特约编辑	文一鸥	
责任校对	张　虎	
责任印制	戴　宽	

出　　版	中国社会科学出版社	
社　　址	北京鼓楼西大街甲 158 号	
邮　　编	100720	
网　　址	http://www.csspw.cn	
发 行 部	010 - 84083685	
门 市 部	010 - 84029450	
经　　销	新华书店及其他书店	

印　　刷	北京金瀑印刷有限责任公司	
装　　订	廊坊市广阳区广增装订厂	
版　　次	2016 年 8 月第 1 版	
印　　次	2016 年 8 月第 1 次印刷	

开　　本	710×1000　1/16	
印　　张	11.75	
插　　页	2	
字　　数	201 千字	
定　　价	46.00 元	

《中国社会科学院文库》出版说明

　　《中国社会科学院文库》（全称为《中国社会科学院重点研究课题成果文库》）是中国社会科学院组织出版的系列学术丛书。组织出版《中国社会科学院文库》，是我院进一步加强课题成果管理和学术成果出版的规范化、制度化建设的重要举措。

　　建院以来，我院广大科研人员坚持以马克思主义为指导，在中国特色社会主义理论和实践的双重探索中做出了重要贡献，在推进马克思主义理论创新、为建设中国特色社会主义提供智力支持和各学科基础建设方面，推出了大量的研究成果，其中每年完成的专著类成果就有三四百种之多。从现在起，我们经过一定的鉴定、结项、评审程序，逐年从中选出一批通过各类别课题研究工作而完成的具有较高学术水平和一定代表性的著作，编入《中国社会科学院文库》集中出版。我们希望这能够从一个侧面展示我院整体科研状况和学术成就，同时为优秀学术成果的面世创造更好的条件。

　　《中国社会科学院文库》分设马克思主义研究、文学语言研究、历史考古研究、哲学宗教研究、经济研究、法学社会学研究、国际问题研究七个系列，选收范围包括专著、研究报告集、学术资料、古籍整理、译著、工具书等。

中国社会科学院科研局

2006 年 11 月

目　　录

前　言

　　安徽境内的吴语主要指宣州吴语。分布在长江以南、黄山九华山以北、青弋江秋浦河流域，其区域相当于唐代宣州总管府所辖地区。包括黄山市黄山区（旧太平县）、石台、泾县、铜陵、繁昌、芜湖县、南陵，以及郎溪、广德、宁国、宣城、当涂、青阳、池州等 14 个县市区，多见于农村，其中黄山区、石台、泾县、铜陵、繁昌、芜湖县、南陵以通行吴语为主，其他市县吴语通行面积较小。安徽说吴语的总人口约 300 万。在《中国语言地图集》里，安徽吴语分别属于吴语宣州片和太湖片。另外，江苏西南端与安徽接壤的高淳县（今南京高淳区）和溧水县（今南京溧水区）的方言也属于宣州吴语。

　　宣州吴语也有人叫做"西部吴语"。从地域上看，宣州吴语东与江浙吴语相邻，西和北与江淮官话相连，南与徽语毗邻，与这些方言之间关系密切，表现出比较复杂的面貌。比如说，宣州吴语古全浊声母的演变就非常复杂，与周边方言大不相同。目前关于宣州吴语全面深入的材料非常少，因此有必要对宣州吴语进行深入系统的单点调查，出版一批比较系统的单点方言调查报告。

　　本书是 2010 年中国社会科学院重点课题"安徽吴语调查研究"的最终成果之一。该课题共调查记录了四个地点的宣州吴语，由课题组四位成员分别完成。这四个方言点是：安徽宣城（雁翅）（沈明调查）、安徽芜湖（六郎）（陈丽、刘祥柏调查）、安徽泾县（查济）（刘祥柏、陈丽调查）和江苏高淳（古柏）（谢留文调查）。调查内容包括语音系统，4000条左右的词汇、100 个语法例句以及长篇标音语料多项。所有材料均为多次实地调查所得。

　　中国社会科学院语言研究所对本课题从立项到最后出版都给予了大力支持，中国社会科学院为本课题的最终成果提供了出版资助，在此表示衷心的感谢！

"安徽吴语调查研究"课题组

2015 年 10 月 15 日

第一章　安徽宣城（雁翅）方言语音系统

一　安徽宣城（雁翅）地理位置和历史沿革

（一）地理位置

宣城市位于安徽省东南部皖南山区与沿江平原的结合地带，东经117°58′-119°40′、北纬29°57′-31°19′之间。东至东南与浙江省长兴、安吉、临安市交界，南倚黄山市，西至西北与安徽省池州市、芜湖市接壤，北至东北与安徽省当涂县和江苏省南京市高淳区、溧阳市、宜兴市（无锡市代管）毗邻。东西长161.5公里，南北宽150公里，总面积12323.43平方公里。现辖宣州区、郎溪县、广德县、泾县、绩溪县、旌德县，代管宁国市。全市共有57个镇、24个乡、14个街道办事处和730个村及156个社区。2014年末，全市户籍人口279.8万人。（以上资料来源于行政区划网 www.xuancheng.gov.cn）

水阳镇在宣城市宣州区北部。现在的水阳镇是2002年1月由原金宝圩杨泗乡、裘公乡、雁翅乡、水阳镇合并而成的。下辖24个村。人口10万人。

雁翅在水阳镇东部，北邻江苏省南京市高淳区。原来是个乡，2002年1月10日改称雁翅社区，隶属于宣城市宣州区水阳镇。下辖41个村民组，4个街道居民小组，总人口5900多人。

（二）历史沿革

宣城作为区域政治、经济、文化中心，历史悠久。宣州春秋时名爰陵。秦属鄣郡。西汉元封二年（公元前109）改丹郡，治宛陵（今宣州区）。西晋太康二年（281）析丹阳郡置宣城郡。隋初废郡，改南豫州为宣州，不久又改称宣城郡。唐初置宣州，治宛陵、隶扬州。中间一度改称宣城郡，以后复称宣州。南宋乾道二年（1166）宣州改为宁国府，直至清末。民国期间，宣城先后为第九和第六行政督察区。

1949 年 5 月成立宣城专区。1952 年 1 月，宣城专区撤销，辖县并入新成立的芜湖专区（1971 年改称芜湖地区）。1980 年 2 月，芜湖地区改名宣城地区。1982 年 4 月，行署机关移驻宣城。1987 年 8 月 15 日，撤销宣城县，设立宣州市。2000 年 6 月 25 日，撤销宣城地区和县级宣州市，设立地级宣城市；宣城市设立宣州区，以原县级宣州市的行政区域为宣州区的行政区域，区人民政府驻叠嶂中路。2001 年 1 月，宣城市正式挂牌成立。（以上资料来源于 www. xuancheng. gov. cn）

水阳镇。据史料记载，公元 235 年春，东吴大将丁奉受吴主孙权之命，在宣城北金钱湖围湖造田，屯兵牧马，始有金宝圩。赤乌四年（241）春，"大雪，平地深三尺，鸟兽死大半"，是年金宝圩产的大批粮草源源不断运往吴都建邺和各处战场，赈民强兵，为稳定吴国局势起到了重要作用。（以上资料来源于百度百科）

（三）宣城（雁翅）方言的归属

宣城境内的吴语。主要分布在宣城市北部、西部及南部溪口乡金牌（东风），属于吴语宣州片铜泾小片。其余大部属于江淮官话。此外，宣城市水东、杨林等乡及孙埠乡东部属于西南官话；宣城市东部棋盘、丁店等乡属于中原官话（赵日新，2009）。

《中国语言地图集》（中国社会科学院、澳大利亚人文科学院 1987）和《中国语言地图集（第 2 版）》（中国社会科学院语言研究所、中国社会科学院民族学和人类学研究所、香港城市大学语言资讯科学研究中心 2012）中，宣城（雁翅）方言属于吴语宣州片铜泾小片。

发音合作人。夏振英，男性，1939 年 12 月出生，中等师范专科学校毕业，是雁翅社区和平村民小组的村民，长期在村里做会计。

本书所做的田野调查共三次。分别是：2010 年 10 月 13 日至 11 月 2 日（硕士生方胜蓝、黄京爱、崔允慧的田野调查课，四人同去），2011 年 6 月 14 日至 21 日（与黄京爱、崔允慧补充、核对调查语料），2015 年 4 月 22 日至 26 日单独前往，再次补充、核对调查语料。

二　安徽宣城（雁翅）方言声韵调

（一）声母31个，包括零声母在内

p 布保帮伯	pʻ 跑偏品劈	pfɦ 爬盘病白	m 门米明晚	f 飞分方法	v 步皮父鬍
t 到带爹跌	tʻ 胎讨土托	tɦ 桃稻团毒	n 男泥惹日		l 来老兰落
ts 灾争蒸擦	tsʻ 草吵超脆	tsɦ 才茶潮罪		s 丝赊收生	z 字池匙治
tʃ 鸡挤猪居	tʃʻ 溪蛆吹出	tʃɦ 睡拳坠学		ʃ 西书虚楦	ʒ 旗齐荠树
tɕ 尖肩进劲	tɕʻ 千亲轻吉	tɕɦ 谢桥船舅		ç 选先香限	
k 贵家该街	kʻ 开块看空		ŋ 爱我牙袄	x 海灰好婚	hɦ 鞋咸柜下
ø 二安衣雨晚回					

说明：

①［pfɦ tɦ tsɦ tʃɦ tɕɦ］气流强烈，略浊，贯穿整个音节。［tsɦ tʃɦ tɕɦ］分别与［tsʻ tʃʻ tɕʻ］对立。

②［v z ʒ］摩擦强烈。

③［m n ŋ］伴有明显的同部位浊塞成分，实际音值是［m^b n^d η^g］。

④［n］与洪音相拼时实际音值是［ŋ］，与细音相拼时是［ȵ］。

⑤［tɕ tɕʻ tɕɦ ç］发音部分靠后，实际音值接近［c cʻ cɦ ç］。

⑥零声母在开口呼前（"二耳儿"除外）是零声母，例如"安［ɵ］"；在齐齿呼、合口呼、［ʯ］和［-ʮ］打头的韵母前摩擦强烈，其音值在齐齿呼前是［ʑ］，例如"衣［ʑi］"；在合口呼前是［ʋ］，例如"污［ʋu］"；在［ʯ］和［-ʮ］打头的韵母前是［ʮ］，例如"余［ʑʮʮ］"。本书按音位一律归为零声母。

（二）韵母41个，包括自成音节的［m̩］、［n̩］

ɿ 丝皮米地	i 泥犁甜全	u 布步苦胡	ʮ 猪煮树雨
E 儿耳二			
a 茶家遮蛇	ia 借写惹爷	ua 瓜挂花画	ʮa 抓爪耍
ɵ 多锅甘官	iɵ 砖穿串船		
æ 台开柴街		uæ 怪拐筷怀	ʮæ 拽甩摔帅
əi 租堆抽沟		uəi 桂回柜位	ʮəi 锥吹圈权
	iəu 酒九牛有		

ɔu 保高吵潮	iɔu 苗焦浇饶		
an 南山帮项	ian 粮江让香	uan 官光黄王	ɥan 装窗双霜
ən 针真蒸顿	in 金巾精经	uən 棍困温横	ɥn 春军云匀
oŋ 风东中红	ioŋ 胸兄荣用		
aʔ 八腊鸭瞎	iaʔ 甲脚鹊削	uaʔ 刮滑划挖	ɥaʔ 刷
eʔ 鸽割舌十	ieʔ 急结七席		
oʔ 钵落角鹿		uoʔ 活骨谷阔	ɥoʔ 出月学竹
m̩ 母女鱼蜈			
n̩ 尔			

说明：

① [a] 在单韵母[a]和入声韵[aʔ]中，实际音值是[ʌ]。

② [ɹ] 和[t tʰ tɕ]相拼时，不是纯粹的舌尖元音，实际音值介于[ɹ] 和 [i] 之间。

③ [u] 做单韵母时，舌位更高，实际音值接近[β]。

④ [ɔu iɔu] 动程较短，实际音值接近[ɔi ɔi]。

⑤ [an ian uan ɥan] 主要元音是[Ã]，鼻尾 [n] 不很明显，有鼻化色彩。实际音值是[Ãⁿ iÃⁿ uÃⁿ ɥÃⁿ]。

⑥入声韵喉塞尾[ʔ]明显。

⑦[ər]只出现在"侄儿 tsɿeʔ˧˩ ər˧˩、白木耳 pʰɿeʔ˧˩ mər˧˩、托儿所 tʰər˧˩ sɵ˧"中。暂不列在韵母表内。

(三) 声调

1. 单字调 5 个。

阴平 [˧]33　高天安知弯　　　阳平 [˨˩˧]213　田才穷南完

上声 [˧˥]35　古纸老女有

去声 [˥]55　盖近柱旱望

入声 [ʔ˥]ʔ5　发白湿十月

说明：

①阴平[˧]33 有时候收尾略降，实际音值接近[˧˨]332。

②阳平[˨˩˧]213 收尾部分升高较明显，实际音值接近[˩˧]13。

③入声[˥]5 短调，喉塞尾[ʔ]明显。

2. 连调。

(1) 安徽宣城（雁翅）方言两字组连调规律。请看表1。

表 1　宣城（雁翅）方言两字组连调表

		阴平 [˧] 33		阳平 [˨˩˧] 213		上声 [˧˥] 35		去声 [˥] 55		入声 [ʔ˥] 5	
古平声	阴平 [˧] 33	↗	↘	↗	↙	↗	↗	↗	↘	⊢	⊓
		↘	↖	⊢	↙	⊢	↗	⊢	⊓	⊢	⊓
	阳平 [˨˩˧] 213	⊢	⌐	⊢	⌐	⊢	⌐	⊢	⊓	⊢	⊓
		↘	⊢	↘	⊢	↗	↗				
古上声	上声 [˧˥] 35	⊢	⌐	↗	↖	⊢	⊓	⊢	⊓	⊢	⊓
		↗	↖	↗	↙	↗	↗	⌐	⊣	⌐	⊓
		⌐	⊢	⌐	⊢	⌐	↗				
		↗	⊢	↗	⊢	↗	↗				
古去声	去声 [˥] 55			⊓/↖	↙	⊢	⌐	⊢	⌐	⊢	⊓
		⌐	⊢	⌐	⊢	↖	↗	⊓/↖	⊣	↘	⊢
古入声	入声 [ʔ˥] 5			⊢	⌐	⊢	⌐	⊢	⊓	⊢	⊓
		⌐	⊣	⌐	⊢	⌐	⊢			⊓	⊢

说明：

①5 个单字调，25 种组合。每种组合不止一种变调，其中 8 种不变调，45 种变调。

②变调调值。变调出现了 3 个新调：[↖]31、[↖]51 和[⊢]3。[↖]31 由阴平[˧]33 变来；[↖]51 由去声[˥]55 变来；[⊢]3 由多种调类变来。

③变调合流。45 种变调后合流成 11 种。

④每种组合不止一种变调大体上和语法结构有关。从词目的数量来看，名词性结构（包括偏正式、联合式）为一类；谓词性结构（包括动宾式、主谓式和数量结构）为一类。

（2）两字组连调举例（并、定、从邪母今分别读 [pɦ]、 [tɦ]、 [tɕɦ] 的字，做后字有时候读 [v]、 [ɾ] 和 [ç]，举例时一律标变化后的实际音值）。

前一字阴平

11　a. ↗↖ ↗↖　冬天 toŋ tʻi　　风车 foŋ tsʻa　　烟囱 i tsʻoŋ

　　　　　生姜 sən tɕian　　今朝 kən tsəu　　菱瓜 kəu kua

　　　　　汤锅 tʻan kɵ　　灰筛 xuɛi sæ　　周公 tsəi koŋ

家公 ka koŋ　　胞衣 pou i　　阴玫 in kɔu

经纱 tɕin sa　　东西 toŋ ʃi　　先生 ɕi sən

孬包 nɔu pou　　戗风 tɕʻian foŋ　　风筝 foŋ tsʻɛ

污糟 u tsɔu　　　耙耙 pa pa　　曾曾 tsən tsən

爹爹 tia tia　　收疤 səi pa　　摸摸 mə mə

b. ⼌⼌　穿针 tɕʻiɵ tsən　　抓周 tʃʮa tsəi　　趾星 tsʮ ɕin

催亲 tsʻəi tɕʻin　　开交 kʻæ tɕiɔu　　烧香 sou ɕian

阴灯 in tən　　烧汤 sou tʻan　　生疮 sən tʃʮan

抽筋 tsʻəi tɕin　　撑腰 tsʻən iɔu　　春耕 tʃʮn kən

弯腰 uan iɔu　　天干 tʻi kɵ　　遭干 tsou kɵ

销猪 ɕiɔu tʃʮ　　装孬 tʃʮan nɔu　　奔丧 pən san

拎包 lin pou　　花椒 xua tɕiɔu　　花心 xua ɕin

锅灰 kɵ xuəi　　开先 kʻai ɕi　　双身 ʃʮan sən

山腰 san iɔu　　　　　　　　　烟丝 i sʮ

12　a. ⼌⼌　山墙 san tɕʻfian　筛箩 sæ lɵ　　丝条 sʮ tʃʻiɔu

家婆 ka vu　　衣裳 i tsfian　　胶鞋 tɕiɔu hfiæ

飘钱 pʻiɔu ɕi　　香笼 ɕian loŋ　　钉钯 tin pʻfia

汤匙 tʻan zʮ　　斤梁 tɕin lan　　冰糖 pin tʃfian

青苔 tɕʻin tʃfiæ　　香肠 ɕian tsfian　　棺材 kɵ tsfiæ

招牌 tsou pʻfiæ　　秒田 tsʻou tʃfii　　铺床 pʻu tʃfiʮan

b. ⼌⼌　耕田 kən tʃfii　　抽芽 tsʻəi ŋa　　天河 tʻi hfiɵ

乌头 u tʃfiəi　　衣橱 i ʒʮ　　伤寒 san hfiɵ

砂糖 sa tʃfian　　虾笼 xa loŋ　　蒸栏 tsən lan

灯油 tən iɵu　　蜗牛 ɵ niɵu　　猪笼 tʃʮ loŋ

13　a. ⼌⼌　清水 tɕʻin ʃʮəi　公马 koŋ ma　　灯盏 tən tsan

灰桶 xuəi tʻoŋ　　推剪 tʻəi tɕi　　灯草 tən tsʻou

蛟水 tɕiɔu ʃʮəi　糟水 tsɔu ʃʮəi　　烧饼 sou pin

烟屎 i sʮ　　肩膀 tɕi pan　　鸡子 tʃi tsʮ

虾子 xa tsʮ　　锅子 kɵ tsʮ　　挑子 tʻiɔu tsʮ

生子 sən tsʮ　　遭水 tsɔu ʃʮəi

b. ⼌⼌　车水 tsʻa ʃʮəi　开酒 kʻæ tɕiɵu　烘火 xoŋ xɵ

光脸 kuan li　　烧火 sou xɵ　　哈嘴 xa tsəi

提屎 tʰ ̩ s ̩	弯腿 uan tʰəi	开水 kʰæ ʃ ̍ɥei
筛酒 sæ tɕieu	干净 kɵ tɕɦin	抓草 tʃʰɥa tsʰɔu
浇水 tɕʰuɔu ʃ ̍ɥei	张榜 tsan pan	初九 tsʰəi tɕieu

14　a. ˧˩ ˦˥ | 天气 tʰi tʃʰ ̩ | 抽屉 tsʰəi tʰ ̩ | 兄弟 ɕioŋ tɕɦ ̩ |
包菜 pɔu tsʰæ	松树 soŋ ʒ ̩	锅巷 kɵ ɦian
公道 koŋ tʰuɔu	针匠 tsən tɕɦian	冰块 pin kʰuæ
豌豆 ɵ tʰɦei	中稻 tsoŋ tʰuɔu	亲眷 tɕʰin tʃʰɥei
推刨 tʰəi pfɦɔu	挖锯 ua tʃ ̩	荤菜 xuɛn tsʰæ

b. ˧ ˥ | 封岁 foŋ ʃ ̍ɥei | 中柱 tsoŋ ʒ ̩ | 斤柱 tɕin ʒ ̩ |
衣袖 i tɕɦieu	中饭 tsoŋ pfɦian	猪旺 tʃ ̩ uan
烟袋 i tɦæ	锅盖 kɵ kæ	冬至 toŋ ts ̩
扳气 pan tʃʰ ̩	瘫痪 tʰan ɦiɵ	添饭 tʰi pfɦian
攃菜 tɕi tsʰæ	开店 kʰæ ti	生气 sən tʃʰ ̩

15　˧ ˨ʔ ˦ʔ | 正月 tsən ɥoʔ | 青篾 tɕʰin mieʔ | 开阔 kʰæ kʰuoʔ |
猪食 tʃ ̩ tsɦieʔ	桑叶 san nieʔ	针脚 tsən tɕiaʔ
弯尺 uan tsʰeʔ	私塾 s ̩ tʃɦɥoʔ	封脊 foŋ tɕieʔ
煎药 tɕi iaʔ	收嚇 səi xeʔ	开业 kʰæ ieʔ
伤德 san teʔ	阴历 in lieʔ	初六 tsʰəi loʔ

例词注释：

11 a　风车：扇车。今朝：今天。茭瓜：茭白。汤锅：温罐。灰筛：筛面粉的筛子，比"米筛"细密。周公：媒人。当地媒人都是男性。家公：外祖父。胞衣：胎盘。阴玫：两面都朝下。天车：银河边上的一组星星。污糟：脏。戗风：顶风。曾曾：曾祖父。爹爹：父亲。

   b　收疤：结痂。趿星：流星。催亲：迎亲的人开始放花炮，表示该回男方家了。阴灯：熄灯。开交：(民间)调解。遭干：遭旱灾。销猪：阉猪(公、母皆阉)。双身：孕妇。

12 a　筛箩：箩。丝条：细长的丝瓜(短粗的叫"丝瓜")。家婆：外祖母。飘钱：清明上坟烧纸。香笼：插香的器具。斤梁：起辅助作用的一根梁。

   b　抽芽：抽穗。天河：银河。乌头：一种松土农具。把铁钉按一定间距向下钉在木棍上，上接竹制的弯把儿，拉着的时候铁钉松土。虾笼：装虾的笼子。蒸栏：算子。

13 a　灰桶：盛泥灰的木桶。推剪：理发用的推子。蛟水：(未下雨发的)山水。糟水：脏水。烟屎：烟油子。鸡子：鸡蛋。虾子：虾。锅子：锅。挑子：汤勺；

羹匙。生子：下蛋。遭水：遭水灾。

　b　车水：以人踩为动力来取水。烘火：烤火。光脸：刮胡子。哈嘴：张嘴。提屎：
　　　(给小孩儿)把屎。筛酒：斟酒。抓草：拔草。

14 a　包菜：卷心菜。锅巷：宽约六尺的大巷子。滴水瓦要缩进屋檐，下雨的时候雨
　　　水落进自家宅基地里。针匠：裁缝。中稻：三季稻中间那茬稻子。亲眷：亲戚。
　　　挖锯：可旋转的锯子，用来镂花。

　b　封岁：年三十晚饭后的一段时间。中柱：顶正梁的柱子。当地房子有三根柱子
　　　"中柱""斤柱"和"移柱"。斤柱：顶斤梁的柱子。衣袖：袖子。猪旺：用做
　　　食品的猪血。扳气：拔火罐。添饭：盛饭。

15　青篾：篾青。开阔：与"山墙"垂直方向的两面墙之间的距离。弯尺：曲尺。封
　　　脊：给屋脊上盖瓦。收嚇：迷信认为小孩昼夜啼哭是受惊吓所致，就到小孩受
　　　惊的地方撒茶叶米，沿回家的路线一路撒回来。伤德：缺德。

前一字阳平

21　a. ꜔꜔ ꜒꜒
梅天 məi t'i　　　红砖 hɧoŋ tɕiɵ　　　烊灰 ian xuɐi

麻秸 ma kæ　　　房间 pffiæn kan　　　忙工 man koŋ

明朝 mən tsɔu　　　前朝 tɕɧi tsɔu　　　豚猪 tɧiən tʃʮ

螺蛳 lɵ sʮ　　　糍粑 zʮ pa　　　钱钞 tɕɧi ts'ɔu

坟山 pffiæn san　　　阳玟 ian kɔu　　　葵花 hɧiuɐi xua

　b. ꜔꜔ ꜔꜔
黄风 uan foŋ　　　台风 tɧiæ foŋ　　　茅缸 mɔu kan

犁梢 li sɔu　　　洋葱 ian ts'oŋ　　　田租 tɧi tsəi

船艄 tɕɧiɵ sɔu　　　船舱 tɕɧiɵ ts'an　　　门栓 mən ʃɥɐi

柴堆 tsɧæ təi　　　棉车 mi ts'a　　　牙花 ŋa xua

牛车 niɐu ts'a　　　牛兜 niɐu təi　　　堂哥 tɧian kɵ

头昏 tɧiɐi xuɐn　　　留心 liɐu çin　　　求签 tɕɧiɐu tɕ'i

22　a. ꜔꜔ ꜔꜒
城墙 tsfiən tɕɧian　　　芦柴 lɐi tsɧæ　　　洋油 ian iɐu

犁头 li tɧiɐi　　　犁圆 li ɥɐi　　　条台 tɧiɐu tɧiæ

围裙 uɐi pffiin　　　团鱼 tɧiɵ m̩　　　瓢虫 pffiiɐu tsfioŋ

蚜虫 ŋa tsfioŋ　　　牛笼 niɐu loŋ　　　锄头 tsɧəi rəi

姨娘 i nian　　　洋钱 ian çi　　　爷爷 ia ia

研槽 ni tsfiɔu　　　铜钱 tɧoŋ çi　　　门牙 mən ŋa

　b. ꜔꜔ ꜔
前墙 tɕɧian tɕɧian　　　黄鲢 uan li　　　油条 iɐu tɧiɐu

咸盐 hɧian i　　　咸鱼 hɧian m̩　　　烊糖 ian tɧian

黄联 uan li　　　鱼苗 m̩ miɐu　　　龙洋 loŋ ian

		粮行 lian ɦian	年年 ni ni	田肥 ʈʰi pfɦəi	
		回门 uəi mən	抬头 ʈʰiæ ʈʰəi	乘凉 tsʰiən lian	
c. ˨˦ ˨˦		麻油 ma iəu	棉油 mi iəu	桐油 ʈʰioŋ iəu	
		移梁 i lan	篮球 lan tɕʰiəu	排球 pfɦæ tɕʰiəu	

23　a. ˨˦ ˨˩　螃蟹 pfɦian ɦiæ　　洋火 ian xə　　门坎 mən kʰan
　　　　　　麻饼 ma pin　　　榀梗 uəi kən　　牌九 pfɦæ tɕiəu
　　　　　　圩埂 uəi kən　　　浑水 uən ʃʮəi　　荷梗 hfiə kən
　　　　　　条粉 ʈʰiɔu fən　　洋镐 ian kɔu　　头纽 ʈʰiəi niəu
　　　　　　耙子 pfɦia tsʅ　　茅子 ʒi tsʅ　　羊子 ian tsʅ
　　　　　　裙子 pfɦin tsʅ　　蚊子 pfɦiən tsʅ　钳子 tɕʰi tsʅ
　　　　　　台子 ʈʰiæ tsʅ　　聋子 loŋ tsʅ

　　b. ˨˦ ˩　年底 ni tʅ　　鱼卡 m̩ kʰa　　鱼网 m̩ man
　　　　　　鱼子 m̩ tsʅ　　苹果 pfɦin kə　　瞳孔 ʈʰioŋ kʰoŋ
　　　　　　犁底 li tʅ　　皮袄 vʮ ŋɔu　　黄酒 uan tɕiəu
　　　　　　头顶 ʈʰiəi tin　　堂姐 ʈʰian tɕia　红眼 hfioŋ ŋan
　　　　　　寻死 tɕʰin sʅ　　陪酒 pfɦəi tɕiəu　淘米 ʈʰiɔu m̩

24　˨˦ ˥˩　时候 zʅ ɦiəi　　寒露 hfiə ləi　　凌烂 lin lan
　　　　　　犁面 li mi　　　油菜 iəu tsʰæ　黄豆 uan ʈʰiəi
　　　　　　杨树 ian ʒʮ　　河蚬 hfiə ʃʮəi　黄鳝 uan ɕi
　　　　　　移柱 i ʒʮ　　　娘舅 nian tɕʰiəu　皮蛋 vʮ ʈʰian
　　　　　　传袋 tɕʰiə ʈʰæ　　坟冈 pfɦiən ʈʰian　油榨 iəu tsʰa
　　　　　　田瘦 ʈʰi səi　　揹背 ləi pəi　嫌憎 i tsən

25　˨˦ ʔ˥　阳历 ian lieʔ　　荞麦 tɕʰiɔu meʔ　荷叶 hfiə ieʔ
　　　　　　黄篾 uan mieʔ　　头发 ʈʰiəi faʔ　涎沫 tsʰian moʔ
　　　　　　零食 lin tsʰieʔ　排骨 pfɦæ kuoʔ　颜色 ŋan seʔ
　　　　　　毛竹 mɔu tʃʮoʔ　陪客 pfɦəi kʰeʔ　临帖 lin tʰieʔ

例词注释：

21 a 烊灰：熟石灰。麻秸：麻秆。房间：厢房。忙工：零工。明朝：明天。前朝：
　　前天。豚猪：未阉过的母猪。糍粑：长方形糯米饼，炸着吃。钱钞：纸钱。坟
　　山：坟地。阳玟：两面都朝上。

　b 黄风：夹杂着沙尘的风。台风：指七、八级的大风，不是气象学所说的"台
　　风"。茅缸：粪坑。犁梢：犁把。船艄：船尾。棉车：纺车。牙花：牙垢。牛

车：牛拉的板车；水车以牛拉为动力来取水。牛兜：牛笼嘴。

22 a 芦柴：芦苇。洋油：煤油。犁头：犁铧。犁圆：犁前端弓形的部分。条台：条
案（靠墙放着的长条形桌子。上面摆放着"香笼""蜡台"）。牛笼：牛圈。姨
娘：姨母。洋钱：银元。研槽：研船。

　b 前墙：有门的那面墙。咸鱼：盐腌过的晒干的鱼。烊糖：白糖。黄联：挽联，
写在黄纸上的。

　c 麻油：芝麻榨的油。棉油：棉籽榨的油，可食。桐油：桐籽榨的油，用于雨伞、
船的防水。移梁：大梁旁边的一根梁。

23 a 洋火：旧称火柴。麻饼：表面裹着芝麻的圆饼干。桅梗：桅杆。圩埂：堤。条
粉：粉条。现在也叫"粉丝"。头纽：旧时杆秤上第一个纽，用来称重东西。荸
子：荸荠。羊子：山羊（当地没有绵羊）。

　b 鱼卡：鱼刺。犁底：与"犁圆"交叉的部分。寻死：自杀。

24 凌烂：冰锥。油菜：榨油用的，一般不吃。杨树：柳树（不是北方的"杨
树"）。河蚬：蚯蚓。移柱：顶移梁的柱子。娘舅：舅父。传袋：一种麻袋。婚
礼时铺在堂前到洞房之间，一般是三个，新娘踩在前面的麻袋上，后面的麻袋
倒换着向前铺，意为传宗接代。坟凼：坟墓。擂背：捶背。嫌憎：嫌弃。

25 黄篾：篾黄。涎沫：唾沫。

前一字上声

31	a. ˧˦ ˧˥	斗猪 tɐi tʃʅ	子猪 tsʅ tʃʅ	母鸡 m̩ tʃi
		水缸 ʃчəi kan	里锅 li kɵ	草堆 tsʻɔu tɐi
		米汤 m̩ tʻan	手巾 səi tɕin	姆妈 m̩ ma
		老公 lɔu koŋ	姐夫 tɕia fu	卵泡 lɵ pʻɔu
		水花 ʃчəi xua	摆身 pæ sən	眼睛 ŋan tɕin
		耳刀 ᴇ tɔu	嘴巴 tsəi pa	小生 ɕiɔu sən
	b. ˩ ˧˦	老家 lɔu ka	土沙 tʻəi sa	米筛 m̩ sæ
		狗窝 kəi ɵ	晓星 ɕiɔu ɕin	火刀 xɵ tɔu
		水车 ʃчəi tsʻa	奶妈 næ ma	搌锹 ua tɕʻɔu
		酒杯 tɕieɵ pəi	纸烟 tsʅ i	马灯 ma tən
		点灯 ti tən	打呼 ta xu	长疔 tsan tin
		打尖 ta tɕi	娶亲 tʃʻi tɕʻin	舀汤 iɔu tʻan
32	a. ˧˦ ˧˥	水田 ʃчəi tʃʻiəi	澡盆 tsɔu pfʻiən	碗橱 ɵ ʒʅ
		枕头 tsən tʃʻiəi	打头 ta tʃʻiəi	鲤鱼 li m̩
		小牛 ɕiɔu niəu	水蛇 ʃчəi tsʻfia	水羊 ʃчəi ian

		本钱 pən çi	老婆 lou vu	里头 li rəi
b.	꜒꜒ ꜒꜖	早霞 tsou tɕɦia	晚霞 man tɕɦia	脸盆 li pɸiən
		晚娘 uan nian	虎牙 xu ŋa	零钱 lin çi
c.	꜒꜖ ꜒꜒	打雷 ta ləi	起云 tʃˑi ʮn	酒壶 tɕiəu vu
		酒坛 tɕiəu tɦɵ	以前 i çi	小年 çiəu ni
d.	꜒꜖ ꜒꜖	小寒 çiəu hɦ	蟹黄 hɦiæ uan	走栏 tsəi lan
		掸尘 tan tsɦiən	往来 uan læ	整齐 tsən ʒi
		小船 çiəu tɕɦiɦɵ	点头 ti tɦəi	

33	a.	꜒꜖ ꜒꜖	老虎 lou xu	草狗 tsˑou kəi	反手 fan səi
			口水 kˑəi ʃʮəi	耳屎 ɛ sʮ	奶水 næ ʃʮəi
			水桶 ʃʮəi tˑoŋ	洗帚 çi tsəi	雨水 ʮ ʃʮəi
			海碗 xæ θ	眼屎 ŋan sʮ	婶婶 sən sən
			嫂嫂 sɔu sɔu	领子 lin tsʮ	拐子 kuæ tsʮ
			卵子 lɵ tsʮ	牯子 ku tsʮ	想想 çian çian
	b.	꜒꜒ ꜒꜖	粳米 kən mʮ	滚水 kuən ʃʮəi	腐乳 fu ʮ
			整蛊 tsən ku	抹板 mɵ pan	藕粉 ŋəi fən
	c.	꜒꜖ ꜒꜒	表姐 piɔu tɕia	表嫂 piɔu sɔu	子女 tsʮ m̩
			小鬼 çiəu kuəi	起草 tʃˑi tsˑou	洗手 ʃi səi
			洗脸 ʃi li	抿嘴 min tsəi	保本 pɔu pən
			讨讲 tˑou kan	腿抖 tˑəi təi	解走 kæ tsəi
			举手 tʃʮ əi	拷打 kˑou ta	走好 tsəi xou
	d.	꜒꜖ ꜒꜒	冷水 nən ʃʮəi	老表 lou piɔu	手掌 səi tsan
			小满 çiəu mɵ	母马 m̩ ma	吵嘴 tsˑou tsəi
34	a.	꜒꜖ ꜒꜒	水路 ʃʮəi ləi	早稻 tsou tɦɔu	晚稻 man tɦɔu
			姊妹 tsʮ məi	长辈 tsan pəi	寡妇 kua vu
			伙计 xɵ tʃi	酒刺 tɕiəu tsˑʮ	老面 lou mi
			米醋 mʮ tsˑəi	起虹 tʃˑi kan	倒树 tou ʒʮ
			表汗 piɔu hɦiɦɵ	嘴臭 tsəi tsˑəi	改嫁 kæ ka
			点卦 ti kua	守孝 səi çiɔu	讨骂 tˑou ma
			讨厌 tˑou i	讲话 kan ua	把意 pa i
	b.	꜒꜒ ꜒꜖	解锯 kæ tʃʮ	绞链 kɔu li	
35	a.	꜒꜖ ʔ꜒	小雪 çiəu çieʔ	野鸭 ia ŋaʔ	草屋 tsˑou uoʔ

磉壳 san kʻoʔ　　　指掐 tsʅ kaʔ　　　火石 xɵ tsʰieʔ

喜日 ʃi nieʔ　　　纸扎 tsʅ tsaʔ　　　马脚 ma tɕiaʔ

女客 m̩ kʻeʔ　　　卷尺 tʃʮɛi tsʻeʔ　　手镯 səi tʃɦʮoʔ

打麦 ta meʔ　　　买药 mæ iaʔ　　　表湿 piou seʔ

请客 tɕʻin kʻeʔ　　晓得 ɕiou teʔ　　　漂白 pʻiou pɦieʔ

b. ˧ ˀ ˧˦　淌血 tʻan ʃʮoʔ　　满月 mɵ ʮoʔ　　两合 lian keʔ

例词注释:

31 a 斗猪:种公猪。子猪:猪崽。里锅:比"浴锅"略小,烧水用。米汤:煮饭滗
出来的。手巾:旧时洗脸用的布巾。姆妈:母亲。卵泡:阴囊。水花:水痘。
摆身:衣服下摆。耳刀:耳朵。小生:小产。

b 土沙:掺有泥块的沙。米筛:筛稻、米用的。晓星:启明星。火刀:旧时取火
用的火镰。搣锹:铁锹。纸烟:香烟。打呼:打鼾。打尖:途中吃点东西。

32 a 打头:碓杵。水羊:母山羊。

b 晚娘:继母。

c 起云:母牛发情。

d 走栏:母猪发情。掸尘:腊月初七、十七或二十七,任选一日打扫卫生。小船:
小木船,行驶于内河,用于家庭运物、出行等。

33 a 草狗:母狗。反手:左手。口水:涎水。洗帚:竹子做的锅刷子。眼屎:眼眵。
拐子:拐带小孩儿的。卵子:睾丸。牯子:公水牛。

c 起草:母狗发情。讨讲:挨批评。解走:押解。

d 老表:表弟。

34 a 姊妹:①姐、妹的合称 ②兄弟姐妹的合称。伙计:①店员或长工 ②合作的人
③男佣。酒刺:粉刺。老面:发酵用的面团。倒树:砍树。点卦:算卦。把意:
故意。

b 解锯:锯大料的钢锯。绞链:合叶。

35 a 草屋:用茅草搭起的房子。磉壳:柱下石。指掐:指甲。火石:用火镰敲击能
迸发火星的燧石。喜日:举行婚礼的日子。马脚:男巫(当地只有男巫)。表
湿:去湿。

前一字去声

41 ˥ ˥ ˧˦　大风 tɦia foŋ　　鹭鸶 ləi sʅ　　犍猪 tɕi tʃʮ

壮猪 tʃʮan tʃʮ　　伏鸡 vu tʃi　　进深 tɕin sən

外锅 uæ kɵ　　　块灰 kʻuæ xuəi　　弟兄 tɦʅ ɕioŋ

背心 pəi ɕin　　　后朝 hɦəi tsʮ　　圣玟 sən kou

顺风 pɦin foŋ　　过身 kɵ səŋ　　定亲 tɦin tɕʻin

		背书 pffiəi ʃʅ	斗鸡 təi tʃi	种花 tsoŋ xua
42	a. ˥/˥ ˩	大寒 ʈfia hfiə	外河 uæ hfiə	内河 nəi hfiə
		后墙 hfiəi tçfiian	站橱 tsan ʒʅ	坠砣 tʃfiɥəi ʈfiə
		大馍 ʈfia mə	秤砣 ts'ən ʈfiə	胖头 p'an ʈfiəi
		囤条 ʈfiən ʈfiiɔu	酱油 tçian iəu	骟牛 sa niəu
		叫栏 tçiɔu lan	压肥 ŋa pffiəi	做媒 tsə məi
		送房 soŋ pffian	判神 p'ə tsfiən	葬坟 tsan pffiən
	b. ˩ ˩˥	旧年 tçfiiəu ni	苎麻 ʒʅ ma	豆油 ʈfiəi iəu
		稻场 ʈfiɔu tsfian	稻箩 ʈfiɔu lə	粪箕 fən tʃi
		柿团 zʅ ʈfiə	后门 hfiəi mən	寿材 tsfiəi tsfiæ
		楦头 ʃɥəi rəi	正梁 tsən lian	步行 vu çin
		夜壶 ia vu	太婆 t'æ vu	丈人 tsfian nin
		孝鞋 çiɔu hfiæ	算盘 sə və	利钱 li çi
43	a. ˩˥ ˩˥	榻板 ʈfia pan	绕把 niɔu pa	笡里 kə li
	b. ˩˥ ˥	浸种 tçin tsoŋ	上水 tsfian ʃɥəi	放水 fan ʃɥəi
		怕冷 p'a nən	漱口 səi k'əi	跳水 t'iɔu ʃɥəi
		厉嘴 li tsəi	送礼 soŋ li	动手 ʈfioŋ səi
		要紧 iɔu tçin	怕丑 p'a ts'əi	趁早 ts'ən tsɔu
		碰巧 p'oŋ tç'iɔu	放手 fan səi	放假 fan tçia
		跳板 t'iɔu pan	豆粉 ʈfiəi fən	熨斗 ɥn təi
	c. ˩˥ ˩˩	坝埂 pa kən	暴雨 pffiɔu ʅ	碎瓦 səi ua
		大斧 ʈfiæ fu	扫把 sou pa	糙米 ts'ou mʅ
		豆腐 ʈfiəi vu	线板 çi pan	垫被 ʈfii vʅ
		印本 in pən	戒板 kæ pan	正手 tsən səi
		下水 hfia ʃɥəi	大米 ʈfia mʅ	舅母 tçfiiəu m̩
		二纽 ᴇ niəu	二里 ᴇ li	稗子 pffia tsʅ
		牸子 zʅ tsʅ	败子 pffiæ tsʅ	铫子 ʈfiiɔu tsʅ
		量子 lian tsʅ	舅子 tçfiiəu tsʅ	气子 tʃ'i tsʅ
44	a. ˩˥ ˩	下雾 hfia vu	送灶 soŋ tsɔu	秀稻 çiəu ʈfiɔu
		稻壮 ʈfiɔu tʃɥan	叫号 tçiɔu hfiɔu	做寿 tsə tsfiəi
		过背 kə pəi	秤旺 ts'ən uan	做梦 tsə moŋ
		过渡 kə ʈfiəi	怄气 ŋəi tʃ'i	顺便 pffiin pffii

		上供 tsʰian koŋ	算命 sɵ min	上告 tsʰian kɔɯ
		孝帽 ɕiɔu mɔu	项链 ɕian li	庙会 miɔu uəi
b. ㄱ/ㅅ ㄱㅏ		上昼 tsʰian tsəi	下昼 ɦia tsəi	凼泡 ʈʰian pʰɔɯ
		糯稻 nɵ ʈʰiɔu	大蒜 ʈʰiæ sɵ	苋菜 ɦian tsʰæ
		泥匠 ni tɕʰian	壮稻 tʃʰɥan ʈʰiɔu	扣带 kʰəi tæ
		夜饭 ia pʰfʰian	大菜 ʈʰia tsʰæ	味道 pʰfʰiəi ʈʰiɔu
		旱路 ɦian ləi	硬币 ŋeɯ vɿ	探棍 tʰan kuən
		内眷 nəi tʃʰɥəi	太太 tʰæ tʰæ	

45	a. ㄱㅏ ʔㄱ	进伏 tɕin pʰfʰioʔ	断黑 ʈʰiɵ xeʔ	做屋 tsɵ uoʔ
		上学 tsʰian tɕʰɥoʔ	对质 təi tsʰieʔ	搽笔 tʰi pieʔ
		倒立 tɔu lieʔ	跺脚 tɵ tɕiaʔ	教室 tɕiɔu seʔ
	b. ㄱㅅ ʔㄱ	大雪 ʈʰia ɕieʔ	闰月 pʰfʰin ɥoʔ	柱脚 ʒɥ tɕiaʔ
	c. ㄱㅅ ʔㄱㅏ	大麦 ʈʰiæ meʔ	菜鸽 tsʰæ keʔ	信鸽 ɕin keʔ
		制服 tsɿ pʰfʰioʔ	做客 tsɵ kʰeʔ	待客 ʈʰiæ kʰeʔ
		送客 soŋ kʰeʔ	自各 zɿ kaʔ	快活 kʰuæ uoʔ
		放学 fan tʃʰɥoʔ	认得 nin teʔ	四十 sɿ seʔ

例词注释:

41 a 犍猪: 公猪。壮猪: 阉了的公猪或母猪, 供食用。伏鸡: 正在孵蛋的母鸡。进深: 入深。外锅: 比"里锅"略小, 炒菜用。块灰: 生石灰。弟兄: 兄、弟的合称。背心: 脊背。后朝: 后天。圣玟: 一正一反。过身: 过后; 吵架归吵架, ~忘记略。斗鸡: 两人一腿站立, 一腿弯曲, 用膝盖互相撞击, 弯曲腿先落地者为输。种花: 种牛痘。

42 a 外河: 与长江水道连通。内河: 与"外河"相通。站橱: 立柜。坠砣: 线砣, 砌墙时量是否垂直。大馍: 馒头(没馅的)。胖头: 胖头鱼。骟牛: 母黄牛。叫栏: 母羊发情。压肥: 施肥。送房: 送走客人后, 和新郎同辈的亲友把新郎送到洞房, 新郎在门口要唱歌然后进洞房。判神: 跳神。葬坟: 下葬。

b 旧年: 去年。豆油: 黄豆榨的油。稻场: 晾晒稻子的场院。柿团: 柿子。寿材: 生前预制的棺材。正梁: 当地房子有五根梁, 正中一根正梁, "正梁"稍下左右两根斤梁, "斤梁"稍下左右两根移梁。步行: 石门坎。太婆: 祖父的母亲。

43 a 榻板: 旧时床前的踏脚板。绕把: 用高粱穗、黍子穗等绑成笤帚, 扫地用。箇里: 那里。

b 上水: 往田里灌水。放水: 从田里排水。跳水: 投水自尽。厉嘴: 顶嘴。怕丑: 害羞。豆粉: 芡粉。

c 坝埂：河中拦水的建筑物。大斧：砍柴用的斧子。扫把：扫地用的竹扫帚。糙
　米：未舂碾过的稻米。线板：缠线板。垫被：褥子。印本：仿引儿。戒板：戒
　尺。正手：右手。下水：猪牛羊的内脏，供食用。二纽：秤杆上第二个纽，用
　来称一般重量的东西。牸子：母水牛。败子：败家子。铫子：烧开水用的水壶。
　量子：手拎的水桶。舅子：①内兄 ②内弟。气子：气味。

44 a 送灶：农历腊月二十三，通常烧纸或画符。秀稻：抽穗。叫号：母猫发情。过
　背：老人去世。秤旺：(称物时)秤尾高，表示分量足。

　b 上昼：上午。下昼：下午。凼泡：坑。壮稻：灌满浆的稻子。泥匠：瓦匠。扣
　带：袜带。夜饭：晚饭。大菜：全荤的菜。探棍：刮板(旧时粮店里用来平斗
　斛的木片)。内眷：妻。太太：曾祖父的父亲。

45 a 断黑：夜晚。

　c 自各：自己。

前一字入声

51	ʔ˥˩	石灰 tsfieʔ xuɛi	伏天 pffioʔ tʻi	北瓜 peʔ kua
		结猪 tɕieʔ tʃʅ	插销 tsʻaʔ ɕiɔu	麦秸 meʔ kæ
		浴锅 ɥoʔ kɵ	白刀 pffieʔ uɔu	铁叉 tʻieʔ tsʻa
		学乖 tʃɦɥoʔ kuæ	发糕 faʔ kɔu	铁心 tʻieʔ ɕin
		发蛟 faʔ tɕiɔu	立春 lieʔ tʃʻɥn	月初 ɥoʔ tsʻɛi
		撒秧 saʔ ian	发棵 faʔ kɵ	拔风 pffiaʔ foŋ
		发痧 faʔ sa	发亲 faʔ tɕʻin	撒尿 saʔ sɛi
		吃烟 tsʻeʔ i	息工 ɕieʔ koŋ	复山 foʔ san
52	a. ʔ˦˩ ˩˥	腊梅 laʔ mɛi	石榴 tsfieʔ liɛu	脚炉 tɕiaʔ lɛi
		钥匙 iaʔ zʅ	结羊 tɕieʔ ian	蜜糖 mieʔ tɦian
		黑鱼 xeʔ m̩	跋鞋 saʔ hɦæ	蜡台 laʔ tɦæ
		学堂 tʃɦɥoʔ tɦian	末名 meʔ min	舌条 tsfieʔ tɦiɔu
		木头 meʔ rɛi	贼头 tsfieʔ rɛi	鼻头 pffieʔ rɛi
	b. ʔ˥ ˩˥	作脓 tsoʔ loŋ	喝茶 xoʔ tsfia	入材 tʃɦɥoʔ tsfiæ
		出材 tʃʻɥoʔ tsfiæ	积存 tɕieʔ tsfiən	拔河 pffiaʔ hɦɵ
		屋檐 uoʔ i	鼻梁 pffieʔ lian	药芹 iaʔ tɕfiin
	c. ʔ˥ ˩˥	黑云 xeʔ ɥn	白云 pffieʔ ɥn	
53	a. ʔ˦˩ ˩˥	热水 ieʔ ʃɥɛi	熟米 tʃɦɥoʔ m̩	月饼 ɥoʔ pin
		雪李 ɕieʔ li	墨斗 meʔ tɛi	滴水 tieʔ ʃɥɛi
		圪蚤 keʔ uɔu	侄女 tsfieʔ m̩	鸭子 ŋaʔ tsʅ

黑板 xeʔ pan　　雀子 tɕʰiaʔ tsๅ　　凿子 tsɦoʔ tsๅ

胳子 kaʔ tsๅ　　脚子 tɕiaʔ tsๅ　　纳子 naʔ tsๅ

角子 koʔ tsๅ　　斛子 xuoʔ tsๅ　　日里 nieʔ li

b. ʔ˥˥˩　撒屎 saʔ sๅ　　落雨 loʔ ʮ　　月小 ɥoʔ ɕiɔu

插嘴 tsʰaʔ tsəi　　蚀本 tsɦeʔ pən　　拔火 pfɦiaʔ xɵ

吃奶 tsʰeʔ næ　　喝酒 xoʔ tɕiəu　　搭宝 kʰeʔ pɔu

拍手 pʰoʔ səi　　踢腿 tʰieʔ tʰəi　　罚款 pfɦiaʔ kɵ

白果 pfɦieʔ kɵ　　石板 tsɦeʔ pan　　屋顶 uoʔ tin

白酒 pfɦieʔ tɕiəu　　铁马 tʰieʔ ma　　月底 ɥoʔ tๅ

c. ʔ˥˩˨　作疲 tsoʔ fan　　木马 meʔ ma

54　ʔ˨˩˥　白露 pfɦieʔ ləi　　月亮 ɥoʔ lian　　白白 pfɦieʔ tɕɦiəu

绿豆 loʔ ɻəi　　抹布 maʔ pu　　作凳 tsaʔ tən

笃镜 toʔ tɕin　　木匠 meʔ tɕɦian　　癫痫 laʔ li

色气 seʔ tʃʰi　　作料 tsaʔ liɔu　　白菜 pfɦieʔ tsʰæ

立夏 lieʔ hɦia　　斫稻 tsaʔ tɕɦiɔu　　发汗 faʔ hɦiɵ

嚇怕 xeʔ pʰa　　出嫁 tʃʰɥoʔ ka　　撒帐 saʔ tsan

发酵 faʔ ɕiɔu　　择菜 tsɦieʔ tsʰæ　　入座 tʃɦiɥoʔ tsɦiɵ

憋气 pfɦieʔ tʃʰi　　聒淡 kuaʔ tɕɦian　　实在 tsɦieʔ tsɦiæ

55　a. ʔ˨˩ ʔ˥˩　腊月 laʔ ɥoʔ　　喝⁼昨 xoʔ tsoʔ　　六谷 loʔ kuoʔ

瘪壳 pieʔ kʰoʔ　　烙铁 laʔ tʰieʔ　　蜡烛 laʔ tʃɥoʔ

墨汁 meʔ tseʔ　　叔伯 ʃɥoʔ peʔ　　八角 paʔ koʔ

角铁 koʔ tʰieʔ　　活络 uoʔ loʔ　　插肶 tsʰaʔ pʰieʔ

叔叔 ʃɥoʔ ʃɥoʔ　　歇歇 ɕieʔ ɕieʔ　　六十 loʔ seʔ

b. ʔ˥˩ ʔ˨˩　落雪 loʔ ɕieʔ　　出伏 tʃʰɥoʔ pfɦoʔ　　日蚀 nieʔ tsɦieʔ

擦喝⁼ tsʰaʔ xoʔ　　斫麦 tsaʔ meʔ　　捉脉 tsoʔ meʔ

拔毒 pfɦiaʔ tɕɦieʔ　　发热 faʔ nieʔ　　隔食 keʔ tsɦieʔ

入学 ɥoʔ tʃɦiɥoʔ　　脱学 tʰeʔ tʃɦiɥoʔ　　着急 tʃɥoʔ tɕieʔ

擦抹 tsʰaʔ meʔ　　屋脊 uoʔ tɕieʔ　　赤脚 tsʰeʔ tɕiaʔ

雪白 ɕieʔ pfɦieʔ　　确实 tʃʰɥoʔ tsɦieʔ　　一廑 ieʔ tʰoʔ

例词注释:

51 a 北瓜: 类似南瓜, 个儿小, 用来玩赏。结猪: 未阉过的公猪。浴锅: 最大号的
铁锅, 洗澡用。白刀: 菜刀。铁叉: 通柴草的铁条。学乖: 学徒。发糕: 籼米

粉发酵后作的糕，蒸着吃的。铁心：死心眼儿。发蛟：未下雨而发山水。发稞：分蘖。拔风：去风。发痧：中暑。发亲：新娘出发到婆家。撒尿：①撒尿 ②小孩子尿床。吃烟：抽烟。息工：收工。复山：上坟。

52 a 结羊：公山羊。蜜糖：蜂蜜。趿鞋：拖鞋。舌条：舌头。木头：杉树。贼头：贼。鼻头：鼻涕。

　　b 作脓：溃脓。喝茶：迎亲的人在女方家吃茶点。入材：入殓。出材：出殡。积存：存款。药芹：外地引进的芹菜。

53 a 熟米：经过舂碾的稻米。雪李：李子。滴水：滴水瓦。圪蚤：跳蚤。鸭子：鸭蛋。雀子：鸟儿。胳子：胳膊。脚子：瘸子。纳子：尿布。角子：硬币。斛子：容量单位，二斗五为一斛。日里：白天。

　　b 撒屎：解大便。月小：农历二十九天的月份。拔火：去火。搭宝：压宝。白果：银杏。铁马：钉在"作凳"一端的铁制器具，锯木板的时候起固定作用。

　　c 作疫：反胃。木马：钉在"作凳"上固定木板的弯形物件。

54 　白白：碓。作凳：木匠凳。笃镜：理发镜子。色气：衣服的颜色。白菜：绿叶白梗，晾干了腌菜吃（不是北方说的"白菜"）。撒帐：结婚时把茶叶米、花生、红枣等撒在床上。聒淡：聊天。

55 a 喝˭昨：昨天。六谷：玉米。瘪壳：秕子。叔伯：大伯子（夫之兄）。角铁：砌窗台、门时量直角是否垂直。插肶：交合。

　　b 擦喝˭：闪电。斫麦：割麦子。捉脉：号脉。发热：发烧。隔食：积滞。脱学：逃学。擦抹：锅烟子。一庹：成人两臂平伸的长度。

（3）连调调式是否合流。雁翅话单字调5个，两字组有25种组合。每种组合不止一种变调，其中8种不变调，45种变调。

㊀8种不变调。例如：

12b ˧˩˨	耕田 kən t͡ɕʰi		抽芽 ts·i ŋa		天河 tʰi hɸiɵ
13b ˧˥	车水 ts·a ʃʰɿe		开酒 k·æ t͡ɕiɵu		烘火 xoŋ xɵ
14b ˧˥	封岁 fən ʃʰɿe		中柱 tsoŋ ʐʮ		衣袖 i t͡ɕʰiɵu
15 ˧ ʔ˥	正月 tsən ȵoʔ		青篾 t͡ɕʰin mieʔ		开阔 k·æ k·uoʔ
32d ˥˩	小寒 ɕiɔu hɸiɵ		蟹黄 hɸiæ uan		走栏 tsɐi lan
51 ʔ˥ ˧	发蛟 faʔ t͡ɕuɔu		撒秧 saʔ ian		月初 ȵoʔ ts·i
52b ʔ˥ ˧˩	出梅 t͡ʃ·ȵoʔ məi		作脓 tsoʔ loŋ		喝茶 xoʔ tsʰia
53b ʔ˥ ˧˥	撒屎 saʔ sɿ		落雨 loʔ ʮ		月小 ȵoʔ ɕiɔu

㊁45种变调。变调出现3种新调：[˥˩]31、[˥]51和短[˧]3。其中，[˥˩]31出现在5种组合里（4种前字，1种后字），[˥]51出现在6种组合里（都是前字），[˧]3出现在14种组合里（4种前字、10种后

字)。例如：

11a	风车 foŋ tsʻa	烟囱 i tsʻoŋ
12a	疯牛 foŋ niəu	烟油 i iəu
13a	风景 foŋ tɕin	烟屎 i sɿ
14a	风气 foŋ tʃʻi	烟洞 i tʃʻioŋ
31b	起风 tʃʻi foŋ	纸烟 tsɿ i
42a	大寒 tɕfia ɦfiə	下河 ɦfia ɦfiə
43b	大水 tɕfia ʃʮəi	下水 ɦfia ʃʮəi
43c	大斧 tɕfiæ fu	下水<家禽内脏> ɦfia ʃʮəi
44b	大蒜 tɕfiæ sə	下昼 ɦfia tsəi
45b	大雪 tɕfia ɕieʔ	下落 ɦfia loʔ
45c	大麦 tɕfiæ meʔ	菜鸽 tsʻæ keʔ
52b	舌条 tsfieʔ tʃfiɔu	蜡台 laʔ tɕfiæ
53a	熟米 tʃfiʮoʔ mɿ	热水 nieʔ ʃʮəi
54	白露 pffieʔ ləi	癞痢 laʔ li
55a	活络 uoʔ loʔ	腊月 laʔ ʮoʔ
21b	棉车 mi tsʻa	柴堆 tsʻfiæ təi
22c	棉油 mi iəu	桐油 tʃfioŋ iəu
32b	晚娘 man niaŋ	虎牙 xu ŋa
34b	解锯 kæ tʃʮ	绞链 kɔu li
35b	淌血 tʻan ʃʮoʔ	满月 mə ʮoʔ
41	大风 tɕfia foŋ	下霜 ɦfia ʃʮaŋ
42b	正梁 tsən lian	旧年 tɕʰiəu ni
52c	黑云 xeʔ ʮn	白云 pffieʔ ʮn
53c	作疲 tsoʔ fan	木马 meʔ ma
55b	出伏 tʃʻʮoʔ pffioʔ	落雪 loʔ ɕieʔ

㈢45种变调调式，加上不变调的，合流成11种。请看下页表2（每种调式列的是变调，单字调同调的不再标明）。

表 2　安徽宣城（雁翅）方言两字组连调调式合流表

组合	变调值	例词			组合	变调值	例词		
①11a	⼂⼃	风车	公家	清官	⑧22b	⼂⼃	抬头	黄鲢	咸鱼
13a		风水	公马	清水	32d		点头	往来	鲤鱼
14a		风气	公社	清静	⑨14b	⼁⼁	封岁	猪旺	烟袋
②13b	⼁⼃	筛酒	车水	烧火	21a		房间	烊灰	麻秸
33d		水酒	冷水	吵嘴	22a		牛笼	洋钱	洋油
③11b	⼃⼂	销猪	花心	烧汤	23a		牛子	洋火	麻饼
31b		小猪	好心	舀汤	24		牛粪	杨树	麻线
④21b	⼃⼁	棉车	黄风	牛车	31a		火车	水缸	老公
22b		棉油	桐油	渔船	32a		火篮	水田	老婆
32b		晚娘	虎牙	零钱	33a		火把	水桶	老表
33b		老板	滚水	粳米	34a		伙计	水路	老面
⑤34b	⼂⼁	解锯	绞链		43a		榻板	绕把	箇里
41		后朝	斗鸡	背心	44a		下雾	做寿	旱路
42b		后门	豆油	丈人	⑩015	⼁⼁	正月	针脚	青篾
⑥52c	⼂⼁	黑云	白云		25		涎沫	阳历	黄篾
53c		作疲	木马		35a		火石	马脚	买药
55b		落雪	拔毒	斫麦	45a		进伏	做屋	倒立
⑦43c	⼂⼁	大米	暴雨	下水	⑪52a	⼁⼁	石头	热情	学堂
44b		大菜	上昼	下昼	53a		石子	热水	雪李
45c		大麦	菜鸽	送客	54		实在	热闹	学校

（4）连调的调值、调型。

㈠调值。单字调 5 个：阴平［⼁］33，阳平［⼂］213，上声［⼃］35，去声［⼁］55，入声［ʔ⼁］5。两个平调（阴平［⼁］33、去声［⼁］55）、一个升调（上声［⼃］35）、一个曲折调（阳平［⼂］213）和一个短调（入声［ʔ⼁］5）。连调没有曲折调，出现了 3 个新调：［⼂］、［⼃］和［⼁］。

㈡从变调调型看，不计短调，主要有降升型①［⼂⼃］、升降型③［⼃⼂］以及平平型⑨［⼁⼁］。

㈢从音强和音长来看，雁翅话的连调有两种：一种是重轻式（前字是入声［ʔ⼁］5 除外），也就是说前字多重长，后字多轻短。比如④［⼃⼁］、⑤［⼂⼁］和⑦［⼂⼁］；另一种是轻重式，也就是说，前字平轻，后字高重。比如⑨［⼁⼁］、⑩［⼁⼁］和⑪［⼁⼁］。

㈣从声调收尾的音高来看，假定 [˦]、[˥] 和 [ˉ] 是高调，[˨]、[˩]、[˩]、[˧] 和 [˧] 是低调，那么雁翅话的两字组连调大体上属于高低型和低高型。高低型如③ [˦˨]、④ [˦˧]、⑤ [˥˧] 和⑧ [˦˨]；低高型如① [˨˦]、② [˧˦]、⑨ [˧˥]、⑩ [˧˥] 和⑪ [˧˥]。也就是说，前字高则后字低，前字低则后字高。

㈤同一个词目，有时连调不同，可自由变读。比如：绞链合页 kɔu˥ li˧/kɔu˧ li˥、灯芯 tən˨ ɕin˦/tən˨ ɕin˦、眼睛 ŋan˦ tɕin˥/ŋan˦ tɕin˧。

㈥雁翅话两字组的连调如此复杂，原因多种多样。就方言内部而言，和吴语的连调即所谓的词调比较接近。就方言外部而言，雁翅处在江淮官话的包围之中，其韵母系统和单字调系统已经完全是江淮官话的样子了，连调也不可避免地受其影响。赵日新先生告知：江淮官话里的阴平就是一个降调。所以，雁翅话的阴平 [˧] 33 在连调中出现 [˨] 31 调，也许与此不无关系。

（5）同一组合连调不同，从词目的数量看，大体和语法结构有关。也就是说，名词性结构（包括偏正式、联合式）多变调，谓词性结构（包括动宾式、主谓式）多不变调，或者和名词性结构的变调不同。比如：

	名词性结构	谓词性结构
11	花心花蕊 xua˦ ɕin˦	花心 xua˦ ɕin˦
	销猪阉过的猪 ɕiɔu˦ tʂʅ˦	销猪阉猪（动宾）ɕiɔu˦ tʂʅ˦
13	蛟水未下雨而发的山水 tɕiɔu˦ ʃiei˦	浇水 tɕiɔu˧ ʃiei˥
	花脸戏曲行当 xua˦ li˥	光脸刮胡子 kuan˧ li˥
14	天气 t'i˦ tʃʅ˥	生气 sən˧ tʃʅ˥
	推刨木匠用的刨子 t'ei˦ pffiɔu˦	推刨推"推刨" t'ei˧ pffiɔu˥
22	犁头 li˨ t'iei˩	抬头 t'iei˨ t'iei˩
	城墙 tsfiən˨ tɕ'iɑn˩	乘凉 tsfiən˨ liɑn˩
23	黄米 uan˧ mʅ˩	淘米 tʃiɔu˧ mʅ˩
	红眼红眼病 hfioŋ˧ ŋan˩	红眼 hfioŋ˧ ŋan˥
31	米汤 mʅ˩ t'an˩	舀汤 iɔu˥ t'an˨
	小生小产 ɕiɔu˩ sən˩	小生小产了 ɕiɔu˥ sən˨
32	枕头 tsən˩ t'ei˩	点头 ti˥ t'iei˩
	粉尘 fən˩ tsfiən˩	掸尘 tan˥ tsfiən˩

33	洗帚 ɕi tsəi	洗手 ʃi səi	
	反手左手 fan səi	举手 tʃʮ səi	
42	步行前门的石板 vu ɕin	步行 vu ɕin	
	利钱利息 li ɕi	赚钱 tʃuaŋ tɕin	
43	下水供食用的动物内脏 hfia ʃʮɕi	下水 hfia ʃʮɕi	
	正手右手 tsən səi	动手 tɦioŋ səi	
44	上昼上午 tsfian tsəi	上供 tsfian koŋ	
	下昼下午 hfia tsəi	下雾 hfia vu	
52	腊梅 laʃ məi	出梅 tʃʮoʔʃʮ məi	
	黑茶 xeʔ tsfia	喝茶 xoʔ tsfia	
53	谷雨 kuoʔ ʮ	落雨 loʔ ʮ	
	热水 nieʔ ʃʮɕi	热水把水加热 nieʔ ʃʮɕi	
55	赤脚光脚 tsˈeʔ tɕiaʔ	赤脚 tsˈeʔ tɕiaʔ	
	瘪壳 pieʔ kˈoʔ	脱粒 tˈeʔ lieʔ	

（6）雁翅话5个单字调中，上声（包括清上、次浊上和个别全浊上）[ˈ]35、去声[⌐]55和入声[ʔ]5不分阴阳，只有一个。也就是说，雁翅话是靠声母的清浊来区别的。例如：

　　上声[ˈ]35

海 xæ≠蟹 hfiæ　黄海 uan xæ≠螃蟹 pffian hfiæ

挑 tˈiou≠跳 tɦiou　挑子调羹 tˈiou tsʮ≠跳了跑了 tɦiou lar

请 tɕˈin≠净 tɕfiin　邀请 iou tɕˈin≠干净 kə tɕfiin

　　去声[⌐]55

聘 pˈin≠病 pffiin　聘人 pˈin nin≠病人 pffiin nin

帕 pˈa≠稗 pffia　帕子 pˈa tsʮ≠稗子 pffia tsʮ

探 tˈə≠缎 tɦiə　探子 tˈə tsʮ≠缎子 tɦiə tsʮ

搽 tˈi≠电 tɦii　搽笔 tˈi pieʔ≠电笔 tɦii pieʔ

套 tˈou≠稻 tɦiou　套子 tˈou tsʮ≠稻子 tɦiou tsʮ

错 tsˈə≠座 tsfiə　错位 tsˈə uəi≠座位 tsfiə uəi

凑 tsˈəi≠寿 tsfiəi　凑数 tsˈəi səi≠寿数 tsfiəi səi

蛀 tʃʮ≠柱 ʒʮ　蛀牙 tʃʮ ŋa≠柱头 ʒʮ rəi

欠 tɕˈi≠贱 tɕfii　欠收 tɕˈi səi≠贱收 tɕfii səi

翘 tɕˈiou≠轿 tɕfiiou　翘子中风病人 tɕˈiou tsʮ≠轿子 tɕfiiou tsʮ

货 xɵ˥≠祸 ɦfiɵ˥　　好货 xɔu˩˥ xɵ˥≠闯祸 tʃʻʮaŋ˩˥ ɦfiɵ˥
　　入声[ʔ˥]ʔ5

秃 tʻeʔ˥≠独 ʨfieʔ˥　　秃子 tʻeʔ˥ tsʮ˩˥≠独子 ʨfieʔ˥ tsʮ˩˥
插 tsʻaʔ˥≠杂 tsfiaʔ˥　　插销 tsʻaʔ˥ ɕiɔu˥≠杂交 tsfiaʔ˥ tɕiɔu˥
出 tʃʻʮɵʔ˥≠入 tʃfiʮɵʔ˥　　出材出殡 tʃʻʮɵʔ˥ tsfiæ˩≠入材入殓 tʃfiʮɵʔ˥ tsfiæ˩
瞎 xaʔ˥≠匣 ɦfiaʔ˥　　瞎子 xaʔ˥ tsʮ˩˥≠匣子 ɦfiaʔ˥ tsʮ˩˥
　　匣母少数字今读零声母［∅］，与影组字相混。例如：
坏=外 uæ˥　　坏人=外人 uæ˥ nin˩˥
还=顽 uan˩　　还原 uan˩˥ ʮie˩：顽皮 uan˩˥ vʮ˩
活=屋 ɵʔ˥　　做活=做屋 tsɵ˩ uɵʔ˥
滑=乞 uaʔ˥　　滑倒=乞倒 uaʔ˥ tɔu˥

（四）安徽宣城（雁翅）方言的文白异读

宣城（雁翅）方言的文白异读体现在声母和韵母两个方面，例子很少。声调没有文白读。

1. 声母的文白异读。多见于微母字、日母字和见组字。例如：

①古微母字今读[m]=明。如：晚~娘：继母=莽王~ʻman、望~东走=慢 manˈ。

②古日母字今读[n]=泥疑。如：日~子=聂逆 nie˩。

③古见晓组二等=一等。如：阶=该 ʑkæ、搅=稿 ʻkɔu、闲~的=韩 ʑɦfian。

2. 韵母的文白异读。主要见于假摄三等（=假摄二等［a/ia］）。例如：车水~ ʑtsʻa、爷~~：祖父 ʑia。

3. 文白异读对举举例（只有白读或只有文读的暂不列）。

微母	白	晚~娘：继母 ʻman	望~东走 manˈ	
	文	晚~辈 ʻuan	望想~ uanˈ	
日母	白	日~子 ʑnieʔ˩		
	文	日~头：太阳 tsfieʔ˩		
匣母	白	闲~的 ʑɦfian		
	文	闲~时间 ʑɕi		
假开三	白	车水~ ʑtsʻa	爷~~：祖父 ʑia	姐~~ ʻtɕia
	文	车汽~ ʑtsʻiɛ	爷舅老~：内兄内弟 ʑi	姐~弟两个 ʻtɕi

三　安徽宣城（雁翅）方言单字音表

安徽宣城（雁翅）方言单字音表请看表3。表端是韵母和声调，表左是声母，表中是例字。韵母、声调和声母的顺序同本章一。

有音无字或一时找不到合适的字用圆圈表示，在表下注音并加注释。

表3　安徽宣城（雁翅）方言单字音表

	ɿ	i	u	ʮ	E	a	ia
	阴阳上去 平平声声 ˦˧˥˥	阴阳上去 平平声声 ˦˧˥˥	阴阳上去 平平声声 ˦˧˥˥	阴阳上去 平平声声 ˦˧˥˥	阴阳上去 平平声声 ˦˧˥˥	阴阳上去 平平声声 ˦˧˥˥	阴阳上去 平平声声 ˦˧˥˥
p pʻ pfɦ m f v	屄 比闭 批 脾屁 迷米秘 皮被	鞭 匾变 偏 片 辫 弥棉免面	补布 铺 普铺 墓 夫 斧富 壶五步			巴 把霸 趴 怕 爬耙 妈麻马骂	
t tʻ tʃɦ n l	低 底 体替 蹄弟	颠 点店 天 舔掭 田 垫 拈泥碾义 犁李练				打○ 他 　大 哪那 拉拿哪	爹 惹
ts tsʻ tsfɦ s z	枝 紫志 痴 此次 师 屎世 瓷 字				者	渣 榨 车 岔 茶 社 沙 舍骟	
tʃ tʃʻ tʃɦ ʃ ʒ		鸡 挤记 溪 起气 西 喜细 棋技荠		猪 主锯 区 取处 书 许庶 除树			
tɕ tɕʻ tɕɦ ɕ		尖 碱见 千 浅欠 钱 贱 先闲选限					加 姐借 邪 谢 写泻
k kʻ ŋ x hɦ			姑 鼓故 箍 苦裤 呼 虎			家 假嫁 卡 桠牙压 虾 蛤○下	
∅		医移椅燕	乌	余雨芋	儿耳二	阿还哑	爷野夜

哪 na˨ ~里　　　　还 a˨ 你~能讲点什么？
那 na˥ ~以后　　　○ ta˥ 人称代词复数：我~：我们、你~：你们、他~：他们
哪 la˨ ~个　　　　○ hɦia˨ ~种：流氓

续表 3

	ua	ɥa	ɵ	iɵ	æ	uæ	ɥæ
	阴阳上去 平平声声	阴阳上去 平平声声	阴阳上去 平平声声	阴阳上去 平平声声	阴阳上去 平平声声	阴阳上去 平平声声	阴阳上去 平平声声
p p' pfɦ m f v			菠　半 坡　叛 　盘拌 摸磨满磨		摆拜 　派 牌败 埋买卖		
t t' tɕɦ n l			多　短剁 拖　妥探 　团断 南暖糯 笋卵乱		呆　带 胎　太 　台袋 　奶耐 攦来　赖		
ts ts' tsɦ s z			钻　左做 搓　错 　蚕坐 酸锁蒜		灾　宰再 猜　彩菜 　财在 筛　赛		
tʃ tʃ' tʃɦ ʃ ʒ		抓爪 　耍				拽　拽 揣　踩 摔甩帅	
tɕ tɕ' tɕɦ ç				砖转转 穿　串 　船传			
k k' ŋ x hɦ	瓜寡卦 夸垮跨 花化 华		哥管灌 宽可课 鹅我饿 欢火货 河汗		该解盖 开凯概 挨涯矮爱 ○海 鞋蟹害	乖拐怪 快 歪 槐	
∅	挖划瓦画	日	安完碗			歪怀外	

日 ɥa˥ 子~诗云（旧时私塾教的读音）　　拽 tʃɥæ˩ ~子：手部残疾的人
歪 xuæ˥ 歪的　　　　　　　　　　　　　○ xæ˧ 大：老~
歪 uæ˧ 睡；躺

续表3

	əi	uəi	ʮieʔ	ieu	ɔu	iɔu	an
	阴平 阳平 上声 去声	阴平 阳平 上声 去声	阴平 阳平 上声 去声	阴平 阳平 上声 去声	阴平 阳平 上声 去声	阴平 阳平 上声 去声	阴平 阳平 上声 去声
p	杯　辈				包　饱报	膘　表	帮　板扮
pʰ	坏　配				泡　跑炮	飘　票	攀　胖
pfɦ	陪翡味				袍　刨	瓢	房　饭
m	梅尾妹				猫毛卯帽	苗秒妙	忙　网慢
f	飞　匪费						方　反放
v							
t	兜　堵队			丢	刀　倒到	刁　鸟吊	单　胆担
tʰ	推　土透				掏　讨套	挑　挑跳	汤　毯炭
tɕɦ	图　豆				桃　稻	条跳调	糖　蛋
n	内			牛扭	孬挠脑闹	扰绕	难攘难
l	楼　垒路			溜刘柳	捞劳老涝	疗了料	狼懒烂
ts	租　走醉				遭　早灶		张　盏胀
tsʰ	粗　丑脆				超　炒躁		仓　厂唱
tsɦ	愁　寿				潮　造		馋　壤丈
s	苏　手碎				烧　扫扫		伤　闪散
z							
tʃ			追　卷眷				
tʃʰ			吹　劝				
tʃɦ			权　坠				
ʃ			靴　水榗				
ʒ							
tɕ				揪　九救		浇　饺叫	
tɕʰ				秋		锹　巧窍	
tɕɦ				求　旧		桥　轿	
ç				修　朽秀		消　小笑	
k	沟　狗够	规　鬼桂			高　搅告		间　讲虹
kʰ	抠　口扣	亏　跪愧			敲　考靠		糠　砍囥
ŋ	瓯　藕怄				凹　熬袄傲		淹颜雁
x	吼	灰　毁讳			蒿　好好		喊○
ɦ	侯　厚	葵　柜			豪　号		闲项觉
ø		煨苗苇胃	冤园远怨	幽油有右		腰姚舀要	安　案

挑 tʰiɔu˥-子：担子　　　　　　跳 tʰiɔu˥ 水埠~：河边的大石头，人站
挑 tʰiɔu˥-子：调羹　　　　　　　　或蹲在上面洗衣服
跳 tʰiɔu˥-得咯啦：跑了　　　　○ xan˥ 老~儿子：小儿子

续表 3

	ian	uan	ɥan	ən	in	uən	ɥn
	阴平 阳平 上声 去声	阴平 阳平 上声 去声	阴平 阳平 上声 去声	阴平 阳平 上声 去声	阴平 阳平 上声 去声	阴平 阳平 上声 去声	阴平 阳平 上声 去声
p p' pfɦ m f v				奔 本 喷 盆 问 门 闷 分 粉 粪	冰 饼 柄 姘 品 聘 平 病 明 敏 命		
t t' tɕɦ n l	娘 仰 让 粮 两 亮			蹲 等 凳 吞 藤 囤 轮 冷 嫩	丁 顶 订 听 挺 听 停 锭 定 人 认 拎 林 领 另		
ts ts' tsɦ s z				蒸 枕 枕 撑 逞 寸 绳 忍 剩 生 婶 胜			
tʃ tʃ' tʃɦ ʃ ʒ			庄 赚 窗 闯 串 床 状 双 爽				军 准 春 倾 熏 纯 训
tɕ tɕ' tɕɦ ç	姜 桨 酱 枪 抢 呛 墙 匠 香 想 向				金 井 镜 青 请 庆 晴 净 近 星 醒 信		
k k' ŋ x hɦ		光 广 桄 筐 况 荒 谎 晃		根 粳 更 垦 硬 樱 哼 痕 很 恨		滚 棍 坤 捆 困 婚 混	
∅	秧 羊 痒 样	弯 黄 往 旺			音 银 影 印	温 横 稳	晕 云 永 运

	oŋ	ioŋ	aʔ	iaʔ	uaʔ	ɥaʔ
	阴平 阳平 上声 去声 ˧ ˩˧ ˥˩ ˩˧	阴平 阳平 上声 去声 ˧ ˩˧ ˥˩ ˩˧	入声 ˥	入声 ˥	入声 ˥	入声 ˥
p pʻ pɦ m f v	崩　进 　　捧碰 棚　凤 懵蒙猛梦 风　讽		八 拔抹 发			
t tʻ tɦ n l	东　懂冻 通　桶痛 同　　洞 　　　弄 龙拢		搭踏 达捺 辣	略		
ts tsʻ tsɦ s z	棕　肿众 春　铳 　虫　重 松　搡送		扎 擦 杂 杀			
tʃ tʃʻ tʃɦ ʃ ʒ						刷
tɕ tɕʻ tɕɦ ɕ		熊 兄		脚 鹊 削		
k kʻ ŋ x hɦ	公　拱共 空　恐空 轰　哄哄 　红		夹 掐 鸭 瞎 匣		刮 划	
Ø		雍荣拥用		药	滑	

续表 3

	eʔ	ieʔ	oʔ	uoʔ	ɥoʔ	m̩	n̩
	入声 ˥	入声 ˥	入声 ˥	入声 ˥	入声 ˥	阳上平声 ˩˥	阳上平声 ˩˥
p p' pfɦ m f v	北 木	笔 劈 鼻 蜜	钵 泼 服 沫 福				
t t' tɦ n l	德 秃 毒 勒	滴 铁 碟 热 力	沰 托 落				
ts ts' tsɦ s z	摺 尺 舌 湿		作 促 凿 索				
tʃ tʃ' tʃɦ ʃ ʒ					竹 出 镯 叔		
tɕ tɕ' tɕɦ ɕ		急 七 席 雪					
k k' ŋ x hɦ	鸽 客 额 黑		角 壳 恶 喝 盒	谷 哭 忽 核			
∅		一		活	月	鱼女	○尔

○ ŋ̍˩˥～□tsa˥：什么：尔做～? 你姓～?

第二章　安徽宣城（雁翅）方言
语音演变特点

一　声母演变特点

（一）古全浊声母今读音

安徽宣城（雁翅）方言古全浊声母今读清塞音、塞擦音或浊擦音，与清、次清今读对立。清音伴有明显的气流，贯穿于整个音节。

1. 古全清、次清与全浊声母今读清塞音、塞擦音的三分。例如：

帮组：变［pi ʼ］≠ 片［pʼi ʼ］≠ 辫［pffi ʼ］、霸［pa ʼ］≠ 怕［pʼa ʼ］≠ 耙［pffia ʼ］、拜［pæ ʼ］≠ 派［pʼæ ʼ］≠ 败［pffiæ ʼ］、背后~［pəi ʼ］≠ 配［pʼei ʼ］≠ 倍［pffiəi ʼ］；

端组：剎［tθ ʼ］≠ 探［tʼθ ʼ］≠ 断［tfiθ ʼ］、带［tæ ʼ］≠ 太［tʼæ ʼ］≠ 袋［tfiæ ʼ］、对［təi ʼ］≠ 退［tʼəi ʼ］≠ 豆［tfiəi ʼ］、到［tɔu ʼ］≠ 套［tʼɔu ʼ］≠ 稻［tfiɔu ʼ］、钓［tiɔu ʼ］≠ 跳［tʼiɔu ʼ］≠ 铫［tfiiɔu ʼ］；

精、知庄章组：灶［tsɔu ʼ］≠ 躁［tsʼɔu ʼ］≠ 皂［tsfiɔu ʼ］、榨［tsa ʼ］≠ 岔［tsʼa ʼ］≠ 社［tsfia ʼ］、做［tsθ ʼ］≠ 锉［tsʼθ ʼ］≠ 坐［tsfiθ ʼ］、咒［tsəi ʼ］≠ 臭［tsʼəi ʼ］≠ 售［tsfiəi ʼ］；

精、知庄章、见组：转［tɕiθ ʼ］≠ 串［tɕʼiθ ʼ］≠ 传［tsfiiθ ʼ］、叫［tɕiɔu ʼ］≠ 窍［tɕʼiɔu ʼ］≠ 轿［tɕfiiɔu ʼ］、箭见［tɕi ʼ］≠ 欠［tɕʼi ʼ］≠ 贱件［tɕfii ʼ］、酱降［tɕian ʼ］≠ 呛［tɕʼian ʼ］≠ 匠［tɕfiian ʼ］。

2. 古全浊声母今读浊擦音，限于与高元音单韵母［ɿ ʅ i u ʮ］相拼。例如：

帮组：闭［pɿ ʼ］≠ 屁［pʼɿ ʼ］≠ 被［vɿ ʼ］、布［pu ʼ］≠ 铺［pʼu］≠ 步［vu ʼ］；

精组、知庄章组、见组：刺［tsɿ ʼ］≠ 次［tsʼɿ ʼ］≠ 字治市事［zɿ ʼ］、祭记［tʃi ʼ］≠ 趣气［tʃʼi］≠ 技［ʒi ʼ］、蛀句［tʃʮ ʼ］≠ 去处［tʃʼʮ ʼ］≠ 竖树柱具

［ʒʮʔ］。

3. 古全浊声母今读清塞音、塞擦音，见于与［ɿ i u ʮ］以外的韵母相拼（定母、匣母除外。並、邪、群母可拼［i］）。例如：袍［ˌpffiɔu］、办［pffian ʔ］、才［ˌtsfiæ］、茶蛇［ˌtsfia］、绳［ˌtsfiən］、睡［tʃfiʮəi ʔ］、谢［tɕfiia ʔ］、晴琴形［ˌtɕfiin］、船［ˌtɕfiiɵ］。

宣城（雁翅）方言古全浊声母今读情况，请看表4（声调不同的例字放在一起不标调）。

表4　宣城（雁翅）方言古全浊声母今读

	並奉	定	从邪澄崇船禅	从邪群
ɿ i u ʮ	ˌvɿ 皮 ˌvu 婆步	tfiɿ ʔ 地ˌtfiəi 图	zɿ 瓷池匙治	ʒi 齐旗技 ʒʮ 厨柱具
其他	ˌpffiɔu 袍 pffian ʔ 办	tfiɔu 桃稻	ˌtsfiæ 才 ˌtsfia 茶	tɕfiia ʔ 谢 tʃfiʮəi 锤拳

具体例子如下：

v　ɿ　皮脾~气琵~琶枇~杷便~宜［ˌvɿ］、毙避躲~蓖~麻币硬~被~窝［vɿ ʔ］
　　u　婆蒲菖~菩~萨脯胸~葡扶芙浮［ˌvu］、部簿步埠父妇负阜［vu ʔ］
pffi　i　辨辩汴~梁便方~辫［pffii ʔ］
　　a　爬琶琵~杷枇~扒~手［ˌpffia］、耙罢稗［pffia ʔ］
　　ɵ　盘［ˌpffiɵ］、伴拌［pffiɵ ʔ］
　　æ　排牌［ˌpffiæ］、败［pffiæ ʔ］
　　əi　培陪赔裴肥［ˌpffiəi］、翡［ˌpffiəi］、倍背~书焙备［pffiəi ʔ］
　　ɔu　袍［ˌpffiɔu］、抱暴鲍刨［pffiɔu ʔ］
　　iɔu　瓢嫖［ˌpffiiɔu］
　　an　旁螃庞凡烦肪妨房［ˌpffian］、办傍~晚范犯饭［pffian ʔ］
　　ən　盆彭［ˌpffiən］
　　in　贫频凭平坪评瓶萍苹屏［ˌpffiin］、病［pffiin ʔ］
　　oŋ　朋棚篷蓬冯逢缝~衣裳［ˌpffioŋ］、凤俸缝一条~［pffioŋ ʔ］
　　aʔ　拔筏罚［pffiaʔ ˌ］
　　ieʔ　鼻别区~离~僻偏~［pffiieʔ ˌ］
　　oʔ　雹服伏［ˌpffioʔ］
z　ɿ　池匙瓷糍迟祠时［ˌzɿ］、是自字痔治~鱼士柿事市［zɿ ʔ］
tsfi　a　茶搭茬蛇［ˌtsfia］、社~会［tsfia ʔ］
　　ɵ　蚕［ˌtsfiɵ］、坐座［tsfiɵ ʔ］

　　　æ　　才材财裁豺柴[ʣsɦæ]、在[tsɦæ˺]

　　　əi　　随绸稠愁仇[ʣsɦəi]、助互~组罪受寿授售纣商~王[tsɦəi˺]

　　　ɔu　　曹槽巢~湖朝~代潮韶[ʣsɦɔu]、皂造赵兆召绍[tsɦɔu˺]

　　　an　　馋涎~沫：唾沫藏包~长~短肠常尝[ʣsɦan]、脏五~[ꞌtsɦan]、丈仗
　　　　　　杖上[tsɦan˺]

　　　ən　　沉陈臣存层橙绳承程成城[ʣsɦən]、阵剩[tsɦən˺]

　　　oŋ　　虫崇从重~复屐精液[ʣsɦoŋ]、仲管~讼~事重轻~[tsɦoŋ˺]

　　　eʔ　　舌择~菜侄实贼食石什直值掷[tsɦeʔ˺]

　　　aʔ　　杂闸炸油~[tsɦaʔ˺]

　　　oʔ　　凿族俗[tsɦoʔ˺]

3　　i　　徐齐脐奇骑其棋期旗[ʒi]、技~术[ꞌʒi]、荠忌[ʒi˺]

　　　ʅ　　除厨[ʒʅ]、苎柱住竖树[ʒʅ˺]

tɕɦi　i　　潜钱乾前钳全[ʥɕɦi]、渐贱件[tɕɦi˺]

　　　ia　　邪斜[ʥɕɦia]、谢[tɕɦia˺]

　　　iəu　因求球[ʥɕɦiəu]、就袖臼舅咎既往不~旧[tɕɦiəu˺]

　　　iɔu　乔侨桥荞[ʥɕɦiɔu]、轿[tɕɦiɔu˺]

　　　ian　墙蔷详祥强[ʥɕɦian]、匠酱像橡[tɕɦian˺]

　　　in　　寻琴秦勤芹情晴[ʥɕɦin]、净[ꞌtɕɦin]、尽近静[tɕɦin˺]

　　　ioŋ　琼秦~[ʥɕɦioŋ]

　　　ieʔ　集习袭及籍~贯席[tɕɦieʔ˺]

tʃɦi　ɥəi　茄垂~直槌锤拳权[ʤʃɦɥəi]、坠~砣：线砣[tʃɦɥəi˺]

　　　ɥan　床[ʤʃɦɥan]、状[tʃɦɥan˺]

　　　ɥoʔ　镯熟塾赎属家~局[tʃɦɥoʔ˺]

　　汉语方言里，零声母和高元音单韵母[ɿ i u ʅ]相拼时，有强烈的摩
擦倾向（石汝杰1998）。也就是说，高元音做单韵母时，如果是零声母，
就容易形成摩擦，从而滋生出一个同部位浊擦成分来。比如[ɿ] <
[zi]，[i] < [zi]、[u] <[vu]，[ʅ] <[ʒʅ]。那么，雁翅话的浊擦音
声母，是由原来的全浊声母弱化来的，还是由摩擦滋生出来的呢？

　　从外部环境来看，雁翅周围的吴语，古全浊声母弱化成浊擦音是比较
常见的。从雁翅话本身来看，[ɿ i u ʅ]做单韵母的时候，不光是全浊声
母与之相拼时读浊擦音，影组字与之相拼时也读浊擦音，比如：盂痰~子
[zɿ]；医衣[zi]、移姨[zi]、以椅[ꞌzi]、艺异意[zi˺]。不过，影组的

摩擦成分有轻有重。在［ɻ］、［i］前是浊擦音［z］、［ʑ］，在［u］、［ɥ］前的摩擦就没有那么重，是个半元音［ʋ］、［ɥ］。读浊擦音声母的，［z］与从邪澄崇船禅来的字合流，比如：盂＝瓷词池迟匙迟［ʐɿ］；但［ʑ］并没有和从邪群母读［ʒ］相混，比如：移姨［ʑi］≠骑棋［ʒi］、意易异［ʑiˀ］≠荠忌［ʒiˀ］。读半元音［ʋ］、［ɥ］的，也不和其他声母来的字相混，比如：乌污［ʋu］≠雾步父师~误［vuˀ］；余榆愚［ɥʮ］≠除厨［ʒʮ］、预芋裕遇［ɥʮˀ］≠苎住树［ʒʮˀ］。本书把［z］、［ʋ］和［ɥ］按音位归到零声母。

　　由此可见，雁翅话古全浊声母与［ɻ i u ɥ］相拼时读浊擦音是弱化的结果。影组由强摩擦滋生出一个浊擦声母［z］，与弱化后的全浊声母合流。雁翅话的古全浊声母再后来变成了清塞擦音，由于受和高元音［ɻ i u ɥ］相拼时拼合关系的限制，仍然保持浊擦音。

　　4. 匣母。今读主要有四种：［ɦfi］拼开口呼和部分合口呼；［tɕɦ］拼齐齿呼；［Ø］、［v］多拼合口呼；［tʃɦ］拼[-ʮ]打头的韵母。例如：

ɦfi　a　蛤［ˌɦfia］、下［ɦfiaˀ］

　　ua　华中~［ˌɦfiua］

　　ɵ　河何荷和禾含［ˌɦfiɵ］、贺祸旱~稻埠白字~，地名汉汗换［ɦfiɵˀ］

　　æ　孩鞋［ˌɦfiæ］、蟹［ˈɦfiæ］、亥害［ɦfiæˀ］

　　uæ　槐淮［ˌɦfiuæ］

　　əi　侯喉猴［ˌɦfiəi］、后後厚候［ɦfiəiˀ］

　　uəi　回~拜［ˌɦfiuəi］

　　ɔu　豪壕毫［ˌɦfiɔu］、浩号［ɦfiɔuˀ］

　　an　鹹~淡衔闲寒韩行银~航杭［ˌɦfian］、项［ˈɦfian］、焊苋巷［ɦfianˀ］

　　ən　痕恒衡［ˌɦfiən］、很［ˈɦfiən］、恨［ɦfiənˀ］

　　oŋ　宏红洪鸿［ˌɦfioŋ］

　　aʔ　匣~子枪［ɦfiaʔˌ］

　　uaʔ　划~拳［ɦfiuaʔˌ］

　　oʔ　合~作盒［ɦfioʔˌ］

　　uoʔ　核桃~子［ɦfiuoʔˀˌ］

tɕɦ　i　贤［ˌtɕɦi］、现［tɕɦiˀ］

　　ia　霞［ˌtɕɦia］

　　iɔu　效校［tɕɦiɔuˀ］

　　ian　降投~［ˌtɕɦian］

    in　行~为形型刑[ʥɕ̤in]

Ø　i　嫌[ᴈi]

    a　还你~能讲点什么?[ᴈa]

    ua　划~船[ᴈua]、桦画话划~计[uaˀ]

    ɵ　缓[ˈɵ]

    uæ　怀[ᴈuæ]、坏[uæˀ]

    uəi　回~来茴[ᴈuəi]、汇会开~惠慧[uəiˀ]

    uan　还~原环黄蟥蚂~簧皇蝗[ᴈuan]

    uən　魂浑横[ᴈuən]

    uaʔ　滑猾[uaʔ˳]

    uoʔ　活[uoʔ˳]

v　u　胡湖狐壶葫鬍[ᴈvu]、户沪互护瓠~子[vuˀ]

tʃɦ　ʮəi　弦[ᴈtʃɦʮəi]

    ʮoʔ　学[tʃɦʮoʔ˳]

  5. 在语流中的读音。古全浊声母单念或在前字位置上读带气流的清塞音、塞擦音,后字位置上则有两种读音:一种是浊擦音,比如:盘算~[ᴈvɵ]、裳衣~架子[ᴈzan];另一种是清塞音、塞擦音和擦音,比如:台阳~[ᴈt'æ]、寿长~锁[səi]、钱铜~[ᴈçi]、虫蚜~[ts'oŋ]。定母单念或在前字位置上读[tɦ],后字位置上则读[ɾ]。请看表5(单字音在前,词音后字位置在后,中间用-连接)。

表 5　安徽宣城(雁翅)方言古全浊声母在语流中的读音

並奉	定	（从邪）澄崇船禅		（从邪）群
pɦ-v	tɦ-ɾ	tsɦ-z ｜ tsɦ-s（＝生书）	（拼［-ʮ］）tʃɦ-ʃ（＝生书）	tɕɦ-ç（＝晓）
pɦ-f（＝敷）	tɦ-t'（＝透）	tsɦ-ts'（＝清彻初昌）	tʃɦ-tʃ'（＝清彻初昌溪）	

  举例如下(奉母同並母,以奉母字出例):

pɦ-v　盘 ᴈpɦɵ　算盘 sɵ˥(pɦ-v)ɵ˧˩

pɦ-f　饭 pɦianˀ　讨饭佬乞丐 t'ou˧˩(pɦ-f)an˥ lou˥

tɦ-ɾ　头 ᴈtɦəi　额头 ŋoʔ˧˩(tɦ-ɾ)əi˧˥　鼻头 pɦieʔ˧˩(tɦ-ɾ)əi˧˥

                       贼头 tsɦeʔ˧˩(tɦ-ɾ)əi˧˥　榔头 lan˧˩(tɦ-ɾ)əi˧˥

      豆 ᴈtɦəiˀ　黄豆酱 uan˧˩(tɦ-ɾ)ie˥ tɕianˀ

tɦ-t'　台 ᴈtɦæ　晒台 sæ˥(tɦ-t')æ˧˥　阳台 ian˧˩(tɦ-t')æ˧˥

弟 ˌtʃɦʅ ˒　　兄弟 ɕioŋ˧˦ (tʃɦ-t˙) ʅ˥

地 ˌtʃɦʅ ˒　　土地庙 t˙əi˧˦ (tʃɦ-tʃ) ʅ˥ mioɯ˥

tsɦ-z　　裳 ˌtsɦian　　衣裳架子 i˧˦ (tsɦ-z) an˥˩ ka˥ tsʅ˥

食 tsɦie?˨　　猪食 tʃʅ˧˦ (tsɦ-z) e?˥淅水

tsɦ-s　　寿 tsɦəi ˒　　长寿锁百家锁（小儿佩戴的）tsɦian˧˦ (tsɦ-s) əi˥ sə˥

tsɦ-ts˙　　虫 ˌtsɦoŋ　　蚜虫 ŋa˧˦ (tsɦ-ts˙) oŋ˥

tʃɦ-ʃ　　睡 tʃɦ-iˑ˒　　铳臁睡打盹儿 ts˙oŋ˥ k˙e?˦ (tʃɦ-ʃ) ɥəi˥

tʃɦ-tʃ˙　　镯 tʃɦ-o?˨　手镯 səi˧˦ (tʃɦ-tʃ˙) o?˥

tɕɦ-ɕ　　钱 ˌtɕɦi　　铜钱 t˙ɦoŋ˧˦ (tɕɦ-ɕ) i˥

谢 tɕɦia ˒　　感谢 kan˧˦ (tɕɦ-ɕ) i˥

　　读浊擦音应当是保留了较早的音值，比如"盘[ˌɕvɵ]、裳[ˌzan]、食[ze?˨]"。读清擦音可能是从浊擦音清化来的，比如"钱[ˌɕi]（>[*ˌzi]）"，也可能是跟着官话方言的音值走的，比如"寿[səi ˒]（>[tsɦəi ˒]）、睡[ʃɥəi ˒]（>[tʃɦɥəi ˒]）"。

　　匣母［hɦ］在后字位置是零声母［Ø］。比如，"下肚子小肚子[hɦia˥ təi˧˦ tsʅ˥]：楼下[ləi˧˦ a˥]、天下[t˙i˧ a˥]、地下[tʃɦʅ˥ a˥]"，声调多是轻声。零声母［Ø］应当也是较早的读音形式。

（二）声类分合关系

　　1. 古並奉母合流，微母字大部分合流到並奉母，今读［pfɦ］（［u］以外的韵母）。比如：肥＝陪[ˌpfɦəi]、万＝办饭范[pfɦian ˒]、袜＝拔罚[pfɦia?˨]、坟蚊＝盆[ˌpfɦən]。船（日）、群个别字也和並母合流。比如：病＝顺闰[pfɦin ˒]、平＝裙群[ˌpfɦin]。

　　部分微母字还和明母合流。比如：尾＝每美[ˈmei]、晚网＝蟒[ˈman]、忘望＝慢[man ˒]。

　　和［u］韵母相拼时，古並奉（微）母还和疑母、匣母合流。比如：婆蒲扶无吴壶[ˌvu]、部步雾误户[vu ˒]。原因是匣母、疑母本读零声母［Ø］，和单韵母［u］相拼时，滋生出［v］声母后读［vu］，与並奉（微）母合流。

　　2. 古知庄章组在洪音前和精组合流，读［ts ts˙ s］。比如：资＝支知[tsʅ]、操＝超抄[ˌts˙u]、三＝衫山[ˌsan]、增＝蒸争[ˌtsən]、塞＝色虱失[se?˨]。

　　和［ɥ］及［-ɥ］打头的韵母相拼时，知庄章组与精、见组字合流，今读［tʃ tʃʰ tʃɦ ʃ ʒ］。比如：蛛朱＝居拘［tʃʮ］、需＝书输＝虚［ʃʮ］、锤谁＝拳［ʤʃɦʮɕi］、肫＝均［tʃʮn］、树柱＝具［ʒʮʾ］。

3. 古日母字（"耳［ʮ］"等除外）今读多为［n］ （＝泥疑）和［tsɦ］（＝船禅从澄崇）。例如：儿外甥~：外甥＝泥严［ni］、揉＝牛［ɲiəu］、人＝宁［nin］、热日~子＝逆聂孽叶［nieʔ］，然燃＝常长~肠　短肠［tsɦan］、仁人单站人：单立人＝绳承存橙成［tsɦən］、日~头＝舌石［tsɦieʔ］。少数今读［tɕɦ］（＝邪群）、［pfɦ］（＝並奉微）。例如：冉姓＝潜钱乾~坤前贤钳全泉［tɕɦi］、闰＝病［pfɦin ʾ］、芮＝焙昧［pfɦiəi ʾ］。和 ［ʮ］ 及 ［-ʮ］ 打头的韵母相拼时读［tʃɦ］（＝群崇禅船匣）。例如：肉若＝学镯熟属局［tʃɦʮoʔ］。

4. 匣母。今多读零声母［∅］，同疑、微、影云以母合流。例如：嫌＝移姨遗炎盐檐颜言缘［i］、缓皖＝碗腕［ɵ］、坏＝外［uæ］、回~来茴＝危桅为作~违围［uəi］、汇会开~、~不~惠慧＝卫喂为~什么位魏畏纬~纱胃［uəi ʾ］、还~原环黄蟥蚂~簧皇蝗＝顽玩~龙灯亡王［ɹuan］、活＝握屋沃［uoʔ］。

部分按今韵母的四呼分别读：

开口呼前读［hɦ］。例如：河含［ɦɦiɵ］、蟹［ʿhɦiæ］、厚［hɦiəi ʾ］；

齐齿呼前读［tɕɦ］（＝从邪群）。例如：贤＝潜钱乾~坤前钳全泉［tɕɦi］、霞＝邪斜［tɕɦia］、效校＝轿［tɕɦiou ʾ］、降投~＝墙祥强要~、勉~［tɕɦian］、行品~形型刑巡＝寻琴秦勤芹晴［tɕɦin］；

合口呼前读［v］（＝並奉微疑）。例如：胡湖狐壶葫＝婆蒲菖~菩~萨脯胸~葡吴梧扶芙无［ʿvu］、户沪互护瓠＝部步埠水~跳：码头误悟焐水~子：汤壶伏~鸡：落窝父师~务雾戊妇负阜~阳［vu ʾ］；

在 ［ʮ］ 和 ［-ʮ］ 打头的韵母前读 ［tʃɦ］（＝群崇禅船日）。例如：学＝镯熟塾属赎肉若局［tʃʮoʔ］。

5. 影、疑母与洪音相拼时合流，今读 ［ŋ］。比如：桠［ŋa］：牙［ŋa］、袄［ŋou］：熬［ŋou］、藕＝呕［ŋiəi］、晏＝雁［ŋan ʾ］、恶＝鄂［ŋoʔ］。

二 韵母演变特点

(一) 韵类分合关系

总的情形是：蟹止合流今读〔ʅ ɿ əi i ie uəi ɥei〕（举例略）。舒声韵咸山宕江合流，今读〔an ian uan ɥan〕；深臻曾梗合流，今读〔ən in uən ɥn〕。入声韵里开口韵大致三分：咸山一二等非见系宕为〔aʔ〕类（包括〔aʔ iaʔ uaʔ ɥaʔ〕类；咸山三四等深臻曾梗为〔eʔ〕类（包括〔eʔ ieʔ〕）；咸山一二等见系宕江为〔oʔ〕；合口韵里，咸山入声见系、臻宕曾梗通合流，都读〔uoʔ ɥoʔ〕。例如：

咸山宕江　　单当 ₍tan　　　苋巷 hɕian ʾ　　关光 ₍kuan　环黄 ₍uan

深臻曾梗　　针真蒸争 ₍tsən　金巾惊精 ₍tɕin　浑横 ₍uən　云赢 ₍ɥn

咸山宕　　　腊辣烙 laʔ₎　　招鹊 tɕ'iaʔ₎　　滑 uaʔ₎　　刷 ʃɥaʔ₎

咸山宕江通　喝鹤 xoʔ₎　　　落鹿六绿 loʔ₎　活握屋 uoʔ₎　决着竹粥 tʃɥoʔ₎

咸山三四等深臻曾梗　摺折汁质织责隻 tseʔ₎　　接结急吉鲫脊 tɕieʔ₎

其他的合流请看表6。

表6 安徽宣城（雁翅）方言韵类分合关系表

果	咸山一等	咸山三四等	蟹止三四等	蟹合口一等	遇	流
贺祸=汉旱换 hɕiə ʾ	烟=衣 i	锤=拳权 ₍tʃɥei	ieʔɥei	土=腿=敨 t'əi		

举例如下：

果=咸山一等〔ɵ〕。例如：磨~刀=螨 ₍mɵ、躲=短 ₍tɵ、梭=酸 ₍sɵ、贺祸=汉旱换 hɕiə ʾ。

蟹止三四等=咸山三四等〔i ɥei〕。例如：犁=帘 ₍li、烟=衣 ₍i、吹=圈 ₍tʃ'ɥei、锤=拳权 ₍tʃɥei、锐=愿 ₍ɥei ʾ。

蟹合口一等=遇=流 əi。例如：腿=土=敨 t'əi、垒=卤=搂 ₍ləi、嘴=祖=走 ₍tsəi、罪=助=受寿 tsʅəi ʾ。

(二) 等的分别

把古16摄分成两类：甲类包括果假（合起来看作有一二三等）、蟹、效、咸山、宕江（合起来看作有一二三等）、梗9摄；乙类包括遇、止、流、深臻、曾、通7摄。大体上看，甲类具备一二三（四）等，乙类只有一三等。甲类韵母中，果假一二等总是不同，蟹一二等和三四等也总是不同，下面不再论及。

以甲类韵母为例看等的分别。开口韵请看表7-1，合口韵请看表7-2。

表7-1　安徽宣城（雁翅）方言开口韵等的分别

	一等			二等				三四等	
	帮系	端系	见系	帮	泥	知庄	见系	知章组	非知章组
果假		多θ	哥θ	马a		沙a	家a	社a	姐夜ia
蟹	贝əi	代æ	开æ	卖æ	奶æ	柴æ	街æ	世ʅ	米ʅ鸡i
效	保ɔu	刀ɔu	高ɔu	包ɔu	闹ɔu	吵ɔu	交ɔu	烧ɔu	苗叫iɔu
咸山		担难an 感干an		办an			杉山an 衔间an 咸艰i	闪战an	甜田i
		纳辣aʔ	硋葛eʔ 盒喝oʔ	拔aʔ			闸杀aʔ 匣瞎aʔ	摺舌eʔ	碟杰ieʔ
宕江	帮an	汤an	糠an	胖an	攘an	双ʮan	讲an	张章an	粮样ian
	薄oʔ	托oʔ	阁oʔ	剥oʔ		桌ʮoʔ	角oʔ	着ʮoʔ	削脚iaʔ
梗				彭ən	冷ən	争ən	耕ən	郑正ən	平丁in
				百eʔ		择册eʔ	革eʔ	尺石eʔ	滴益ieʔ

表7-2　安徽宣城（雁翅）方言合口韵等的分别

	一等			二等				三四等	
	帮系	端系	见系	帮	泥	知庄	见系	知章组	非知章组
果假	破θ	螺θ	锅θ				瓜ua		靴ʮɐi
蟹	杯əi	推əi	灰uəi			拽ʮæ	歪uæ		桂uəi
咸山舒	满θ	团θ	官θ			闩ʮəi	关uan	砖iθ	冤渊ʮəi
咸山入	沫oʔ	脱eʔ	活uoʔ			刷ʮaʔ	刮uaʔ	说ʮoʔ	雪ieʔ 血ʮoʔ
宕江舒			黄uan						王uan
宕江入									
曾梗舒							横uən		兄ioŋ
曾梗入			国uoʔ				划uaʔ		疫ʮoʔ

可见，甲类开口韵中，效、宕江、梗摄没有等的分别。其他韵摄等的分别有两种：

①一等≠二等（三四等同一等）。见于咸山入声见系。例如：硋[kʻeʔˌ]≠掐[kʻaʔˌ]、合盒[ɦ ioʔˌ]≠匣[ɦ iaʔˌ]。

②一二等≠三四等。见于咸山。例如：耽担~任［ˌtan］≠掂［ˌti］、潭谭谈痰［ˌʧfian］≠甜［ˌʧfii］、蓝篮［ˌlan］≠廉镰帘［ˌli］、参~加［ts'an］≠歼~灭签［ˌtçi］。

合口韵中，一等≠二等见于蟹、咸山、曾梗入声见系。蟹摄例如：灰［ˌxuəi］≠歪［ˌxuæ］；咸山例如：官［ˌkθ］≠关［ˌkuan］、活［uoʔˌ］≠滑［uaʔˌ］；曾梗入声见系例如：国［kuoʔˌ］≠划［hfiuaʔˌ］。

（三）古开口今读音

古 16 摄中，果假、蟹、止、咸山、臻、宕、曾梗 10 个摄分开合口，其中果、蟹一等、山、臻 4 个摄古开合口今读音相同。其中果、蟹一等见于洪音，山摄洪细皆相同，臻摄见于细音（限于精组和见系字）。例如：

果：锣箩＝螺脶［ˌlθ］、哥＝锅［ˌkθ］、河＝禾［ˌhfiθ］、贺＝祸［hfiθ'］。

蟹一等：贝＝辈［pəi'］、沛＝配佩［p·iei'］、堆［ˌtəi］。

山：坛＝团［ˌʧfiθ］、看＝宽［ˌk·θ］、旱汗＝唤焕换［hfiθ'］、安鞍＝豌［ˌθ］；癣＝选［'çi］、线＝旋［çi'］、轩掀＝喧［ˌçi］、现献＝县［çi'］。

臻：进晋＝俊［tçin'］、信＝迅［çin'］、引隐＝允尹［'in］。

其余开合口今音不同。

（四）元音高化

元音高化指蟹止开口三（四）等来的字从［*i］变成了［ʅ］，遇摄合口三等知章组来的［*u］和精组、见系来的［*y］变成了［ʮ］，咸山开口三四等来的字从［*ian］变成了［i］。

1. 雁翅方言的元音高化。以［ʅ］、［ʮ］为例，举例如下：

ʅ	pʅ	屄鄙比彼~此闭~眼
	p'ʅ	批披痹脾肝~屁
	mʅ	迷米
	vʅ	皮脾~气琵~琶枇~杷便~宜毙避躲~蓖~麻币硬~被~窝、~迫
	t	低提~屎~尿：把屎把尿底抵
	t·	体替剃屉嚏
	ʧfi	题提蹄啼弟第递地隶奴~棣人名
ʮ	tʃ	猪诸蛛株朱珠硃居车~马炮煮拄主举矩锯巨拒距聚句剧
	tʃ·	区渠殊瞿秋白鼠取娶去~年处相~、~长
	ʃ	书舒输虚须需暑署专~许庶~民百姓
	ʒ	除储厨如苎竖树柱住续誉预豫具

Ø　　余馀愚虞~姬于榆愉语乳麦~精雨宇禹羽裕吕旅遇寓公~芋

2. 元音高化和声母的关系。

①雁翅话蟹止开口三（四）等的元音高化 [i] > [ʅ] 只见于帮组和端组。例如：

	ʅ		i
p	屄鄙比彼~此闭~眼	n	泥~巴倪宜尼疑黏义议仪腻
pʻ	批披痹脾肝~屁	l	犁黎离篱璃梨狸礼李里理虑厉利痢
m	迷米	tʃ	鸡挤己自~纪几祭继系~鞋带寄记季
v	皮脾~气琵~琶枇~杷便~宜被~窝	tʃʻ	蛆妻溪欺起杞~里：山名去来~、到哪~趣契冀晋察~器弃气汽
t	低提~屎~屎：把屎把尿底抵	ʃ	西嬉稀洗喜序絮细婿系联~戏
tʻ	体替剃屉嚏	ʒ	徐齐脐奇骑其棋期旗技~术荠
tʃʻ	题提蹄啼弟递地隶奴~棣人名		

②其他声母（包括泥组、精组和见系）与 [i] 相拼时，韵母并未高化。此时与咸山开口三（四）等舒声字高化后的今读相混。倒过来看，咸山开口三（四）等舒声字的韵母，也有个元音高化的过程，假定为 [*ian]>[*iã]>[*ie] > [i]。等到高化到 [i] 时候，与蟹止开口三（四）等合流。但是这种合流也不是全部的，只体现在泥组（泥、来母）和影组（影、云、以母），而精组、见晓组蟹止与咸山三四等不混。

泥组、影组蟹止开口三（四）等和咸山三四等合流。例如：

n　泥~巴宜尼疑=黏严鲇~胡子：鲇鱼年研[ȵi]、义腻=验念砚泥~匠研~槽[ȵiˀ]

l　犁离篱璃梨=镰帘连莲[ɬi]、礼李理鲤=脸[ɬi]、厉丽利痢=练楝[liˀ]

Ø　医衣=腌烟[ɿi]、移姨=盐檐延[ɿi]、翳意=厌艳焰燕宴[iˀ]

精组、见晓组蟹止三（四）等与咸山三四等不混。例如：

	蟹止三（四）等		咸山三四等
tʃ	鸡饥肌基机[ʧi]	tɕ	监尖兼搛艰奸煎肩坚间之~[ʨi]
tʃʻ	妻溪欺[ʧʻi]	tɕʻ	签谦迁千牵[ʨʻi]
ʃ	牺嬉熙希稀[ʃi]	ɕ	仙粞鲜轩掀宪~法先宣喧[ɕi]
ʒ	徐齐脐奇骑其棋期旗[ʒi]	tɕʻ	钱乾~坤虔~诚前贤钳全泉[ʨʻi]

这种格局可能跟精组、见晓组读 [tʃ tʃʻ tʃʻ ʃ] 有关。雁翅话的 [tʃ] 组声母，大多和 [ʅ] 韵母或 [-ʅ] 打头的韵母相拼。比如：猪居[tʃʅ]、抓[tʃʅa]、甩[ʃʅæ]、吹圈[tʃʻʅəi]、窗[tʃʅan]、肫军[tʃʅn]、

刷[ʃ ʮaʔ˭]、出曲[tʃʰʮoʔ˭]。如果有和 [-ʮ] 开合相对的 [ɿ]，也许可以相拼。但是，雁翅话没有 [ɿ] 只有 [ɥ]，而 [tʃ] 组声母的发音部位比 [ts] 偏后，和高元音相拼时到 [i] 还可以，到 [ɥ] 就比较难了。

③元音高化的顺序。蟹止先从 [i] > [ɥ]，空格留了出来，于是咸山从[﹡ian]>[﹡iã]>[﹡ie]> [i]，以保持韵类不混。此时，闭[pɥˀ]≠变[piˀ]，批[pʰɥ]≠偏[pʰi]，迷[mɥ]≠棉[mi]，体[tʰɥ]≠舔[tʰi]，题[tɥ˭ɦi]≠甜田[t˭ɦi]。

需要说明的是：假摄开口三等少数字也经历了元音高化。假摄开口三等今读[ia]，但是"些、射、爷"读 [i]，比如：些好~：多少：能吃好~就好 ~[ʃi]、射~箭[ʃiˀ]、爷舅老~：内兄内弟[ɟi]。有意思的是，"爷"有两读：爷~~：祖父[ɟia]，爷舅老~：内兄内弟[ɟi]，正好可以说明元音高化的过程。

综上所述，雁翅话的元音高化有三个特点：第一，蟹止开口三（四）等 [i] > [ɥ] 只见于帮组、端组，其他声母未见高化。第二，元音高化声母的顺序是帮组、端组>泥组、精组和见系。这一点与其他方言明显不同。第三，蟹止 [i] > [ɥ] 留出的空格，由咸山高化[﹡ian]>[﹡iã]> [﹡ie]> [i] 填补。由于泥组、影组后的蟹止三（四）等 [i] 元音并未高化，于是与咸山合流。粗组、见晓组由于声母[tʃ]比[ts]发音部位偏后，与高元音 [ɥ] 相拼比较难，所以，精组、见晓组蟹止读 [tʃi] 组并不与咸山读 [tɕi] 组相混。

三　声调演变特点

（一）今声调（5个）

阴平 [˧] 33　高山　　　　　　　阳平 [˨˩˧]213　平龙
上声 [˧˥] 35　古老净
去声 [˥] 55　布步近
入声 [ʔ˥] 5　湿石月

（二）声调演变特点

古平声今分阴平 [˧] 33、阳平 [˨˩˧]213。古清上、次浊上（和少数全浊上）今读上声 [˧˥] 35。古去声和多数全浊上今读去声 [˥] 55。古入声今读入声 [ʔ˥] 5。请看表8。

表 8　安徽宣城（雁翅）方言声调演变

平声		上声			去声		入声		
清	浊	清	次浊	全浊	清	浊	清	次浊	全浊
阴平[˧]33	阳平[˨˩˧]213	上声[˧˥]35			去声[˥]55		入声[ʔ˥]5		

全浊上个别字仍读上声[˧˥]35。例如：净ʰtɕɦin、项ʰhɦian、蟹ʰhɦæ。

第三章　安徽宣城（雁翅）方言
语音系统与中古音比较

本章主要从中古音出发，看中古音到今音的演变。中古音指以《广韵》为代表的切韵音系。声母、韵摄的分类按照《方言调查字表》。今音指安徽宣城（雁翅）方言音系。

表9　安徽宣城（雁翅）方言声调与《广韵》声调比较表

		阴平[˧]33	阳平[˩˧]213	上声[˧˥]35	去声[˥]55	入声[ʔ˥]5
平	清	高猪天三				
	次浊		人龙麻聋			
	全浊		陈平穷田			
上	清			古口草短		
	次浊			五女老晚		
	全浊			净项蟹锭	户皂受臼	
去	清				怕菜送放	
	次浊				路慢漏认	
	全浊				大病树谢	
入	清					急湿七出
	次浊					麦绿日热
	全浊					集舌镯服

表 10 安徽宣城（雁翅）方言与《广韵》声母比较表

	清				全 浊		
					平		仄
帮组	帮 p	帮 ₄pan	滂 p'	坡 ₄p'ə	並 pfɦ v	平 ₄pfɦin 婆 ₄vu	病 pfɦin' 步 vu'
非组	非 f	分 ₄fən	敷 f	纺 ⁴fan	奉 pfɦ v	房 ₄pfɦan 符 ₄vu	饭 pfɦan' 伏~鸡 vu'
端组	端 t	刀 ₄tɔu 店 ti'	透 t'	掏 ₄t'ɔu 天 ₄t'i	定 tɦ	桃 ₄tɦɔu 田 ₄tɦi	道 tɦɔu' 垫 tɦi'
精组	精 ts tɕ	遭 ₄tsɔu 焦 ₄tɕiɔu	清 ts' tɕ'	草 ₄ts'ɔu 锹 ₄tɕ'iɔu	从 tsɦ tɕɦ	曹 ₄tsɦɔu 钱 ₄tɕɦi	皂 tsɦɔu' 贱 tɕɦi'
知组	知 ts tʃ tɕ	张 ₄tsan 猪 ₄tʃʅ 转 ₄tɕiɛ	彻 ts' tʃ' 	撑 ₄ts'ən 椿 ₄tʃ'un 	澄 tsɦ z tʃɦ ʒ tɕɦ	茶 ₄tsɦa 迟 ₄zʅ 锤 ₄tʃɦyɛi 厨 ₄ʒu 橡 ₄tɕɦiɛ	直 tsɦie?' 痔 zʅ' 坠 tʃɦyɛi' 柱 ʒu' 传 tɕɦiɛ'
庄组	庄 ts tʃ	渣 ₄tsa 装 ₄tʃyan	初 ts' tʃ'	吵 ₄ts'ɔu 疮 ₄tʃ'yan	崇 tsɦ tʃɦ	馋 ₄tsɦan 床 ₄tʃɦyan	助 tsɦiɛi' 事 zʅ' 状 tʃɦyan'
章组	章 ts tʃ tɕ	遮 ₄tsa 锥 ₄tʃiɛi 砖 ₄tɕiɛ	昌 ts' tʃ' tɕ'	车 ₄ts'a 吹 ₄tʃ'yɛi 穿 ₄tɕ'iɛ	船 tsɦ z tɕɦ pfɦ	蛇 ₄tsɦa 示 zʅ' 船 ₄tɕɦiɛ 顺 pfɦin'	舌 tsɦie?' 赎 tʃɦyo?'
日组							
见晓组	见 k tɕ tʃ	高交 ₄kɔu 教 ₄tɕiɔu 卷 ₄tʃyɛi	溪 k' tɕ' tʃ'	烤 ₄k'ɔu 巧 ₄tɕ'iɔu 圈 ₄tʃ'yɛi	群 hɦ tɕɦ ʒ tʃɦ pfɦ tsɦ	葵 ₄hɦyɛi 桥 ₄tɕɦiɔu 奇 ₄ʒi 拳 ₄tʃɦyɛi 裙 ₄pfɦin 穷 ₄tsɦoŋ	柜 hɦyɛi' 共 koŋ' 轿 tɕɦiɔu' 具 ʒʅ' 俭 ɕi' 局 tʃɦyo?'
影组	影 ŋ Ø	祆 ₄ŋau 安 ₄ə 湾 ₄uan 音 ₄in 冤 ₄iɛi					

续表 10

次　浊		清	全　浊		
			平	仄	
明 m　麻 ₘma					帮组
微 m　晚 ˬman ø　　晚 ˬuan v　　雾 vuʔ pffi　万 pffianʔ					非组
泥 n　南 ₙθ l　　囊 ₗan	来 l　老 ˡlau n　　橹 ˡnθ ø　　吕 ʮ				端组
	心 s　三 ₛan ç　　西 ₛçi ʃ　　需 ʃʮ	邪 z　祠 zʮ tçfi　斜 ₜçfiia ȝ　　徐 ₃i ç　　旋 çiʔ	寺 zʮʔ 谢 tçfiiaʔ 荠 ȝiʔ 续 tsfioʔ		精组
					知组
	生 s　师 ₛʮ 瘦 sθiʔ				庄组
	书 s　深 ₛnθs ʃ　　书 ʃʮ	禅 tsfi　常 ₜsfian z　　时 ʮ tʃfi　垂 ₜʃfiʮɕi 纯 ʃʮn	社 tsfiaʔ 市 zʮʔ 睡 tʃfiʮɕiʔ 树 ȝʮʔ		章组
日 n　人 ₙnin tsfi　仁 ₜsfiθn ȝ　　如 ȝʮ ø　　二 ɛ					日组
疑 ŋ　爱 ŋaiʔ ø　　外 uaiʔ 遇 ʮʔ	晓 x　海 ₓxai ç　　希 ₓçi ʃ　　虚 ʃʮ	匣 hfi　淮 ₕhfiuai v　　胡 ₕvu ø　　横 uaŋ tçfi　贤 ₜçfi ø　　嫌 i ʃ　　弦 ₜʃfiʮɕi	害 hfiaiʔ 护 vuʔ 画 uaʔ 现 tçfiiʔ 穴 ʃʮoʔ		见 晓 组
云 ø　右 iəuʔ 位 uəiʔ 荣 ₕioŋ tçfi 熊 ₜçfiioŋ	以 ø　移 ₕi 维 ₕiəu 余 ʮ				影组

表 11-1　安徽宣城（雁翅）方言韵母与《广韵》韵母比较表表

	一　等			二　等			
	帮　系	端　系	见　系	帮　系	泥　组	知庄组	见　系
果　开		多 ₌tɵ	河 ⱼhɛ				
果　合	破 pʻɵ ̓ 婆 ₌vu	朵 ˊtɵ	棵 kʻɵ				
假　开				麻 ₌ma	拿 ₌na	茶 ₌tsɛ	家 ka
假　合							花 ₌xua
遇　合	布 puˀ	土 ˊtʻəi	姑 ₌ku				
蟹　开	贝 pəi ̓	来 ₌læ	该 ₌kæ	埋 ₌mæ	奶 ˊnæ	斋 ₌tsæ	街 ₌kæ
蟹　合	杯 ₌pəi	雷 ₌ləi	灰 ₌xuəi 块 kʻuæ ̓			拽 tʃɿæ ̓	怪 kuæ ̓ 话 ua ̓
止　开							
止　合							
效　开	保 ˊpɔu	刀 ₌tɔu	高 ₌kɔu	包 ₌pɔu	闹 nɔu ̓	抄 ₌tsʻɔu	孝 çiɔu ̓
流　开	亩 ˊmu 贸 məi ̓	走 ˊtsəi	沟 ₌kəi				
咸舒开		南 ₌nɵ	含 ₌xɵ 砍 ˊkʻan			站 tsan ̓	鹹 ₌xan
咸入开		纳 naʔ ̺	磕 kʻeʔ ̺ 盒 xoʔ ̺			插 tsʻaʔ ̺	夹 kaʔ ̺
咸舒合							
咸入合							
深舒开							
深入合							
山舒开		兰 ₌lan	安 ₌ɵ	板 ˊpan		山 ₌san	苋 xan ̓ 闲 ₌ɕi

续表 11-1

三四等								
帮　系	端　组	泥　组	精　组	庄　组	知章组	日母	见　系	
							茄 ʥɦɥəi	果 开
							靴 ʃɥei	果 合
			姐 ʨia / ʨi		车 ʦʰa / ʦʰəi	惹 nia	夜 ia ˀ	假 开
								假 合
府 fu		女 ny 吕 ʮ	徐 ʑi	梳 səi	书 ʃʮ	如 ʒʮ	居 ʥʮ	遇 合
米 mʮ	低 tʮ	泥 ni	西 ʃi		制 tsʮ ˀ		鸡 ʥi	蟹 开
肺 fəi ˀ			岁 səi ˀ		税 ʃɥei ˀ	芮 pfɦəi ˀ	桂 kuəi ˀ	蟹 合
皮 pʮ 美 məi	地 tɕʮ ˀ	李 li	紫 tsʮ	师 sʮ	支 tsʮ	儿 ni/ɤ	衣 i	止 开
费 fəi ˀ		泪 ləi ˀ	嘴 tsəi	摔 ʃæ	吹 ʧɥei		柜 hɦuəi ˀ	止 合
苗 miɔu	条 ʥʰiɔu	撩 liɔu	焦 ʨiɔu		超 tsʰɔu	绕 niɔu ˀ	叫 ʨiɔu ˀ	效 开
浮 vu 矛 mɔu	丢 tiɤu	流 liɤu	秋 ʨiɤu	愁 ʦɦəi	周 tsəi	揉 niɤu	有 iɤu ˀ	流 开
	点 ti	镰 li	尖 ʨi		闪 san	染 ni	盐 i	咸舒开
	跌 tieʔ ˀ	聂 nieʔ ˀ	接 ʨieʔ ˀ		摺 tseʔ ˀ	叶 nieʔ ˀ		咸入开
范 pfɦian ˀ								咸舒合
法 faʔ ˀ								咸入合
品 pʰin		林 lin	心 ɕin	渗 sən ˀ	针 tsən	任 tsfiən ˀ	音 in	深舒开
		立 lieʔ ˀ	集 tɕɦieʔ ˀ	涩 seʔ ˀ	十 seʔ ˀ	入 tʃfiɥoʔ ˀ /ɥoʔ ˀ	急 tɕieʔ ˀ	深入开
边 pi	天 tʰi	年 ni	千 tɕʰi		扇 ɕi ˀ	然 tsfian	坚 tɕi	山舒开

表 11-2　安徽宣城（雁翅）方言韵母与《广韵》韵母比较表表

| | 一　等 | | | 二　等 | | | |
	帮　系	端　系	见　系	帮　系	泥　组	知庄组	见　系
山入开		辣 laʔ˯	割 keʔ˯	八 paʔ˯		杀 saʔ˯	瞎 xaʔ˯
山舒合	搬 ˷pɵ	短 ʈɵ	官 ˷kɵ			拴 ʃɥei	关 ˷kuan
山入合	泼 pʻoʔ˯	脱 tʻeʔ˯	活 uoʔ˯			刷 ʃɥaʔ˯	滑 uaʔ˯
臻舒开		吞 ˷tʻen	根 ˷kən				
臻入开							
臻舒合	门 ˷men	村 ˷tsʻən	昏 ˷xuən				
臻入合	不 peʔ˯	突 tʻeʔ˯	骨 kuoʔ˯				
宕舒开	帮 ˷pan	汤 ˷tʻan	糠 ˷kʻan				
宕入开	薄 poʔ˯	凿 tsɦoʔ˯	各 koʔ˯				
宕舒合			光 ˷kuan				
宕入合			阔 kʻuoʔ˯				
江舒开				绑 ˷pan		窗 ʈʃɥan	豇 ˷kan 江 ˷tɕian
江舒入				剥 poʔ˯		桌 ʈʃɥoʔ˯	角 koʔ˯ 握 uoʔ˯
曾舒开	朋 ˷pɦfɦoŋ	灯 ˷tən	肯 ˷kʻən				
曾入开	墨 meʔ˯	德 teʔ˯	黑 xeʔ˯				
曾舒合							
曾入合			国 kuoʔ˯				
梗舒开				棚 ˷pɦfɦoŋ	冷 ˷nən	生 ˷sən	耕 ˷kən
梗入开				麦 mieʔ˯		窄 tseʔ˯	格 keʔ˯
梗舒合							横 ˷uən 轰 ˷xoŋ
梗入合							获 xuoʔ˯
通舒合	篷 ˷pɦfɦoŋ	东 ˷toŋ	公 ˷koŋ				
通入合	木 meʔ˯	鹿 loʔ˯	谷 kuoʔ˯				

续表 11-2

三四等								
帮　系	端　组	泥　组	精　组	庄　组	知章组	日　母	见　系	
憋 pie?ˎ	铁 tʰie?ˎ	列 lie?ˎ	节 tɕie?ˎ		舌 tsfie?ˎ	热 nie?ˎ	结 tɕie?ˎ	山入开
反 ᶠfan			全 tɕfii		专 tɕiə		元 ɥai	山舒合
发 fa?ˎ		劣 lie?ˎ	雪 ɕie?ˎ		说 ʃɥo?ˎ		月 ɥo?ˎ	山入合
民 ᶆmin		邻 ᶩin	亲 tɕʰin	衬 tsʰən?	真 tsən	人 ᶇin	斤 tɕin	臻舒开
笔 pie?ˎ		栗 lie?ˎ	七 tɕʰie?ˎ	虱 se?ˎ	实 tsfie?ˎ	日 nie?ˎ /tsfie?ˎ	一 ie?ˎ	臻入开
文 ᵩffiən		伦 ᶩən	巡 tɕfiin	春 tʃʰɥn	顺 pffiin?	闰 pffiin?	均 tʃɥn	臻舒合
物 pffio?ˎ		律 lie?ˎ	戌 ɕie?ˎ		出 tʃɥo?ˎ		屈 tʃɥo?ˎ	臻入合
		粮 ᶩian	箱 ɕian	霜 ʃuan	张 tsan	让 nian?	样 ian?	宕舒开
		略 lia?ˎ	削 ɕia?ˎ		着 tsʰa?ˎ	弱 ɥo?ˎ	药 ia?ˎ	宕入开
方 ᶠfan							眶 kʰuan	宕舒合
								宕入合
								江舒开
								江舒入
冰 ᵖpin		陵 ᶩin			蒸 tsən		蝇 in	曾舒开
逼 pie?ˎ		力 lie?ˎ	息 ɕie?ˎ	色 se?ˎ	直 tsfie?ˎ		极 tɕie?ˎ	曾入开
								曾舒合
							域 ɥo?ˎ	曾入合
平 ᵖffiin		领 ᶩin	精 tɕin		声 sən		影 in	梗舒开
劈 pʰie?ˎ	踢 tʰie?ˎ	历 lie?ˎ	席 tɕfie?ˎ		石 tsfie?ˎ		击 tɕie?ˎ	梗入开
							兄 ɕioŋ 营 in	梗舒合
							役 ɥo?ˎ	梗入合
风 ᶠfoŋ		农 doŋ	松 soŋ	崇 tsfioŋ	盅 tsoŋ	绒 doŋ	宫 koŋ 凶 ɕioŋ	通舒合
福 fo?ˎ		陆 lo?ˎ	足 tso?ˎ	缩 so?ˎ	熟 tʃfiɥo?ˎ		屈 tɕʰɥo?ˎ	通入合

第四章 安徽宣城(雁翅)方言同音字汇

说 明

1. 本同音字汇所收的字，都是安徽宣城（雁翅）方言的常用字，包括以下几个来源：

①《方言调查字表》（修订本）中国社会科学院语言研究所编，1981年12月新一版里宣城（雁翅）方言口语用到的字。

②安徽宣城（雁翅）方言口语常用的《方言调查字表》未收的字。这些字都见于《广韵》或《集韵》。

③本字汇也包括一些写不出字形的音节，一律用方框"□"表示并加以注释。

2. 字下加双横线"＿"表示文读音，加单横线"＿"表示白读音。

3. 一字有两读或几读的，一般按多用还是少用，在字的右下角用数码1、2、3标明。区别意义的异读只加注例词，不标数码。

4. 例子中的浪线"~"代替本字。

5. 本字表先按韵母分类，同韵的字按声母顺序排列，声、韵母相同的按声调顺序排列。

41个韵母顺序如下：

ʮ	ᴇ	a	ө	æ	əi		ᴐu	an	ən	oŋ	aʔ	eʔ	oʔ	m̩	ŋ̍
i		ia	iө		iəi		iᴐu	uəi	ian	in	ioŋ	iaʔ	ieʔ		
u		ua	uæ		uəi			uan	uən			uaʔ	uoʔ		
ʮ		ʮa	ʮæ	ʮəi			ʮan	ʮn			ʮaʔ	ʮoʔ			

31个声母顺序如下：

p pʻ pfɦ m f v, t tʻ tʃɦ n l, ts tsʻ tsɦ s z, tʃ tʃʻ tʃɦ ʃ ʒ, tɕ tɕʻ tɕɦ ɕ, k k‘ ŋ x hɦ, Ø

　　5个声调顺序如下：

阴平[˧]33　　阳平[˨˩˧]213　　上声[˧˥]35　　去声[˥]55　　入声[ʔ˥]5

ʅ

p	[˧]屎　[˧˥]鄙比　[˥]闭~眼
p‘	[˧]批披　[˧˥]痺麻~脾肝　[˥]屁
m	[˨˩˧]迷　[˧˥]米　[˥]秘
v	[˨˩˧]皮疲脾~气琵~琶枇~杷庇包~便~宜　[˥]蔽弊作~毙避躲~蓖~麻币硬~被~窝；~迫
t	[˧]低提~屎~尿：把屎把尿　[˧˥]底抵
t‘	[˧˥]体　[˥]替剃屉嚏
tɦ	[˨˩˧]题提~高蹄啼　[˥]弟第递地隶奴~棣人名
ts	[˧]知支枝肢栀~子花资姿之芝　[˧˥]紫纸姊~妹脂旨指子梓人名止址只~有　[˥]制製智翅致至置志痣□酒：粉刺蛰惊~
ts‘	[˧]痴蚩~星：流星　[˧˥]此鳍划水~：鱼鳍耻齿　[˥]刺赐次
s	[˧]斯外国地名、人名斯小~丫头：丫环撕施私师狮司丝鸶思诗　[˧˥]死屎使史始　[˥]世势四肆试似棉茸七交白~霜
z	[˨˩˧]茬痰~子池匙瓷糍~粑迟慈辞词祠持时~子：母水牛巳辰~寺~庙饲~料痔治~鱼士仕柿事市侍服~□砚：砚台

i

p	[˧]鞭编边　[˧˥]扁匾蝙~蝠子　[˥]变
p‘	[˧]篇偏□~□liəu~子：一种水鸟，八哥大小，吃小鱼儿　[˥]遍一~；~地骗欺~片
pfɦ	[˥]辨辩汴~梁便方~辫
m	[˧]弥阿~陀佛　[˨˩˧]绵棉泥~鳅　[˧˥]免勉　[˥]面麵
t	[˧]掂颠癫　[˧˥]点典　[˥]店踮帝
t‘	[˧]添天□抓~子：抓子儿　[˧˥]舔　[˥]掭~笔
tɦ	[˨˩˧]甜田填佃~农　[˥]簟竹~子电殿奠垫
n	[˧]拈　[˨˩˧]泥~巴倪宜尼~姑疑沂~蒙山黏严鲇~胡子：鲇鱼年研~究□脱~

　　□tʃæ↗：子宫脱垂 儿外甥~：外甥　[ㄱ]你染碾捻　[ㄱ]谊义议仪腻验念砚
泥~匠研~槽

l　[ㄴ]犁黎离篱璃梨狸廉镰帘连鲢联怜莲　[ㄱ]礼李里裹理鲤脸　[ㄱ]
虑滤例厉励丽利痢莉茉~花吏荔练炼链楝~树□~嘴：顶嘴□雀~斑：雀斑

tʃ　[ㄱ]鸡饥肌几茶~基机□~liəu~：蝉□~紧拳头：攥起拳头□黏~：~手　[ㄱ]
挤己自~人幾~个　[ㄱ]祭际济剂计继系~鞋带寄记纪既季已戊~庚辛

tʃʻ　[ㄱ]蛆妻溪欺　[ㄱ]启企起杞~里：山名婆　[ㄱ]去到哪~趣契冀晋察~器
气汽□耳刀~：耳朵背

ʃ　[ㄱ]些好~：多少：能吃好~就好~西牺嬉熙人名希稀　[ㄱ]洗喜螅□~□pəi↗
□pəi↗：蛤蜊　[ㄱ]序絮细婿系连~戏射~箭须头发~子：刘海儿

ʒ　[ㄱ]徐齐脐奇骑其棋期旗　[ㄱ]技~术　[ㄱ]荠忌

tɕ　[ㄱ]监尖兼搛艰奸煎肩坚囝时~　[ㄱ]减碱检简拣涧铜杀手~剪茧跗姐~
弟两个　[ㄱ]舰剑箭践建键健楗键犍荐见

tɕʻ　[ㄱ]签谦迁千牵铅　[ㄱ]浅　[ㄱ]欠歉

tɕɦ　[ㄱ]潜钱乾~坤虔~诚前贤钳全泉冉人名　[ㄱ]渐贱件现

ç　[ㄱ]仙籼鲜轩掀宪~法先宣　[ㄱ]咸~丰皇帝困~时间：闲的时候趄~子
[ㄱ]俭勤~险癣显选　[ㄱ]限线羡眼~：羡慕扇~子；扇子善鳝献旋~刀县

ø　[ㄱ]医衣依腌焉心不在~烟胭　[ㄱ]爷舅老~：内兄内弟移姨遗炎盐檐掩嫌
言缘沿延筵□鱼~子：鱼鳞□~□kuoʔ↗子：慈菇　[ㄱ]倚椅已以　[ㄱ]艺翳
长~了易容~；交~意异毅苁稻~头：稻穗厌艳焰燕宴液□~肥：积肥

u

p　[ㄱ]补　[ㄱ]布佈

pʻ　[ㄱ]铺~床　[ㄱ]普浦~口，地名谱捕甫杜~辅~导剖解~　[ㄱ]铺店~

m　[ㄱ]慕羡~墓募~捐幕

f　[ㄱ]夫肤敷　[ㄱ]府腑腐~乳斧抚附~近　[ㄱ]付赋傅附富副俘~虏

v　[ㄱ]婆蒲菖~菩~萨脯胸~葡吴梧胡湖狐壶葫鬍符扶芙无巫诬浮　[ㄱ]五
伍午武舞　[ㄱ]部簿作业~子步埠水~跳：码头的跳板误悟焐水~子：汤壶户
沪互护瓠~子伏~鸡：落窝鸡父师~务雾戊妇负阜~阳

k　[ㄱ]姑茹孤咕~~唭唭：嘟嘟囔囔□关云长磨刀，腰~炸（预示着要下大雨了）
[ㄱ]古估牯股鼓蛊整~　[ㄱ]故固顾雇□颈~：颈

k' 　[˦]箍枯　[˧˩]苦　[˥˩]库裤

x 　[˦]呼□~卵泡：巴结　[˥˩]虎浒水~

Ø 　[˦]乌焦~鸣~蜂子：蜜蜂污~糟：脏

ʮ

tʃ 　[˦]猪诸~葛亮诛~九族蛛株朱珠硃居车~马炮拘　[˧˩]煮拄主举矩嘱叮~　[˥˩]著驻注蛀铸据锯巨拒距聚句剧

tʃ' 　[˦]区　[˧˩]渠殊瞿~秋白鼠取　[˥˩]去~年处相~；~长

ʃ 　[˦]书舒输虚须必~需　[˧˩]暑署专~许　[˥˩]庶~民百姓

ʒ 　[˨]除储厨如　[˧˩]苎竖树柱住具□~□lan˩桠子：Y形担柱

Ø 　[˨]於余馀愚虞~姬于榆　[˧˩]语乳麦~精雨宇禹羽裕吕旅　[˥˩]遇誉预豫寓公~芋玉

E

ts 　[˧˩]者之乎~也（旧时私塾教小孩识字时念的）

Ø 　[˨]儿~子　[˧˩]尔~小孙八九子（旧时私塾教小孩识字时念的）耳　[˥˩]二贰而一~再再~三

a

p 　[˦]巴粑糍~笆篱~芭蕉疤吧哈~狗扒耳~子：耳挖子□~接：接济他人□~台：船舱内人坐的地方　[˧˩]把~守；~东西拿~我　[˥˩]霸坝把门~子：门把儿

p' 　[˦]趴~下　[˧˩]怕帕手巾~

pfɦ 　[˨]爬杷枇~扒~手　[˧˩]耙罢稗□豁~子：豁唇

m 　[˦]妈　[˨]麻　[˧˩]马码蚂~蟥　[˥˩]骂巴泥~

t 　[˧˩]打□一~：一拃　[˥˩]□人称代词复数：我~（我们）、你~（你们）、他~（他们）

t' 　[˦]他她它

tfɦ 　[˥˩]大~小；~夫榻~板：旧时床前的踏脚板

n 　[˧˩]哪~里　[˥˩]那~以后

l 　[˦]拉　[˨]拿　[˧˩]哪~个

ts　[┤]渣遮　[┐]诈榨油~炸~弹□□ŋ↙~：什么

ts'　[┤]叉权差~不多车水~；~水　[┐]岔

tsɦ　[↘]茶搭茬蛇　[┐]社春~；公~

s　[┤]沙纱砂痧赊杉~树□刺：~了个口子　[┐]洒舍~不得　[┐]赦鬼放~：农历七月的每一天都是鬼大赦的日子骟~牛：母黄牛

k　[┤]家傢~具枷　[↗]假真的~的　[┐]架驾嫁稼价

k'　[↗]卡

ŋ　[┤]丫小~头：小女孩桠　[↘]牙芽蚜伢小~儿：男孩儿　[┐]压~肥

x　[┤]虾哈

hɦ　[↘]蛤~蟆　[↗]□~种：流氓　[┐]下夏~天

ø　[┤]阿~爹：伯父；~妈：伯母□姑~：背称姑妈　[↘]还你~能讲点什么？　[┐]哑

ia

t　[┤]爹~~：背称父亲

n　[↗]惹

tɕ　[┤]加嘉佳　[↗]贾假放~姐~~　[┐]借

tɕɦ　[↘]邪斜霞　[┐]谢

ɕ　[↗]写　[┐]泻卸

ø　[↘]衙~门爷~~：祖父　[↗]雅野也　[┐]亚夜

ua

k　[┤]瓜　[↗]寡剐　[┐]挂卦褂

k'　[┤]夸　[↗]侉垮　[┐]跨

x　[┤]花□~际：发际　[┐]化

hɦ　[↘]华中~；姓

ø　[┤]挖~土机　[↘]划~船　[↗]瓦掹　[┐]桦凹~下去画话划计~

ɥa

tʃ　[┤]抓　[↗]爪~牙；~子

ʃ　[↗]耍

Ø　　［꜔］曰子~诗云（旧时私塾教小孩时说的）

θ

p　　［꜔］波波玻颇廉~搬□脚~□lθ꜕子：踝骨　　［꜓］簸~箕半绊

p'　　［꜔］坡潘拼~性命陪君子　　［꜓］破判叛

pfɦ　　［꜕］盘　　［꜓］伴拌

m　　［꜔］摸　　［꜕］魔蘑磨~刀摩按~馍大~膜薄~瞒　　［꜓］抹~板：泥板亩牡母~老
虎拇满　　［꜓］莫磨石~漫幔草~子：盖在屋顶上的草披

t　　［꜔］多端　　［꜕］朵躲短　　［꜓］剁垛跺

t'　　［꜔］拖贪　　［꜕］妥椭　　［꜓］探~子

tɦ　　［꜔］驼砣驮~起来团坛酒~子　　［꜓］舵镀电~；~金断段缎锻□~筛：米筛

n　　［꜕］奴南男　　［꜓］努橹暖　　［꜓］怒糯

l　　［꜕］罗锣箩啰螺脶鸾~驾芦卢炉庐□姨亲□hfiθ~：连襟□脚~pθ꜔子：踝骨
□膝~盘子：膝盖□~出去：撑出来　　［꜓］鲁虏俘~儒~家卵　　［꜓］摞乱□憋~
痧：霍乱

ts　　［꜔］簪钻~进去　　［꜕］左佐　　［꜓］做钻~子

ts'　　［꜔］搓氽~汤　　［꜓］锉措错□一~戏：一出戏

tsɦ　　［꜕］蚕　　［꜓］坐座

s　　［꜔］蓑梭唆莎~草酸　　［꜕］锁唢所　　［꜓］塑~料算蒜□~菜：腌制的嫩白菜
心，喝茶的时候吃

k　　［꜔］歌哥锅戈甘柑干天~地支肝乾~湿官棺观~音；道~冠鸡~　　［꜕］果裹敢
撺管馆　　［꜓］个箇那~个；~里过贯灌罐冠~军

k'　　［꜔］科窠棵颗看~守宽龛　　［꜕］可款□（器物）面朝下趴着：圣玫就是一~一仰
［꜓］课锞金~子看~见

ŋ　　［꜕］蛾鹅俄　　［꜓］我　　［꜓］饿

x　　［꜔］欢　　［꜕］火伙　　［꜓］货□磨扇：上~；下~

hɦ　　［꜕］河何荷和禾寒含□~领子帽：瓜皮帽　　［꜓］贺祸垾~稻埕~子：分开水沟
的一片场地，多用作地名；白字~；月字~汉汗唤焕换痪~刀布：鋆刀布□私~
子：私生子□姨亲□lθ~：连襟□一~旗：一面旗

Ø　　［꜕］阿~弥陀佛窝莴蜗庵~堂安~排鞍豌　　［꜓］完丸　　［꜓］缓皖碗腕唵以手
覆物入口：~到嘴里

iɵ

tɕ　[꜒]专砖　[꜖]转~眼　[꜔]转~圈
tɕ'　[꜒]川穿　[꜔]串一~子
tɕɦ　[꜕]传~袋橡船　[꜖]传水浒~

æ

p　[꜖]摆　[꜔]拜□别：好好地走，~跑
p'　[꜔]派
pɦ　[꜕]排牌簰　[꜔]败□拨拉：~~开
m　[꜕]埋　[꜖]买　[꜔]卖
t　[꜒]呆　[꜔]戴带
t'　[꜒]胎~毛　[꜔]太泰
ʈɦ　[꜕]台苔抬□脱儿~：子宫脱垂　[꜔]待怠~慢态贷代袋大~斧：斧头
n　[꜖]乃人名奶　[꜔]耐奈没~何
l　[꜒]擸~草：拔草　[꜕]来　[꜔]赖癞
ts　[꜒]灾栽斋　[꜖]宅~基地宰载　[꜔]再债寨
ts'　[꜒]猜钗差　[꜖]彩采　[꜔]菜蔡□~子行：瓷器店
tsɦ　[꜕]才材财裁豺柴　[꜔]在
s　[꜒]腮鳃筛　[꜔]赛晒
k　[꜒]该秸麦~街皆阶　[꜖]改解□这：用不了~许多　[꜔]盖溉灌~介界芥疥届戒械
k'　[꜒]开揩　[꜖]楷凯　[꜔]概大~
ŋ　[꜒]哀挨　[꜕]涯水边：到~上来崖　[꜖]矮　[꜔]爱
x　[꜒]□大：老~□骨：颧骨　[꜖]海
xɦ　[꜕]孩鞋　[꜖]蟹　[꜔]亥害罅缝隙：卵泡~（裤裆）

uæ

k　[꜒]乖　[꜖]拐　[꜔]怪

k‘　[꜒]会~计块快筷

x　[꜕]歪画贴得~得咯啦

hɦ　[꜖]槐淮

ø　[꜕]歪睡　[꜖]怀　[꜒]外坏

ʮæ

tʃ　[꜕]拽~子：手部残疾的人　[꜒]拽

tʃ‘　[꜕]揣　[꜓]踩~水

ʃ　[꜕]衰摔　[꜓]甩　[꜒]帅率表~

əi

p　[꜕]杯背~东西碑卑悲　[꜒]闭贝川~蓖~麻辈背后~被~告□□ʃi~~：蛤蜊

p‘　[꜕]胚坯　[꜒]配佩沛~公

pɦ　[꜖]培陪赔裴维~护肥　[꜓]翡　[꜒]倍背~书焙芮姓备未味

m　[꜖]梅枚玫媒煤薇蔷~眉霉谋没~喊听见：叫不应　[꜓]尾有头有~每美某~ ~人　[꜒]妹昧~良心茂谜打~子：出谜语

f　[꜕]非飞妃　[꜓]匪否　[꜒]废肺痱费

t　[꜕]都首~；~是堆兜　[꜓]堵赌肚猪~子；~子痛斗抖陡肘~骨子：肘　[꜒] 对碓队兑鬥

t‘　[꜕]梯推偷　[꜓]土吐~痰；呕~腿敨　[꜒]兔退透

tɦ　[꜖]徒途涂图屠头投　[꜒]杜肚~脐眼度渡豆逗

n　[꜒]内

l　[꜖]雷擂楼　[꜓]卤屡~教不改累积~垒搂篓　[꜒]路露鹭~鸶累连~类泪 漏

ts　[꜕]租邹周舟州洲　[꜓]祖组阻嘴走　[꜒]醉奏昼咒帚洗~：竹制锅刷子 □只：~剩了一块钱

ts‘　[꜕]车汽~粗初催崔抽□~子：烧水的铜壶　[꜓]扯楚础丑醜　[꜒]醋脆翠 粹纯~凑臭

tsɦ　[꜖]佘~老太君随隋绸稠筹愁仇酬　[꜒]助互~组罪遂半身不~隧受寿授售 纣商~王

s　　[˥]苏酥梳疏~通蔬虽绥_晋~尿搜飕馊收　[˦]数_{动词}髓手首守陕~_西
　　　[˩]素嗦_{鸡~袋:鸡嗦子}数_{名词}碎岁嗽咳~瘦漱~口兽

k　　[˥]勾钩沟阄_{抓~}　[˦]狗　[˩]够构购

kʻ　 [˥]抠眍　[˦]口　[˩]扣寇

ŋ　　[˥]欧瓯　[˦]藕偶呕　[˩]沤怄

x　　[˦]吼罕_{不稀~}你

ĥ　　[˨]侯喉猴□_{~子:色子}　[˩]后後厚候

ueɪ

k　　[˥]闺_{~门关,地名}规龟归　[˦]诡癸鬼轨　[˩]鳜_{~鱼}桂贵瑰

kʻ　 [˥]亏盔魁奎　[˦]跪　[˩]愧桧_{秦~}

x　　[˥]恢灰挥辉徽　[˦]悔毁　[˩]贿刽_{~子手}绘讳

ĥ　　[˨]葵逵_{黑李}回_{~拜}　[˩]柜

ø　　[˥]煨威　[˨]桅回_{~来}茴危为_{作~}唯微违围　[˦]伪萎委伟苇　[˩]汇
　　　会_{开~;~不~}惠慧卫喂为_{~什么}位魏畏慰纬_{~纱}胃谓

ʮeə

tʃ　 [˥]追锥捐　[˦]卷_{~起;~宗}　[˩]眷卷_{考~}

tʃʻ　[˥]吹炊桊圈_{圆~}　[˩]劝券

tʃĥ　[˨]茄垂_{~直}槌锤谁拳权弦　[˩]睡瑞坠_{~砣:线砣}

ʃ　　[˥]靴闩_{门~}　[˦]水□_{四色~礼:定婚和结婚时男方送的礼}　[˩]税楦_{~头}蛲河
　　　_{~:蚯蚓}

ø　　[˥]冤渊　[˨]园员元原源阮_{~小二}袁辕园援缘闫_{~王}　[˦]远　[˩]锐
　　　愿怨

ieu

t　　[˥]丢

n　　[˨]揉牛　[˦]纽扭

l　　[˥]溜　[˨]流刘留瘤榴硫琉□□pʲi~_{子:一种水鸟}　[˦]柳□□tʃʮi~_{:蝉}

tɕ　　[˦]揪纠灸　[˧]酒九久韭　[˥]救究

tɕʻ　　[˦]秋鳅泥~丘

tɕɦ　　[˩]囚求球　[˥]就袖臼舅咎既往不~旧

ɕ　　[˦]修羞休　[˧]朽　[˥]秀宿星~锈□~稻:(稻子)抽穗

ø　　[˦]幽悠　[˩]优尤邮由油游犹　[˧]有友酉　[˥]又右佑柚釉幼

ɔu

p　　[˦]襃~奖包苞苞湖~草:长在湖边的一种草。质地细密,多用来编席子胞~衣　[˧]
　　保堡宝饱　[˥]报豹趵~牙子爆巴尾~□鸡毛掸~:鸡毛掸子

pʻ　　[˦]泡眼~抛　[˧]跑　[˥]炮泡水~□烫:粥~人

pɦ　　[˩]袍　[˥]抱暴鲍刨

m　　[˦]猫　[˩]毛茅矛锚　[˧]卯　[˥]冒帽貌贸

t　　[˦]刀叨　[˧]岛倒打~　[˥]到倒~水

tʻ　　[˦]涛掏　[˧]讨　[˥]套

tɦ　　[˩]桃逃淘陶萄涛　[˥]道稻盗导

n　　[˦]孬~包:傻子　[˩]铙小和尚抛~——不牢靠挠　[˧]脑恼　[˥]闹~事

l　　[˦]捞　[˩]劳痨牢唠　[˧]老佬车水~:银河边的一组星星□鱼泡~子:鱼
　　鳔儿　[˥]涝落打莲花~:乞丐行乞时的说唱闹热~

ts　　[˦]遭~灾糟朝今~:今天昭招沼　[˧]早枣蚤圪~:跳蚤找　[˥]灶罩笊
　　照

tsʻ　　[˦]操抄钞秒超　[˧]草炒吵　[˥]躁

tsɦ　　[˩]曹槽巢~湖朝~代潮韶~山　[˥]皂造糙~米赵兆召绍□污~沟:下水沟

s　　[˦]骚臊~气梢捎烧筲稍~微□乌风~:当地一种无毒蛇　[˧]扫~地嫂少多~
　　[˥]扫~把潲~雨少~年邵

k　　[˦]高膏篙糕荄~白交村子都找~了也没找到他玆枷连~　[˧]稿搅打~搞绞~
　　链:合叶　[˥]告窖觉睡~

kʻ　　[˦]敲　[˧]考烤拷　[˥]靠犒铐

ŋ　　[˦]凹~进去　[˩]熬　[˧]祅咬　[˥]傲懊~悔坳山~~子:山坳

x　　[˦]蒿　[˧]好~坏　[˥]好爱~耗

xɦ　　[˩]豪壕毫　[˥]浩号

iɔu

p　　[꜔]膘标彪　[꜕]表錶婊

p‘　　[꜔]飘漂投衣服：~了三遍才~清　[꜕]票漂~亮

pffi　　[꜕]瓢嫖

m　　[꜕]苗描　[꜔]秒　[꜕]庙妙

t　　[꜔]刁貂雕叼□_{te ʔ}□_{san}~：啄木鸟　[꜕]鸟男性生殖器　[꜕]钓吊

t‘　　[꜔]挑~子：担子　[꜕]挑~子：调羹　[꜕]跳水埠~：河边的大石头，人站或蹲在上面洗衣服

tffi　　[꜕]条调~跳~脓：脓包—跳—跳地疼　[꜕]跳跑：~了　[꜕]调音~；~动铫~子：烧水器，铜制或铁制

n　　[꜕]饶尧~舜扰不~你　[꜕]绕~线

l　　[꜕]疗聊辽撩　[꜕]了~结镣脚~　[꜕]料廖姓谬~论

tɕ　　[꜔]交~往郊胶蛟发~：未下雨而发山水教~书焦蕉椒骄娇浇缴　[꜕]狡铰绞~丝旁剿饺　[꜕]教~师较叫

tɕ‘　　[꜔]锹悄　[꜕]巧　[꜕]窍翘跷缲~边

tɕffi　　[꜕]乔侨桥荞　[꜕]轿效校

ɕ　　[꜔]消宵硝销枵薄萧箫□~猪：阉猪　[꜕]小晓淆混~　[꜕]孝酵笑鞘刀~

ø　　[꜔]妖邀腰要~求幺老~：最小的孩子　[꜕]摇谣窑姚　[꜕]舀　[꜕]要重~耀跃~进

an

p　　[꜔]班斑颁扳爿一~店般帮邦浜沙家~　[꜕]板版榜绑　[꜕]扮磅~秤蚌~埠

p‘　　[꜔]攀乒　[꜕]盼襻判~官胖□~水：仰泳

pffi　　[꜕]凡帆烦藩曾国~旁螃肪妨房防庞　[꜕]办箄五尺~：五尺长的木尺范姓犯饭万

m　　[꜕]蛮忙芒茫盲文~　[꜕]晚~娘：继母莽王~蟒网　[꜕]慢忘望~东走

f　　[꜔]翻番幡玲珑~：引魂幡方芳　[꜕]反疯作~：反胃仿访纺　[꜕]泛贩放

t　　[꜔]耽担~任丹单~独当~时档　[꜕]胆掸党挡档　[꜕]担挑~子旦但当~铺

t'　[˦]滩摊瘫汤　[˨]毯坦倘~若躺淌~眼泪　[˩]炭叹探~棍:刮板烫趟

tɕʰ　[˦]潭谭谈痰檀弹~琴堂棠螳唐糖塘□温~~水:温吞水　[˩]淡弹子~蛋
氮荡瞪眼睛~出来咯凶

n　[˦]难困~拦~子墙:隔墙瓤　[˨]攮~儿刀　[˩]难灾~

l　[˦]蓝篮兰栏囊郎廊狼螂螳~□□ʒ˩~桠子:Y形担柱　[˨]览揽懒朗□~
轻~轻:很轻　[˩]滥烂浪□凌~:冰锥儿□石~:石磙□麦桩□pe ?˩~:麦茬儿
("棒"的分音后字)

ts　[˦]簪粘脏赃张章樟蟑蔗甘~　[˨]斩崭盏长生~涨掌　[˩]暂~时站占
赞瓒溅栈客~战颤錾葬藏西~帐账胀障瘴

ts'　[˦]参~加挨餐仓苍昌　[˨]铲产厂场考~　[˩]唱

tsɕʰ　[˦]蚕馋残然燃涎~沫:唾沫藏包~长~短肠场稻~常尝裳偿　[˨]壤脏五~
[˩]舡丈仗杖上~街尚绱

s　[˦]三衫珊人名山桑丧~事商伤□麻~苋:一种野菜　[˨]闪散带子~了伞磉
嗓赏　[˩]散分~单姓丧哭~脸~□te ?˩~□tiɔu˩~:啄木鸟

k　[˦]杆间中~冈刚钢纲缸豇　[˨]感竿钓鱼~岗讲港　[˩]幹杠虹隆霜~

k'　[˦]鹄堪刊康糠　[˨]坎砍~头　[˩]抗囥藏(东西)

ŋ　[˦]淹　[˨]颜~色昂　[˩]暗天昏地~雁晏晚也:来~了

x　[˨]喊　[˩]□老~儿子:小儿子

hɕʰ　[˨]鹹衔困~的韩行银~航杭　[˨]项姓　[˩]垦~灾焊翰~林院苋巷

Ø　[˦]安~徽　[˩]按案~板:垫在砧板下面的大木板

ian

n　[˨]娘□天~;车~;山~;桌子~　[˨]仰　[˩]让

l　[˨]良凉量~长短粮梁粱　[˨]两~个;几斤几~辆俩　[˩]亮谅量数~

tɕ　[˦]将浆疆僵姜缰江刚~好:刚好□~癞荷包:蟾蜍　[˨]蒋奖桨　[˩]酱
将大~隆下~

tɕ'　[˦]枪菖~蒲腔戕~风:顶风　[˨]抢　[˩]呛

tɕɕʰ　[˨]墙蔷~薇详祥强要~;勉~降投~　[˩]匠像橡

ɕ　[˦]相互~箱厢湘襄镶香乡　[˨]想饷关~:旧指开工资享响　[˩]相长~
向项~链

Ø　[˦]央秧殃□癞□kuo ?˩子~:蝌蚪　[˨]羊洋烊杨阳扬疡　[˨]养痒　[˩]样

uan

k　　[˧]关光　[˩]广　[˥]惯桄_{椅子~:椅子撑儿}

k'　　[˧]匡人名筐眶　[˥]况矿

x　　[˧]荒慌　[˩]谎　[˥]晃

Ø　　[˧]弯湾汪□~□tin˧_{鱼:鳗鱼}　[˨]顽玩_{~龙灯}还_{~原}环黄蟥蚂_{~蟥}皇蝗隍亡王　[˩]挽晚_{~辈}往枉冤_~　[˥]旺望想_{~:盼望}

ɥan

tʃ　　[˧]庄装妆　[˥]赚_{~钱}壮

tʃ'　　[˧]疮窗　[˩]闯　[˥]创撞串_{~人家:串门儿}

tʃɦ　　[˨]床　[˥]状

ʃ　　[˧]霜双拴　[˩]爽

ən

p　　[˧]奔锛　[˩]本

p'　　[˧]喷_{~水；~香}

pɦ　　[˨]盆坟文纹_{皱~}蚊闻彭　[˥]问

m　　[˨]门明_{~年}　[˥]闷□停_{~板:灵床}

f　　[˧]分芬纷　[˩]粉　[˥]粪奋愤

t　　[˧]敦蹲登蹬灯　[˩]等戥　[˥]顿炖凳邓

t'　　[˧]吞

tɦ　　[˨]屯豚腾誊藤□_{~猪:未阉割过的母猪}　[˥]囤盾钝

n　　[˨]论_{~语}伦人_{~轮}能　[˩]冷　[˥]嫩论_{吃喝不计较，买卖~分毫}

ts　　[˧]针斟珍臻真诊砧_{~板}尊遵曾_{~~:曾祖父母}增罾征蒸争睁贞侦正_{~月}□钢_{~锅:铝锅}　[˩]枕_{~头}疹麻_~整　[˥]枕_{~枕头}镇振震憎嫌_{~:嫌弃}赠证症郑正_{~面}政

ts'　　[˧]村称_{~重量}撑筝风_~　[˩]逞　[˥]趁衬寸称_{相~秤}

tsɦ　　[˨]沉壬任_姓陈尘神辰晨臣仁人_{单站人:单立人儿（偏旁）}存曾_{~经}层惩乘绳承丞澄橙呈程成城诚盛_{~满了}　[˩]忍绉缝_~　[˥]甚任_{责~}阵慎剩盛_{~大}

s　　[˥]森参人~深身申伸孙僧升生牲甥声　[˧˥]沈审婶损笋省~长；节~
　　　[˥˧]渗胜圣

k　　[˥]今~年根跟更五~粳庚耕　[˧˥]埂耿梗　[˥˧]更~加

k'　　[˧˥]恳垦啃肯

ŋ　　[˥]樱恩　[˥˧]硬

x　　[˥]哼□撼：他官高根基深，~不动

hɦ　　[˨˩]痕恒衡□嘴巴~子：嘴唇儿　[˧˥]很　[˥˧]恨

in

p　　[˥]彬宾冰兵　[˧˥]禀~性丙秉饼　[˥˧]柄並并

p'　　[˥]姘拼~音乒　[˧˥]品　[˥˧]聘

pɦ　　[˨˩]贫频凭平坪评瓶萍苹屏群裙　[˥˧]病顺闰

m　　[˨˩]闽民鸣明盟同~会名　[˧˥]敏　[˥˧]抿命□凶~凶：凶门

t　　[˥]丁叮钉~子疗□□uan˥~鱼：鳗鱼　[˧˥]顶鼎　[˥˧]钉~钉子订

t'　　[˥]听厅　[˧˥]挺铤　[˥˧]听（麻将）~了

tɦ　　[˨˩]亭停廷蜓庭□青~鸡：青蛙□□ie?˧˥~子：蝴蝶　[˧˥]艇锭一~墨　[˥˧]定

n　　[˨˩]人　[˥˧]认宁~可

l　　[˥]拎　[˨˩]林淋临邻鳞磷瞵菜~子：菜畦棱菱岭宁安~灵零铃玲　[˧˥]
　　　檁领　[˥˧]令另

tɕ　　[˥]今从~以后金禁~不住襟津巾斤筋京荆惊鲸精晶睛经泾~县　[˧˥]锦
　　　儘~早紧仅谨景警井颈　[˥˧]浸~种禁~止进晋劲俊境敬竟镜径

tɕ'　　[˥]钦~差亲眷卿清轻青　[˧˥]请　[˥˧]亲~家庆

tɕɦ　　[˨˩]寻岑姓琴禽擒吟人名秦勤芹巡行情晴形型刑　[˧˥]净干~　[˥˧]尽
　　　近静靖

ɕ　　[˥]心辛新薪欣荀姓兴~旺星腥蜻~蜓　[˧˥]醒　[˥˧]信讯训兴高~杏幸
　　　凶姓性□跑~货：跑单帮

Ø　　[˥]音阴因姻洇蓝~纸：复写纸殷应~该鹰英缨　[˨˩]淫银寅蝇迎盈营
　　　[˧˥]演允尹颖饮引隐影　[˥˧]荫屋子很~印应答~映

uən

k　　[˧˥]滚　[˥˧]棍

k'　　[┤]昆坤　[ㄱ]捆　[ㄱ]困

x　　　[┤]昏婚荤　[ㄱ]混□草~：草鱼

ø　　　[┤]温　[ㄣ]魂浑横纹指~线：指纹　[ㄱ]稳

ʮn

tʃ　　[┤]肫均钧菌君军　[ㄱ]准

tʃ'　　[┤]椿春　[ㄱ]倾

ʃ　　　[┤]熏勋　[ㄣ]纯　[ㄱ]舜训

ø　　　[┤]晕~车；~船　[ㄣ]匀云耘稻~三交米无糠赢　[ㄱ]永　[ㄱ]熨~斗韵运

oŋ

p　　　[┤]崩　[ㄱ]迸

p'　　[ㄱ]捧　[ㄱ]碰

pfɦ　　[ㄣ]朋棚篷蓬冯逢缝~衣裳　[ㄱ]凤奉俸学~钱：学费缝一条~

m　　　[┤]懵发~　[ㄣ]蒙　[ㄣ]猛　[ㄱ]孟梦

f　　　[┤]风枫疯丰封峰蜂锋　[ㄱ]讽

t　　　[┤]东冬　[ㄱ]董懂　[┐]冻栋

t'　　[┤]通　[ㄱ]桶捅统筒卜卦~　[ㄱ]痛

tɦ　　[ㄣ]同铜桐茼童瞳　[ㄱ]动洞

n　　　[ㄱ]齈弄哝咕咕~~：嘟嘟嚷嚷

l　　　[ㄣ]笼聋农脓隆浓龙珑玲~幡：引魂幡砻　[ㄱ]拢

ts　　[┤]棕鬃宗综中当~忠终踪锺鐘盅　[ㄱ]总种~子肿　[ㄱ]粽中打~了众种~棉花

ts'　　[┤]聪葱囱充冲~上去春　[ㄱ]冲~瞌睡：打盹儿铳放~

tsɦ　　[ㄣ]丛虫崇穷从重~复屪精液　[ㄱ]仲管~讼~事重轻~

s　　　[┤]松鬆嵩糝蒙~头：毛毛雨　[ㄱ]㧐~了一把　[ㄱ]送宋诵背~颂

k　　　[┤]公蚣工功攻弓躬宫恭供~不起　[ㄱ]汞拱　[ㄱ]贡供上~共

k'　　[┤]空~的　[ㄱ]孔恐　[ㄱ]控空~闲

x　　　[┤]轰烘　[ㄱ]哄~人　[ㄱ]哄起~~鼻子：齈鼻子

xɦ　　[ㄣ]宏红洪鸿□~鼻头：擤鼻涕

ioŋ

tɕɦ　[˩]琼秦~熊

ç　[˥]兄胸凶兇

∅　[˥]雍~正皇帝　[˩]荣戎绒雄融容蓉镕庸　[˥]拥蛹　[˩]用

aʔ

p　[ʔ˥]八

pfɦ　[ʔ˥]拔伐筏罚袜

m　[ʔ˥]抹~布

f　[ʔ˥]法发髪

t　[ʔ˥]答搭瘩

t‘　[ʔ˥]踏沓塔塌獭水~

tɦ　[ʔ˥]达

n　[ʔ˥]捺~手腽：按手印

l　[ʔ˥]纳腊蜡辣癞~痢烙~铁肋垃~圾子□~□tɕʰiaʔ˥子：毛毛虫

ts　[ʔ˥]扎用针~眨轧~棉花铡~刀作~料着歪不~：睡不着匝一~毛斫~柴；~肉（买肉）

ts‘　[ʔ˥]插擦察

tsɦ　[ʔ˥]杂闸炸油~

s　[ʔ˥]撒萨菩~杀煞栅~栏杆趿~鞋：旧时木拖鞋圾垃~子

k　[ʔ˥]夹甲~长胛~板：肩胛挟~菜各自~：自己咯打~洞：砖砌的供母鸡下蛋的洞
□迷住~：睡觉魇住了

k‘　[ʔ˥]掐指~：指甲

ŋ　[ʔ˥]鸭押~金压~紧轭牛~（头）：牛轭

x　[ʔ˥]瞎辖

hɦ　[ʔ˥]匣烟~子：烟盒儿

iaʔ

l　[ʔ˥]略

tɕ [ʔʅ]甲~乙丙丁钾脚雀~□liʅ斑：雀斑

tɕ' [ʔʅ]掐指~花：凤仙花雀燕~子：燕子鹊□~~子：蟋蟀□laʔʅ~子：毛毛虫

ɕ [ʔʅ]削

ø [ʔʅ]押画~药钥

uaʔ

k [ʔʅ]刮聒~~淡：拉近乎

ɦ [ʔʅ]划~拳

ø [ʔʅ]滑猾笏~土

ɥaʔ

ʃ [ʔʅ]刷

eʔ

p [ʔʅ]不北百柏伯□麦桩~□lanʅ：麦茬儿（"棒"的分音前字）

m [ʔʅ]墨麦脉木目穆没~味摩~托车么什~

t [ʔʅ]得德□后~脑：后脑勺□~□sanʅ□tiɔuˌ：啄木鸟

t' [ʔʅ]拓~下来脱突忒~好特秃托摩~车

ʈɦ [ʔʅ]夺独读毒

l [ʔʅ]赂贿~捋勒

ts [ʔʅ]摺执汁哲折浙质隻卒则织职植种~泽摘窄责怎~么搞?

ts' [ʔʅ]彻撤侧测拆坼策册赤斥尺吃

tsɦ [ʔʅ]舌择~菜侄秩实旦年月~贼食蚀~本石什饰首~直值掷~□ɦiəuˌ子：掷色子

s [ʔʅ]涉涩湿十设虱失室塞色识适释

k [ʔʅ]合~八字合十~一升鸽割葛格胳~子：胳膊革隔嗝疙圪~蚤：跳蚤咯歪着~啦：睡着了□这：~个；~里

k' [ʔʅ]磕渴刻咳克客搭~宝：压宝可你~拿得动?

ŋ [ʔʅ]额扼简明~要

x [ʔʅ]豁霍藿黑赫嚇~—跳核~对；~桃

ieʔ

p　　[ʔ˥]鳖憋笔毕必弼人名逼碧璧壁癖

pʻ　　[ʔ˥]撇匹劈肶小~：女阴

pɦ　　[ʔ˥]鼻别区~；离~僻偏~

m　　[ʔ˥]灭篾密蜜

t　　[ʔ˥]跌的日~滴嫡

tʻ　　[ʔ˥]帖贴铁踢剔提~手旁

ʈɦ　　[ʔ˥]叠碟蝶笛敌狄

n　　[ʔ˥]聂捏叶热孽日~子虐逆

l　　[ʔ˥]立笠粒列烈裂劣栗律率效~力历

tɕ　　[ʔ˥]接捷劫辑急级给~你杰揭节结洁绝吉即鲫极积迹脊绩击激□□
　　　pa˥~：接济他人□~羊：公山羊

tɕʻ　　[ʔ˥]葺整理（田地）切七漆戚缉~鞋底：纳鞋底稷芦~子：高粱

tɕɦ　　[ʔ˥]集习袭及籍~贯席

ɕ　　[ʔ˥]协吸薛泄歇蝎屑雪悉膝戍息熄媳锡析惜揳~□pʻi˩□liəu˩子：打水飘

ø　　[ʔ˥]译业揖噎乙一益页□~□tɕɦin˩子：蝴蝶

oʔ

p　　[ʔ˥]钵~头：钵子拨博薄姓剥驳擘掰

pʻ　　[ʔ˥]泼勃泊梁山~朴扑醭拍~手迫卜~卦

pɦ　　[ʔ˥]佛物雹服伏复~原

m　　[ʔ˥]末沫茉~莉花没淹~牧

f　　[ʔ˥]福蝠幅复重~複~杂腹覆反~

t　　[ʔ˥]掇洓~雨：淋雨笃督啄~木子：蝗虫□~镜：理发镜子□拄：拐棍

tʻ　　[ʔ˥]托凸庹

l　　[ʔ˥]落骆络活~乐快~鹿禄六陆绿录

ts　　[ʔ˥]作工~昨捉~脉：把脉足

tsʻ　　[ʔ˥]促

tsɦ　　[ʔ˥]凿族俗续继~

s　　[ʔ˥]索速肃宿~舍粟缩

k　　[ʔ˥]阁搁胳郭廓角

kʻ　　[ʔ˥]扩壳

ŋ　　[ʔ˥]鄂恶

x　　[ʔ˥]喝鹤□~昨：昨天□擦~：闪电

ɦ　　[ʔ˥]合~作盒

uoʔ

k　　[ʔ˥]骨国谷□切猛~子：潜泳□癞~子□ian˧：蝌蚪□□iɹ~子：慈菇

kʻ　　[ʔ˥]括哭阔窟酷

x　　[ʔ˥]忽或惑斛两斗五为一~获

ɦ　　[ʔ˥]核桃~子

Ø　　[ʔ˥]活握屋沃

ɥoʔ

tʃ　　[ʔ˥]决诀橘桌卓董~着~急觉知~竹筑逐轴祝粥烛

tʃʻ　　[ʔ˥]怯缺出屈却戳确畜~牲麴酒~触曲蛐灶~子：灶蟋蟀

tʃɦ　　[ʔ˥]镯学熟塾肉若赎属家~局入~材：入殓菊

ʃ　　[ʔ˥]说~大鼓血穴术叔淑畜~牧蓄储~所束蜀魏~吴

Ø　　[ʔ˥]入~学约域疫瘟~役兵~育辱狱欲浴月越粤弱岳乐音~

m̩

Ø　　[ɹ]鱼渔蜈~蚣　　[˥]母~鸡姆~妈：母亲女~婿；男的~的

n̩

Ø　　[ɹ]□~□tsa˥：什么：尔姓~？你做~？　　[˥]尔你：~怎么搞

第五章　安徽宣城(雁翅)方言分类词汇

说　明

1. 本词汇表收录安徽宣城（雁翅）方言常用词汇4000多条，大致按意义分为28类，意义密切相关的词不一定同类，也放在一起。

2. 每条词目先写汉字，后标读音，估计一般读者较难理解的条目，在音标后加以注释。有些词本身有歧义，或者不止一个义项，注释时分别用圆圈码①②③表示。举例时用"～"复指条目。俗语、谚语等前加三角形△。有的词有新、旧两种读音，在音标后加以说明。

3. 同义词或近义词排在一起。第一条顶格排列，其他各条缩一格另行排列。

4. 条目里可有可无的字和音放在圆括弧里。

5. 有些条目本字不详，写的是同音字。同音字在字的右上角加小等号"="表示。写不出同音字的用方框"□"代替。

6. 白读在字下加单横线__，文读下加双横线__。

7. 有些字的声母单念和在词里的后字位置上不同音，放在括弧里，单字音在前，词音在后，中间用-连接。比如："石头"的"头"（tɦ-ɾ）əi ˑʅ ie。

8. 分类词表目录。

一	天文	七	房舍	十三	衣服　穿戴
二	地理	八	器具　用品	十四	饮食
三	时令　时间	九	称谓	十五	红白大事
四	农业	十	亲属	十六	日常生活
五	植物	十一	身体	十七	讼事
六	动物	十二	疾病　医疗	十八	交际

一　天文

日、月、星

太阳 t'æ˥ ian˦˥

　日头 tsɦie?˦˥ (tɦi-r) əi˧˩

太阳窠里 t'æ ian˦˥ k'ə li 太阳地儿

对咯太阳 təi˦˥ ka?˦˥ t'æ ian˦˥ 朝阳

阴场子 in˦˥ ts'an˦˥ tsʅ˧˩ 背阴

日蚀 nie?˦˥ tsɦie?˦˥

　黑日吞白日 xe?˦˥ nie?˦˥ t'ən˦˥ pfɦie?˦˥ nie?˦˥ 日蚀

阳光 ian˦˥ kuan˦˥

月亮 ɥo?˦˥ lian˦˥

月亮窠里 ɥo?˦˥ lian˦˥ k'ə li 月亮地儿(月亮照到的地方)

黑月吞白月 xe?˦˥ ɥo?˦˥ t'ən˦˥ pfɦie?˦˥ ɥo?˦˥ 月蚀

星 çin˦˥ 星星

星宿 çin˦˥ çiə?˦˥ 专指具有非凡才干的人,民间认为这种人是天上下凡的星宿

北斗星 pe?˦˥ təi˦˥ çin˦˥

晓星 çiɔu˦˥ çin˦˥ 启明星

天河 t'i˦˥ hfɦə˦˥ 银河

天车 t'i˦˥ ts'a˦˥ 银河边上的一组星星。迷信认为这组星星能预兆旱涝△~平,地车陡;~陡,地车平(天车星是平的,地上会大旱;天车星是直的,地上会大涝)

车水佬 ts'a˦˥ ʃɥei˦˥ lɔu˥

趿星 ts'ʅ˦˥ çin˦˥ 流星

扫把星 sɔu˥ pa˦˥ çin˥ 彗星。迷信认为扫把星的扫把冲下,高官要倒霉;扫把冲上,百姓要倒霉

风、云、雷、雨

风 foŋ˦

大风 tɦa˥ foŋ˦

黄风 uan˦˥ foŋ˦˥ 夹杂着沙尘的风

台风 tɦæ˦˥ foŋ˦˥ 指七、八级的大风,不是气象学所说的"台风"

小风 çiɔu˥ foŋ˦˥

鬼头风 kuəi˦˥ tɦieɨ˦˥ foŋ˦˥ 旋风

戗风 tɕ'ian˦˥ foŋ˦˥ 顶风

顺风 pfɦin˥ foŋ˦˥

起风 tʃʻiˑ˦ foŋ˩˦ 刮风

风息得咯了 foŋ˦ ɕieˑ˥ təʔ˩˦
　kaʔ˩˦ la˥ 风停了

云 ʯn˨˩

黑云 xeˑ˥ ʯn˩˦

乌云 u˦ ʯn˨˩ 云层比"黑云"略
　薄

白云 pffieʔ˥ ʯn˩˦

霞 tɕɦia˨˩

早霞 tsɔu˥ tɕɦia˩˦

晚霞 man˥ tɕɦia˩˦

雷 ləi˨˩

打雷 ta˩˦ ləi˨˩

把雷打了 pa˩˥ ləi˨˩ ta˥ la˩˦ 被雷
　打了:树把雷打了

擦喝⁼ tsʻaʔ˥ xoʔ˩˦ 闪电

作天时 tsoʔ˥ tʻi˦ ʐʅ˨˩ 下雨之前闷
　热的天气

雨 ʯ˥

落雨 loʔ˥ ʯ˥ 下雨(了)

脱咯脱咯得 tʻeʔ˥ kaʔ˩˦ tʻeʔ˥
　kaʔ˩˦ teʔ˥ 掉点(了)

小雨 ɕiɔu˥ ʯ˩˦

乌蒙糁 u˦ moŋ˩˦ soŋ˩˦ 毛毛雨
　蒙糁头 moŋ˩˦ soŋ˩˦ tʃɦəi˨˩

潲雨 sɔu˩˥ ʯ˥

大雨 tʃɦia˥ ʯ˩˦

暴雨 pffiɔu˩˥ ʯ˩˦

雨息得咯了 ʯ˥ ɕieʔ˥ teʔ˩˦ kaʔ˩˦
　la˥ 雨停了

把雨落湿咯 pa˩˥ ʯ˥ loʔ˥ seʔ˥
　kaʔ˩˦ 淋雨

沰雨 toʔ˥ ʯ˥

虹 kan˥

起虹 tʃʻiˑ˦ kan˥

冰、雪、霜、露

冰冻 pin˦ toŋ˥

凌烂⁼ lin˩˦ lan˩˦ 冰锥

冻啊冰冻 toŋ˥ a˦ pin˦ toŋ˥ 结冰
　冻冰 toŋ˥ pin˩˦

冰块 pin˦ kʻuæ˥ 雹子
　冰雹 pin˦ pffioʔ˥

冰烊得咯了 pin˦ ian˩˦ teʔ˥
　kaʔ˩˦ la˦ 冰化了

雪 ɕieʔ˥

落雪 loʔ˥ ɕie˩˦ 下雪

雪珠子 ɕieʔ˥ tʃʯ˩˦ tsʅ˥ 米粒状
　的雪

雨夹雪 ʯ˥ kaʔ˥ ɕieʔ˥

雪烊得咯了 ɕieʔ˥ ian˩˦ teʔ˥
　kaʔ˩˦ la˦ 雪化了

露水 ləi˩˦ ʃʯəi˦

下露水 hɦia˥ ləi˩˦ ʃʯəi˦

霜 ʃʯan˦

下霜 hɦia˥ ʃʯan˩˦

雾 vu˥

下雾 hɦia˩˦ vu˥

气候

天气 tʻi˦ tʃʻiˑ˥ 最近~不太好

晴天 tɕɦin˩˦ tʻi˦

阴天 in˩˦ tʻi˦

(天气)热 (tʻi˦ tɕʻiˑ˥) nieʔ˥

（天气）冷（tʰi˦ tɕʰi˩）nən˨

梅雨季节 miem˨ y˨ tʃi˩ tɕieʔ˦

进梅 tɕin˦ miem˩

梅天 məi˨ tʰi˦

梅头长 miem˨ tʃʰəi˩ tsʰfian˩ 梅雨天的时间长

梅头短 miem˨ tʃʰəi˩ tɵ˨ 梅雨天的时间短

出梅 tʃʰʮoʔ˦ miem˩

伏天 pfʰioʔ˦ tʰi˦

进伏 tɕin˦ pfʰioʔ˦ 入伏

大伏天 tʃʰfia˨ pfʰioʔ˦ tʰi˦ 一般指中伏，也包括初伏、末伏

出伏 tʃʰʮoʔ˦ pfʰioʔ˦

天干 tʰi˦ kɵ˦ 天旱

遭干 tsɔu˦ kɵ˦ 遭旱灾

水大 ʃʮei˦ tʃʰfia˨ 涝（了）

遭水 tsɔu˦ ʃʮei˦ 遭水灾

二　地理

地

平原 pfʰin˨ ȵy˩

旱谷田 hfiɵ˦ kuoʔ˦ tʃʰi˩ 旱地。多用来种芝麻、棉花和黄豆等作物

水田 ʃʮei˦ tʃʰi˩

菜园 tsʰæ˨ ȵy˩

菜嶙子 tsʰai˨ lin˨ tsʮ˩ 菜畦

荒田 xuan˦ tʃʰi˩

沙土田 sa˦ tʰiɛʔ˦ tʃʰi˩

田肥 tʃʰi˨ pfʰiɵi˩

田瘦 tʃʰi˨ sɵi˨

山

山 san˦

山腰 san˦ iou˦

山脚 san˦ tɕiaʔ˦

山坳坳子 san˦ ŋou˨ ŋou˦ tsʮ˦ 山坳

山坡 san˦ pɵ˦

山头 san˦ tʃʰəi˩

江、河、湖、海、水

河 hfiɵ˩

河里 hfiɵ˨ li˦

外河 uæ˦ hfiɵ˩ 与长江水道连通

内河 nəi˦ hfiɵ˩ 与"外河"相通

沟里 kɵi˨ li˦ 水渠

污皂ᵘ沟 u˦ tsfiou˦ kiɵ˦ 小水沟

湖 vu˩

潭 tʃʰfian˩

塘里 tʃʰfian˨ li˦ 水塘

凼泡 tʃʰfian˦ pʰou˨ 坑

水凼泡 ʃʮei˨ tʃʰfian˦ pʰou˨ 水坑

海 xæ˦

河涯娘ᵘ hfiɵ˨ ŋæ˨ nian˨ 河岸

圩埂 uai˨ kən˨ 堤

坝埂 pa˦ kən˨ 河中拦水的建筑物

墩子 tən˦˩ tsʅ˥ 洲（水中陆地）

滩娘﹦ t'an˦˩ nian˨ 河滩

斗门 təi˦˩ mən˨ 水闸

水 ʃɥɛi˥

清水 tɕ'in˦˩ ʃɥɛi˥

浑水 uən˦˩ ʃɥɛi˥

糟水 tsɔu˦˩ ʃɥɛi˥ 脏水

雨水 ʮ˦˩ ʃɥɛi˥

洪水 hfioŋ˨ ʃɥɛi˥

发大水 faʔ˥ tʃʰa˥ ʃɥɛi˥

蛟水 tɕiɔu˦˩ ʃɥɛi˥（未下雨而发的）山水

发蛟 faʔ˥ tɕiɔu˦˩ 发山水（未下雨发生的）

山洪 san˦˩ hfioŋ˨ 山洪（下大雨造成的）

水头高 ʃɥɛi˦˩ tʃʰɛi˨ kɔu˦˩ 洪峰（涨达最高水位的洪水）

冷水 nən˦˩ ʃɥɛi˥ 凉水

热水 nieʔ˦˩ ʃɥɛi˥

温唐﹦唐﹦水 uən˦˩ tʃʰan˦˩ tʃʰan˨ ʃɥɛi˥ 未烧开的水，50 度左右

温唐﹦唐﹦开水 uən˦˩ tʃʰan˦˩ tʃʰan˨ k'æ˦˩ ʃɥɛi˥ 烧开后晾温的水

开水 k'æ˦˩ ʃɥɛi˥ 煮沸的水

滚水 kuən˥ ʃɥɛi˦˩

石沙、土块、矿物

石头 tsʰieʔ˦˩（tʃʰ-ʐ）əi˨

大石头 tʃʰa˥ tsʰieʔ˦˩（tʃʰ-ʐ）əi˨ 大石块

小石头 ɕiɔu˦˩ tsʰieʔ˦˩（tʃʰ-ʐ）əi˨

小石子 ɕiɔu˦˩ tsʰieʔ˥ tsʅ˥

石头渣子 tsʰieʔ˦˩（tʃʰ-ʐ）əi˨ tsa˦˩ tsʅ˥

石板 tsʰieʔ˥ pan˥ 板状的石块

鹅卵石 ŋɵ˦˩ lɵ˦˩ tsʰieʔ˥

水埠跳 ʃɥɛi˦˩ vu˦˩ t'iɔu˥ ①河边的大石头，人站在或蹲在上面洗衣服 ②码头的跳板

跳板 t'iɔu˦˩ pan˥

沙 sa˦ 沙子

沙土 sa˦˩ t'əi˥ 含沙很多的土

土沙 t'u˥ sa˦˩ 掺有泥块的沙子

沙滩 sa˦˩ t'an˦˩

土坯子 t'əi˦˩ p'ie˦˩ tsʅ˥

砖坯子 tɕiɵ˦ p'ie˦ tsʅ˥

砖 tɕiɵ˦

青砖 tɕ'in˦˩ tɕiɵ˦

红砖 hfioŋ˨ tɕiɵ˦

整砖 tsən˥ tɕiɵ˦

半头子砖 pɵ˥（tʃʰ-ʐ）əi˦˩ tsʅ˥ tɕiɵ˦

碎砖头 səi˥ tɕiɵ˦（tʃʰ-ʐ）əi˦˩

瓦 ua˥

碎瓦 səi˥ ua˦˩

灰尘 xuei˦ tsfiən˨

蟢乱﹦乱﹦网 ʃi˥ lɵ˥ lɵ˥ man˥ 屋梁尘

垃圾子 laʔ˥ saʔ˦˩ tsʅ˥ 垃圾

烂泥巴 lan˥ ni˦˩ ma˦˩

干泥巴 kɵ˦ ni˦˩ ma˦˩

金 tɕin˦

银 in˩

铜 tɕʰioŋ˩

铁 tʰieʔ˥

锡 ɕieʔ˥

煤 məi˩

煤球 məi˩ tɕʰieu˩　蜂窝煤

煤油 məi˩ iəu˩

汽油 tʃʰi˥ iuei˦

石灰 tsʰieʔ˥ xuəi˦

块灰 kʰuæ˥ iəu˦　生石灰

烊灰 ian˦ xuəi˩　熟石灰

外国泥 uæ˥ kuoʔ˦ ni˩　水泥。现在也叫"水泥 ʃuəi˩ ni˩"

吸铁石 ɕieʔ˥ tʰieʔ˦ tsʰieʔ˥　磁石

玉 ŋ˥

炭 tʰan˥　木炭

城乡处所

场子 tsʰan˦ tsɿ˥　地方：他是什么~人

城市 tsʰiən˦ zɿ˥（对乡村而言）

城墙 tsʰiən˦ tɕʰian˩

城里 tsʰiən˦ li˩

城外 tsʰiən˦ uæ˥

城门 tsʰiən˦ mən˩

巷子 hɕian˥ tsɿ˦　胡同

锅巷 ko˦ hɕian˥　宽约六尺的大巷子。滴水瓦要缩进屋檐，下雨的时候雨水落进自家宅基地里

乡里 ɕian˦ li˩　乡村（对城市而言）

老家 lɔu˩ ka˦　家乡

会 uəi˥　每年农历九月十八，当地举行的物资交流会

上会上 tsʰian˥ uəi˥ tsʰian˦

街 kæ˦　街道

上街 tsʰian˥ kæ˦

埠子 hfiə˥ tsɿ˦　分开水沟的一片场地。"埠"是地名用字：白字埠、月字埠

路 ləi˥

水路 ʃuei˦ ləi˥

旱路 hfian˥ ləi˥

大路 tɕʰia˥ ləi˥

小路 ɕiou˦ ləi˥

岔路 tsʰa˥ ləi˥

三　时令　时间

季节

春天 tʃʰʮn˦ tʰi˦

夏天 hfia˥ tʰi˦

秋天 tɕʰiəu˦ tʰi˦

冬天 toŋ˦ tʰi˦

立春 lieʔ˥ tʃʰʮn˦

雨水 ʮ˦ ʃuei˩

惊蛰 tɕin˦ tsɿ˥

春分 tʃʰʮn˦ fən˦

清明 tɕʰin˦ min˩

谷雨 kuoʔ˥ ʮ˩

立夏 lieʔ˦ hfia˥

小满 ɕiou˦ mə˩

芒种　man˦˧ tsoŋ˥

夏至　hfia˥˧ tsɿ˥˧

小暑　ɕiou˦˥ ʃʯ˥

大暑　tɕfia˥˦ ʃʯ˥

立秋　lie?˥ tɕʰiəu˦

处暑　tʃʯ˥˦ ʃʯ˥

白露　pffie?˥˧ ləi˨

秋分　tɕʰiəu˨ fən˨

寒露　hfiɵ˥˧ ləi˨

霜降　ʃʯan˦ kan˥

立冬　lie?˥ toŋ˦

小雪　ɕiou˦˥ çie?˥

大雪　tɕfia˥˦ çie?˥

冬至　toŋ˦ tsɿ˥

小寒　ɕiou˦ hfiɵ˨

大寒　tɕfia˥˦ hfiɵ˦˥

历书　lie?˥ ʃʯ˦

阴历　in˦ lie?˥

阳历　ian˦˥ lie?˥

节　日

腊月腊八　la?˥˧ ɥo?˥ la?˥˧ pa?˥ 农历腊月初八，通常吃腊八粥，上坟、娶亲

送灶　soŋ˥ tsɔu˥ 农历腊月二十三，烧纸或画符

掸尘　tan˦ tsfiən˨ 腊月初七、十七或二十七，任选一日打扫卫生

三十晚头　san˨ se?˥ man˦˥ (tɕfi-ɿ)˨ ie˨ 除夕

封岁　fən˨ ʃɥe?˥ 年三十晚饭后的一段时间

压岁钱　ŋa?˥ ʃɥe?˥ tɕfii˨

初一早浪　tsʰəi˨ ie˥˧ tsɔu˦ lan˥ (大) 年初一

拜年　pæ˥ ni˨

过小年　kɵ˥ ɕiou˦˥ ni˨ 农历正月十五，在堂前、房前点满油灯，上坟

二月二　ɛ˥ ɥo?˥˧ ɛ˥ 农历二月初二，民间认为是龙抬头的日子，理发、蓄胡子

端午节　tɵ˦ vu˦˥ tɕie?˥ 农历五月初五。当地民俗要在大门上挂钟馗像，大门口摆放菖蒲、艾草，吃粽子，划龙舟

中秋节　tsoŋ˦ tɕʰiəu˦ tɕie?˥

鬼放赦　kuəi˦ fan˥ sa˥ 农历七月是鬼大赦的日子，民间认为鬼初一出来，三十回去

请祖宗　tɕʰin˦ tsəi˦ tsoŋ˦ 农历七月是祭祀祖宗的日子，任何一天都可烧纸、摆饭

重阳节　tsfioŋ˥˧ ian˦ tɕie?˥ 农历九月初九

重阳菩萨　tsfioŋ˥˧ ian˥˧ vu˥˧ sa˥

年

今年　kən˨ ni˨

旧年　tɕfiiəu˨ ni˨ 去年
　去年　tʃʯ˥ ni˨

明年　mən˦˥ ni˨

前年　tɕfii˥˧ ni˨

赛前年 sæ˥ tɕʰiã˨ ȵi˨ 大前年

　大前年 tʃʰia˥˩ tɕʰiã˨ ȵi˨

往年 uan˩ ȵi˨

后年 hɦiəi˥ ȵi˨

外后年 uæ˨ hɦiəi˥ ȵi˨ 大后年

　大后年 tʃʰia˥ hɦiəi˥ ȵi˨

每年 mɛi˨ ȵi˨

　年年 ȵi˨ ȵi˨

年初 ȵi˨ tsʰɿ

年底 ȵi˨ tɿ

上半年 tsʰfian˥ pɵ˥ ȵi˨

下半年 hɦia˥ pɵ˥ ȵi˨

整年 tsən˨ ȵi˨

　一年到头 ieʔ˥ ȵi˨ tou˩ tʃʰiəi˨

月

正月 tsən˨ ɥoʔ˥

腊月 laʔ˥ ɥoʔ˥

闰月 pʰfiin˥ ɥoʔ˥

月初 ɥoʔ˥ tsʰɿ

月半 ɥoʔ˥ pɵ˥

月底 ɥoʔ˥ tɿ

一个月 ieʔ˥ kɵ˥ ɥoʔ˥

头个月 tʃʰiəi˨ kɵ˥ ɥoʔ˥ 前个月

上个月 tsʰfian˥ kɵ˥ ɥoʔ˥

□个月 keʔ˥ kɵ˥ ɥoʔ˥ 这个月

下个月 hɦia˥ kɵ˥ ɥoʔ˥

每个月 mɛi˨ kɵ˥ ɥoʔ˥

月大 ɥoʔ˥ tʃʰia˥ 农历三十天的月
　份

月小 ɥoʔ˥ ɕiɔu˥ 农历二十九天的
　月份

日、时

今朝 kən˥ tsʰuɔ˥ 今天

喝＝昨 xoʔ˥ tsɔ˥ 昨天

明朝 mən˨ tsʰuɔ˥ 明天

后朝 hɦiəi˥ tsʰuɔ˥ 后天

外后朝 uæ˨ hɦiəi˥ tsʰuɔ˥ 大后天

第二天 tʃɿ˥ ɛ˥ tʰi˥ 次日

前朝 tɕʰiã˨ tsʰuɔ˥ 前天

赛前朝 sæ˥ tɕʰiã˨ tsʰuɔ˥ 大前
　天

前几天 tɕʰiã˨ tʃi˩ tʰi˥

星期天 ɕin˥ ʒi˨ tʰi˥

　礼拜天 li˩ pæ˥ tʰi˥

一星期 ieʔ˥ ɕin˥ ʒi˨

整天 tsən˨ tʰi˥

每天 mɛi˨ tʰi˥

十几天 seʔ˥ tʃi˩ tʰi˥ 十多天

上昼 tsʰfian˥ tsəi˥ 上午

下昼 hɦia˥ tsəi˥ 下午

半天 pɵ˥ tʰi˥

大半天 tʃʰia˥ pɵ˥ tʰi˥

东娘＝发白 toŋ˥ nian˥ faʔ˥
　pʰfieʔ˥ 凌晨

清早浪＝ tɕʰin˥ tsʰuɔ˥ lan˥ 清晨

中浪＝ tsoŋ˥ lan˥ 中午

晚浪＝ man˥ lan˥ 晚上

旦里 nieʔ˥ li˨ 白天

快到断黑 kʰuæ˥ tʰuɔ˥ tʃʰiɵ˥
　xeʔ˥ 黄昏

天擦黑 tʰi˥ tsʰaʔ˥ xeʔ˥

断黑 tʃʰiɵ˥ xeʔ˥ 夜晚

一夜 ieʔ꜕ iaꜟ

半夜 pɵ꜒ iaꜟ

上半夜 tsʰian꜒ pɵ꜒ iaꜟ

下半夜 ɦia꜒ pɵ꜒ iaꜟ

整夜 tsən꜕ iaꜟ

每天晚头 məi꜒ tʰi꜕ man꜕ (tɕʰi-ɾ)əi꜖ 每天晚上

其他时间概念

年代 ni꜕ tɕʰæꜟ

月份 ɥoʔ꜕ fənꜟ

旦子 nieʔ꜕ tsɿꜟ

什么时候 tsʰieʔꜟ meʔ꜕ zɿ꜕ ɦiəiꜟ
　什么时间 tsʰieʔꜟ meʔ꜕ zɿ꜕ tɕiꜟ

开先 kʰæ꜕ ɕi꜕先前

后来 ɦiəi꜕ læ꜕

过身 kɵꜟ sən꜕ 过后：吵架归吵架，~忘记略

现在 tɕɦi꜒ tsʰæꜟ

马上 ma꜕ tsʰianꜟ

一皂꜀皂꜀ ieʔꜟ tsʰiɔu꜒ tsʰiɔu꜕ 一下子：简那个事他~就做完咯了

□个时候 keʔ꜕ kɵ꜒ zɿ꜕ ɦiəiꜟ
　这个时候

箇个时候 kɵ꜕ kɵ꜒ zɿ꜕ ɦiəiꜟ
　那个时候

四　农业

农事

春耕 tʃʰɥn꜕ kən꜕

夏收 ɦia꜒ səiꜟ

秋收 tɕʰiəi꜕ səiꜟ

早秋 tsɔu꜕ tɕʰiəiꜟ

晚秋 man꜒ tɕʰiəiꜟ

耕田 kən꜕ tʃʰi꜖

耙田 pʰɦia꜒ tʃʰi꜖

耖田 tsʰuꜟ tʃʰi꜖

浸种 tɕin꜒ tsɔŋꜟ

抽芽 tsʰəi꜒ ŋa꜖

撒秧 saʔ꜒ ian꜕

拔秧 pʰɦiaʔꜟ ian꜕

栽秧 tsæ꜕ ian꜕

攋草 læ꜒ tsʰuꜟ 拔草
　抓草 tʃɥa꜕ tsʰu꜒

乌头 u꜕ tʃʰiəi꜖ 一种松土农具。把铁钉按一定间距向下钉在木棍上，上接竹制的弯把儿，拉着的时候铁钉松土

拉乌头 la꜕ u꜕ tʃʰiəi꜖ 用"乌头"松土
　拉田 la꜕ tʃʰi꜖

发棵 faʔ꜒ kʰɵ꜕ 分蘖

秀꜀稻 ɕiəi꜒ tʃʰiɔuꜟ 抽穗

灌浆 kɵ꜒ tɕianꜟ

壮稻 tʃɥan꜒ tʃʰiɔu꜒ 灌满浆的稻子
　稻壮 tʃʰiɔu꜒ tʃɥanꜟ

半壮头 pɵ꜒ tʃɥan꜒ (tɦi-ɾ) əi꜖ 灌浆不饱满的稻子

瘪壳 pieʔ꜕ kʰoʔꜟ 没灌浆的稻子

稻芟头 tʃʰiɔu꜒ i꜒ (tɦi-ɾ) əi꜕ 稻穗

斫稻 tsaʔ⌐ tʃʰɔu⌐ 割稻子

斫麦 tsaʔ meʔ⌐ 割麦

稻场 tʃʰɔu tsʰian 晾晒稻子的场院

打麦 ta meʔ 打场

葺 tɕieʔ 整理田地

压肥 ŋa pffiei 施肥

浇粪 tɕiɔu fən

茅缸 mɔu kan 粪坑

积肥 tɕieʔ pffiei

意ᵕ肥 i pffiei

人粪 nin fən 人粪尿。多用来浇菜、棉花和小麦

猪笼粪 tʃʅ loŋ fən 多用在稻田里

鸡屎粪 tʃi sʅ fən 多用在棉花地里

灰 xuɛi 草木灰。盖在菜上

化肥 xua pffiei

尿素 sɛi sɛi

磷肥 lin pffiei

氮肥 tʃian pffiei

钾肥 tɕiaʔ pffiei

浇水 tɕiɔu ʃʯɛi

上水 tsʰian ʃʯɛi 往田里灌水

放水 fan ʃʯɛi 排水

打水 ta ʃʯɛi 从井里取水

拎水 lin ʃʯɛi 从河里取水

挑水 tʰiɔu ʃʯɛi

农具

水桶 ʃʯɛi tʰoŋ 挑水用的木桶

(水)桶箍 (ʃʯɛi) tʰoŋ kʰu

量子 lian tsʅ 手拎的水桶，比挑水用的"水桶"略小

水车 ʃʯɛi tsʰa

车水 tsʰa ʃʯɛi 以人踩水车为动力来取水

牛车 niɛu tsʰa ①牛拉的板车 ②以牛拉水车为动力来取水

牛轭 niɛu ŋa

　牛轭头 niɛu ŋa (tʃʰi-ɻ) ɛi

牛兜 niɛu tɛi 牛笼嘴

牛鼻桊 niɛu pffiie tʃʯɛi 穿在牛鼻子里的木棍儿或铁环

犁 li

犁圆 li ʯɛi 犁前端弓形的部分

犁底 li tʅ 与"犁圆"交叉的部分

犁梢 li sɔu 犁把

犁头 li tʃʰiei 犁铧

犁面 li mi

耙子 pffia tsʅ

䇲子 ɕi tsʅ 用竹篾等编的粗而长的席，可以围起来囤粮食

　囤条 tʃʰian tʃʰiɔu

风车 fən tsʰa 扇车

石烂ᵕ tsfieʔ lan 石磙

砻 loŋ 脱去稻谷外皮的农具

磨 mɵ

上货ᵕ tshan xɵ 磨盘的上扇

下货ᵕ hfia xɵ 磨盘的下扇

磨担ᵕ mɵ tan 磨把儿

磨腰子 mə˥ iɔuˇ˦ tsŋˇ 磨脐儿

磨心 mə˥ ɕin˦

筛子 sæ˦ tsŋˇ

米筛 mɿ˥ sæ˦ 筛稻、米用的

断˵筛 tɕie˥ sæ˦

灰筛 xuəi˦ sæ˦ 筛面粉的筛子，比"米筛"细密

筛箩 sæ˦ lə˥ 箩

连枷 li˦ kuə˦

白臼 pffie?˦ tɕɦiei˦ 碓

打头 ta˦ tʃiei˦ 碓杵

钉钯 tin˦ pffia˥

洋镐 ian˦ kɔu˥ 镐头

锄头 tshiəi˦ (tʃ-r) əi˥

簸箕 pə˥ tʃi˦ 盛粮食用的

摊屉 tʰan˦ tʰŋ˥ 竹编的晒粮食用的长方形器具

匾子 pi˦ tsŋˇ 晾晒粮食用的

粪箕 fən˥ tʃi˦ 撮箕（撮垃圾用）

筐子 kʰuan˦ tsŋˇ

稻箩 tʃfɦəu˥ lə˥

扁担 pi˦ tan˥

扁担楗子 pi˦ tan˥ tɕi˦ tsŋˇ

竖˵拦˵桠子 ʒŋ˥ lan˦ ŋa˦ tsŋˇ Y形担柱，即支撑担子的棍子。人休息时把担子放下来，这根棍子是支撑担子用的

挑担子 tʰiuɕi˦ tan˦ tsŋˇ

扫把 sɔu˦ uɕ pa˦ 竹扫帚（扫地用的）

绕把 niɔu˦ uɕ pa˦ 笤帚（用高粱穗、黍子穗等绑成，扫地用）

洗帚 ɕi˦ tsəi˥ 锅刷子，竹子做的

五　植物

农作物

庄稼 tʃuaŋ˦ ka˦

粮食 lian˦ tsfie?˥

五谷 vu˦ kuo?˥

麦 me?˥ 小麦

大麦 tʃfæ˥ me?˦

荞麦 tɕɦiuɕi˦ me?˥

麦桩拨˵浪˵ me?˥ tʃuan˦ pe?˥ lan˥ 麦茬儿

麦秸 me?˥ kæ˦

六谷 lo?˦ kuo?˥ 玉米

六谷须子 lo?˦ kuo?˥ ʃi˦ tsŋˇ 玉米须

六谷心子 lo?˦ kuo?˥ ɕin˦ tsŋˇ 玉米心（多用来做饲料）

六谷秸子 lo?˦ kuo?˥ kæ˦ tsŋˇ 玉米秆

芦稷子 ləi˦ tɕʰie?˦ tsŋˇ 高粱

稻 tʃfɦəu˥ 稻子

稻粒子 tʃfɦəu˥ lie?˦ tsŋˇ 大米

早稻 tsɔu˦ tʰɔu˩

中稻 tsoŋ˦ tʰɔu˩

晚稻 man˦ tʰɔu˩

粳稻 kən˦ tʰɔu˩

　农垦稻 loŋ˩ kʰən˦ tʰɔu˩

杂交稻 tsʰaʔ˩ tɕiɔu˦ tʰɔu˩

糯稻 nø˩ tʰɔu˦

秤子 pffia˧˥ tsʅ˧˥

米 mʅ˧˥ 去壳后的稻的子实

大米 tʰɕia˧˥ mʅ˧˥（相对糯米而言）

粳米 kən˦ mʅ˧˥

籼米 ɕi˦ mʅ˧˥

糯米 nø˧˥ mʅ˧˥

糙米 tsʰɔu˧˥ mʅ˧˥ 未舂碾过的米

熟米 tʃʰɕyʌʔ˦ mʅ˧˥ 经过春碾的米

棉花 mi˧˥ xua˦

棉花桃子 mi˧˥ xua˩ tʰɔu˦ tsʅ˧˥ 棉桃儿

麻秸 ma˦ kæ˩ 麻秆

苎麻 ʒʅ˧˥ ma˦

芝麻 tsʅ˦ ma˧˥

蓖麻 pəi˧˥ ma˧˥

麻油 ma˦ iɐu˦ 芝麻榨的油

香油 ɕin˦ iɐu˩ 菜籽油

豆油 tʃʰɕi˩ iɐu˦ 黄豆榨的油

花生油 xua˦ sən˦ iɐu˩

棉油 mi˧˥ iɐu˦ 棉籽榨的油，可食

桐油 tʰoŋ˧˥ iɐu˦ 桐籽榨的油，用于雨伞、船的防水

葵花 hɕiɐi˧˥ xua˦

葵花子 hɕiɐi˩ xua˦ tsʅ˧˥

山萝卜 san˦ lø˩ vu˩ 白薯

马铃薯 ma˦ lin˦ ʃʅ˧˥

地瓜 tʃʅ˩ kua˦ 一种薯类，做菜吃

芋头 ɿʅ˩（tʃʅ-ɹ）əi˦ 指这种植物

芋头母 ɿʅ˩（tʃʅ-ɹ）əi˩ mʅ˧˥

芋头子 ɿʅ˩（tʃʅ-ɹ）əi˩ tsʅ˧˥

移谷子 i˩ kʰou˦ tsʅ˧˥ 慈菇

藕 ŋiɐi˧˥

荷梗 hɕiø˦ kən˧˥

荷叶 hɕiø˩ nie˧˥

莲蓬 li˦ pffioŋ˧˥

莲蓬子 li˦ pffioŋ˧˥ tsʅ˧˥ 莲子

莲子心 li˦ tsʅ˧˥ ɕin˦ 莲子中心的绿心儿，味苦，可入药

豆类、菜蔬

黄豆 uan˦ tʃʰɕiəi˩ 黄豆。嫩的统称"毛豆"，按农历分"四月黄""五月黄""六月白"和"绿黄豆"，老的用来做豆腐的分"七月黄""八月黄"

四月黄 sʅ˧˥ ɿoʔ˦ uan˩ 农历四月的嫩黄豆

五月黄 vu˦ ɿoʔ˩ uan˩ 农历五月的嫩黄豆

六月白 loʔ˩ ɿoʔ˦ pffie˧˥ 农历六月的黄豆

七月黄 tɕʰie˩ ɿoʔ˦ uan˩ 农历七月的老黄豆，做豆腐

八月黄 paʔ˥ ɻoʔ˥ uan˩ 农历八月的老黄豆，做豆腐

绿黄豆 loʔ˥ uan˩˩ (ʨi-ɻ̩) əi˩ 农历九月最后一茬黄豆

绿豆 loʔ˥ (ʨi-ɻ̩) əi˩

红豆 hɦoŋ˩ ʨɦəi˩ 红小豆

豌豆 ɵ˦ ʨɦəi˧

豇豆 kan˦ ʨɦəi˧

扁豆 pi˦ ʨɦəi˩

蚕豆 tsʰɦɵ˩ ʨɦəi˩

茄子 ʨʰɥie˦ tʃʰɥi˧ tsʅ˧

黄瓜 uan˩ kua˦

菜瓜 tsʰæ˦ kua˦

丝瓜 sʅ˦ kua˩

丝条 sʅ˦ ʨʰiəu˩ 细长的丝瓜

丝瓜筋 sʅ˦ kua˦ ʨin˦ 丝瓜络，洗碗用的

番瓜 fan˦ kua˦ 南瓜

北瓜 pieʔ˥ kua˦ 类似南瓜，个儿小，用来玩赏

西瓜 ʃi˦ kua˩

冬瓜 toŋ˦ kua˦

葫芦 vu˩ ləʔ˩

葫芦坛 vu˩ ləʔ˩ ʨɦɵ˩ 掏了瓢的葫芦，旧时用来装酒

葫芦瓢 vu˩ ləʔ˩ pfʰɥi˩ 对半剖开的葫芦，旧时用来舀水

瓠子 vu˩ tsʅ˧

葱 tsʰoŋ˦ 细小的葱，洒在汤上面的

大葱 ʨɦa˩ tsʰoŋ˦ 稍粗的葱，炒菜用的

洋葱 ian˩ tsʰoŋ˦

大蒜 ʨɦæ˩ sɵ˦

大蒜头 ʨɦæ˩ sɵ˦ ʨɦei˩ 蒜的鳞茎，由蒜瓣构成

大蒜苗 ʨɦæ˩ sɵ˦ miəu˩ 蒜的花茎。北京叫"蒜苔"

青大蒜 ʨin˦ ʨɦæ˦ sɵ˩ 嫩的蒜梗和蒜叶。北京叫"青蒜"

嫩大蒜 nən˩ ʨɦæ˩ sɵ˩

韭菜 ʨiəu˩ tsʰæ˦

韭菜黄 ʨiəu˩ tsʰæ˩ uan˩

苋菜 hɦan˩ tsʰæ˦

麻三苋 ma˩ san˦ hɦian˩ 当地一种野菜，农历四月至六月间生长，产妇吃的，有补血益气之功效

洋柿子 ian˩ zʅ˩ tsʅ˧ 西红柿

西红柿 ʃi˦ hɦoŋ˩ zʅ˩

生姜 sən˦ ʨian˦

灯笼椒 tən˦ loŋ˩ ʨiəu˦ 柿子椒

辣胡椒 laʔ˥ vu˩ ʨiəu˦ 辣椒

狗鸟椒 kəi˦ tiəu˩ ʨiəu˦ 当地产的一种很辣的辣椒

辣胡椒屑子 laʔ˥ vu˩ ʨiəu˦ çieʔ˥ tsʅ˧ 辣椒面儿

芥菜苔 kæ˩ tsʰæ˦ ʨɦ˩ 腌着吃的

胡椒 vu˩ ʨiəu˦

胡椒屑子 vu˩ ʨiəu˦ çieʔ˥ tsʅ˧ 胡椒面儿

菱角菜 lin˩ koʔ˥ tsʰæ˩ 菠菜

黄芽白 uan˩ ŋa˩ pfʰieʔ˥ 大白

菜

白菜 pffie?ʅʅ ts'æ˥ 绿叶白梗，晾干了腌菜吃（不是北方说的"白菜"）

四月青 sʅ˥ ɿo?ʅʅ tɕ'in˦ 产于农历四月的一种"白菜"

香菜 ɕian˦ ts'æ˥ 嫩"白菜"的菜心，用香油、蒜等拌着吃

蒜￣菜 so˥ ts'æ˥

小白菜 ɕiou˦ pffie?ʅʅ ts'æ˥

包菜 pɔu˦ ts'æ˥ 洋白菜

莴笋 θ˦ sən˩

莴笋叶 θ˦ sən˦ nie?˥

芹菜 tɕ'in˦ ts'æ˥

药芹 ia?˥ tɕ'in˩ 外地引进的芹菜

芫荽菜 i˩ ʃʮei˦ ts'æ˥ 芫荽

茼蒿 t'ioŋ˦ xou˦

白萝卜 pffie?˥ lθ˦ vu˥

（萝卜）空心 k'oŋ˦ ɕin˦ （萝卜）糠了

萝卜缨子 lθ˦ vu˥ in˦ tsʅ˦

萝卜干 lθ˦ vu˥ kə˦

黄萝卜 uan˦ lθ˦ vu˥ 胡萝卜

茭瓜 kou˦ kua˦ 茭白

油菜 iəu˦ ts'æ˥ 榨油用的，一般不吃

油菜籽 iəu˦ ts'æ˥ tsʅ˦ 榨油用

空心菜 k'oŋ˦ ɕin˦ ts'æ˥ 蕹菜

荠菜子 ʑi˥ ts'æ˥ tsʅ˥ 荠菜

树木

树 ʅʅ˥

树苗 ʅʅ˥ miou˩

树横身 ʅʅ˥ uen˩ sən˦ 树干

树头子 ʅʅ˥ t'iei˦ tsʅ˦ 树梢

树根 ʅʅ˥ kən˦

树叶子 ʅʅ˥ nie?˥ tsʅ˦

树桠子 ʅʅ˥ ŋa˦ tsʅ˦ 树枝

栽树 tsæ˦ ʅʅ˥

倒树 tɔu˦ ʅʅ˥ 砍树

松树 soŋ˦ ʅʅ˥

松树叶子 soŋ˦ ʅʅ˥ nie?ʅʅ tsʅ˦ 松针

松树果子 soŋ˦ ʅʅ˥ kθ˦ tsʅ˦ 松球

松香 soŋ˦ ɕian˦

杉树 sa˦ ʅʅ˥ 指称"杉树"时说的，一般叫"木头"

木头 me?ʅʅ（tʃ'i-r）əi˦ 杉树

木头叶子 me?ʅʅ（tʃ'i-r）əi˦ nie?ʅʅ tsʅ˦ 杉针

江木 tɕian˦ me?˥ 靠近江边的杉木

桑树 san˦ ʅʅ˥

桑果子 san˦ kθ˦ tsʅ˦ 桑葚儿

桑叶 san˦ nie?˥

杨树 ian˦ ʅʅ˥ 柳树（不是北方说的"杨树"）

桐油子树 t'ioŋ˦ iəu˦ tsʅ˦ ʅʅ˥ 桐油树

桐油子 t'ioŋ˦ iəu˦ tsʅ˦ 桐油

楝树 li˥ ʅʅ˥ 苦楝树

湖苞草 vu˦ pɔu˦ ts'ou˥ 当地一种野草，质地细密，通常用来编席子

巴茅草 pa┤ mɔu┤┠ ts'ɔu˥

菖蒲 tɕian┤ vu˩

竹子 tʃ'ɥoʔ┠ tsʅ˥

　毛竹 mɔu┤┠ tʃ'ɥoʔ┐

篾 mieʔ┐ 篾片

黄篾 uan┤┠ mieʔ┐ 篾黄

青篾 tɕ'in┤ mieʔ┐ 篾青

瓜果

水果 ʃɥəi┠ kɵ˥

桃子 tʃ'ɔu┤┠ tsʅ˥

杏子 ɕin˥ tsʅ┠

雪李 ɕieʔ┠ li˥ 李子

苹果 pffiin┤┠ kɵ˥

枣子 tsɔu┤┠ tsʅ˥

梨子 li┤┠ tsʅ˥

枇杷 vʅ┤┠ pffia˥

柿团 zʅ┐ tʃɦie┤┠ 柿子

柿饼 zʅ˥ pin┐

石榴 tsɦieʔ┠ lieu┤┠

柚子 iəu˥ tsʅ┠

橘子 tʃ'ɥoʔ┠ tsʅ˥

金橘 tɕin┤ tʃ'ɥoʔ┐

橙子 tsfɦian┤┠ tsʅ˥

桂圆 kuəi˥ ɥei˩

荔枝 li┐ tsʅ┠

芒果 man┤┠ kɵ˥

菠萝 pɵ┤┠ lɵ˩

白果 pffieʔ┐ kɵ˥ 银杏

板栗子 pan┤┠ lieʔ┠ tsʅ˥ 栗子

瓜子 kua┤ tsʅ┐ 瓜子的总称

荸子 ʒi┤┠ tsʅ˥┠ 荸荠

甘蔗 kɵ┤┠ tsan┤┠

花生 xua┤┠ sən┤┠

花生米 xua┤ sən┤ mʅ˥

花生壳 xua┤ sən┤ k'ɔʔ┐

花草、菌类

（正月）梅花 məi┤┠ xua┤┠

（二月）杏花 ɕin┐ xua┤┠

（三月）桃花 tʃ'uɔu┤┠ xua┤┐

（四月）蔷薇 tɕɦian┤┠ məi˩

（五月）栀子花 tsʅ┤┠ tsʅ┤┠ xua┤

（六月）荷花 hɦie┤┠ xua┤┠

（七月）菱花 lin┤┠ xua┤┠

（八月）桂花 kuəi┐ xua┤┐

（九月）菊花 tʃ'ɥoʔ┐ xua┤

（十月）芙蓉 vu┤┠ ioŋ˥

（十一月）腊梅 laʔ┠ məi˩

（腊月）雪花 ɕieʔ┐ xua┤

指掐花 tsʅ┠ tɕ'iaʔ┐ xua┤ 凤仙花

水仙花 ʃɥəi┤┠ ɕi┤┐ xua┤

茉莉花 moʔ┠ li┐ xua┤

牵牛花 tɕ'i┐ nieu┤┐ xua┤

万年青 pffian┐ ni┤ tɕ'in┤┠

仙人掌 ɕi┤ nin┤┠ tsan┐

月月红 ɥoʔ┠ ɥoʔ┠ hɦoŋ˩ 月季

端午景 tɵ┤ u┤┠ tɕin┐ 农历五月

　初五前后盛开，红色

花苞 xua┤┠ pɔu┤┠ 花蕾

花叶子 xua┤ nieʔ┠ tsʅ˥ 花瓣儿

花心 xua┤┠ ɕin┤ 花蕊

芦柴 lɵ┤┠ tsfɦæ˩ 芦苇

香菇 ɕian┤┠ ku┤┠

蘑菇 mθ˩ ku˩ 多指平菇
青苔 tɕ'in˩ tʃæ˥
花钵子 xua po?˩ tsɿ˩ 花盆

六 动物

牲畜

牲口 sən˩ k'əi˥
公马 koŋ˩ ma˥
母马 mθ˩ ma˥
牯子 ku˩ tsɿ˩ 公水牛
犍牛 tɕi˥ niəu˩ 公黄牛
牸子 zɿ˥ tsɿ˩ 母水牛
　水骟 ʃʮei˩ sa˥
骟牛 sa˥ niəu˩ 母黄牛
　骟了 sa˥ tsɿ˩
起云 tʃ'i˩ ʮn˥ 母牛发情
小牛 ɕiou˥ niəu˥ 牛犊
羊子 ian˩ tsɿ˩ 山羊（当地没有绵羊）
结羊 tɕie?˥ ian˩ 公山羊
水羊 ʃʮei˩ ian˩ 母山羊
叫栏 tɕiou˥ lan˩ 母羊发情
小羊子 ɕiou˥ ian˩ tsɿ˩ 羊羔
狗子 kəi˩ tsɿ˩ 狗
公狗 koŋ˩ kəi˥
草狗 ts'ou˩ kəi˥ 母狗
起草 tʃ'i˩ ts'ou˥ 母狗发情
小狗子 ɕiou˥ kəi˩ tsɿ˩
哈吧狗 xa˩ pa˩ kəi˥

狮毛狗 sɿ˥ mou˩ kəi˥ 狮子狗
猫 mou˩
公猫 koŋ˩ mou˩
母猫 m̩˥ mou˩
叫号 tɕiou˩ hɕiou˥ 母猫发情
犍猪 tɕi˥ tʃʮ˩ 公猪
结猪 tɕie?˥ tʃʮ˩ 未阉过的公猪
豚猪 tʃ'iən˩ tʃʮ˩ 未阉过的母猪
销猪 ɕiou˩ tʃʮ˩ 阉猪（动宾结构）
销猪 ɕiou˩ tʃʮ˩ 阉过的猪（公、母皆阉）
壮猪 tʃʮan˥ tʃʮ˩ 供食用的、阉过的公猪或母猪
斗猪 təi˩ tʃʮ˩ 种公猪
老母猪 lɔu˩ m̩˥ tʃʮ˩ 母猪
走栏 tsəi˥ lan˥ 母猪发情
子猪 tsɿ˩ tʃʮ˩ 猪崽
兔子 t'əi˥ tsɿ˩
鸡 tʃi˩
大公鸡 tʃia˥ koŋ˩ tʃi˩ 成年的打鸣的公鸡
小公鸡 ɕiou˥ koŋ˩ tʃi˩ 未成年的小公鸡
母鸡 m̩˥ tʃi˩
伏鸡 vu˥ tʃi˩ 正在孵蛋的母鸡
小母鸡 ɕiou˥ m̩˥ tʃi˩ 未成年的小母鸡
小鸡 ɕiou˥ tʃi˩
鸡子 tʃi˩ tsɿ˥ 鸡蛋
生子 sən˩ tsɿ˥ 下蛋

伏 vu˥ 孵（～小鸡儿）

鸡冠 tʃi˩ kɵ˩

鸡嗉袋 tʃi˩ səi˩ tʃæ˥ 鸡嗉子

鸡脚爪 tʃi˩ tɕiaʔ˦ tsou˩ 鸡爪子

鸭 ŋaʔ˥

公鸭 koŋ˩ ŋaʔ˥

母鸭 m̩˦ ŋaʔ˥

小鸭 ɕiɔu˩ ŋaʔ˥

鸭子 ŋaʔ˦ tsʅ˩ 鸭蛋

鹅 ŋɵ˥

小鹅 ɕiɔ˥ ŋɵ˥

鸟、兽

野牲口 ia˦ sən˩ kʻiɛ˥ 野兽

狮子 sʅ˩ tsʅ˥

老虎 lou˦ xu˩

母老虎 mu˦ lou˦ xu˦

猴子 hɦɛi˥ tsʅ˩

熊 tɕɦioŋ˥

豹子 pɔ˥ tsʅ˦

狐狸 vu˦ li˩

黄老鼠 uan˦ lou˦ tʃʻʅ˦ 黄鼠狼

老鼠子 lou˦ tʃʻʅ˦ tsʅ˩ 老鼠

蛇 tsfia˥

水蛇 ʃuɛi˥ tsfia˥

乌风梢 u˥ foŋ˦ sou˦ 当地一种无毒蛇，可食

火炼蛇 xɵ˦ li˥ tsfia˥

土块蛇 tʻəi˥ kʻæ˥ tsfia˥ 一种有剧毒的蛇

四脚子蛇 sʅ˥ tɕiaʔ˦ tsʅ˥ tsfia˥ 蜥蜴

雀子 tɕiaʔ˥ tsʅ˥ 鸟儿

偏流子 pʻi˩ liou˦ tsʅ˥ 一种水鸟，八哥大小

老哇 lou˦ ua˥ 乌鸦

喜鹊子 ʃi˩ tɕiaʔ˦ tsʅ˥

麻雀子 ma˦ tɕiaʔ˦ tsʅ˥

燕雀子 i˩ tɕiaʔ˦ tsʅ˥ 燕子

雁 ŋan˥

鸽子 keʔ˦ tsʅ˥

菜鸽 tsʻæ˥ keʔ˦ 专供食用的鸽子

信鸽 ɕin˥ keʔ˦

聒聒咕 kuaʔ˦ kuaʔ˥ ku˩ 布谷鸟。现在也叫"像音鸟"

像音鸟 tɕɦian˥ in˦ niɔu˥

得散叨 teʔ˦ san˥ tiɔu˩ 啄木鸟

猫头鹰 mou˦ tɦɛi˥ in˦

八哥子 paʔ˥ kɵ˩ tsʅ˥ 八哥儿

磨鹰 mɵ˥ in˦ 老鹰

野鸡 ia˥ tʃi˩

野鸭 ia˦ ŋaʔ˥

鹭鸶 lɛi˥ sʅ˩

蝙蝠子 pi˦ foʔ˦ tsʅ˥

翅膀 tsʅ˥ pan˦

尾巴 məi˦ pɔu˦

嘴巴 tsəi˦ pa˩ 人、鸟类的嘴

鸟窝 niɔu˥ ɵ˩

虫类

蚕 tsfian˥

蚕蛹子 tsʰan˩ ioŋ˦˨ tsɿ˧˥

蟢蛛子 ʃi˦˨ tʃʮ˦˨ tsɿ˧˥ 蜘蛛

蚂蝇子 ma˧˥ in˦˨ tsɿ˧˥ 蚂蚁

地团鱼 tʃi˧ tʰiə˦˨ m̩˧˥ 土鳖

河蛖 hfiə˧ ʃʮei˦˨ 蚯蚓

蜗牛 ɵ˦ niəu˩

蜈蚣 m̩˧ koŋ˦˨

蝎子 ɕieʔ˦˨ tsɿ˧˥

辣雀子 laʔ˦˨ tɕʰiaʔ˦˨ tsɿ˧˥ 毛毛虫

青虫子 tɕʰin˦ tsʰoŋ˦˨ tsɿ˧˥ 菜里的肉虫

蚜虫 ŋa˦˨ (tsfi-tsʰ) oŋ˧˥

苍蝇子 tsʰan˦ in˦˨ tsɿ˧˥ 苍蝇

蚊子 pffiən˦˨ tsɿ˧˥

虱子 seʔ˦˨ tsɿ˧˥

臭虫 tsʰɿə˧ (tsfi-tsʰ) oŋ˦˨

圪蚤 keʔ˦˨ tsʰɔu˧˥ 跳蚤

雀雀子 tɕʰiaʔ˦˨ tɕʰiaʔ˦˨ tsɿ˧˥ 蟋蟀

灶蛐子 tsɔu˧ tʃʮoʔ˦˨ tsɿ˧˥ 灶蟋蟀

蟑圪螂 tsan˦ keʔ˦˨ lan˩ 蟑螂

啄木子 toʔ˦˨ meʔ˧˥ tsɿ˧˥ 蝗虫

螳螂 tʃʰian˧ lan˩

鸡柳 tʃi˧ liəu˩ 蝉

呜蜂子 u˦ foŋ˦ tsɿ˧˥ 蜜蜂

马蜂 ma˦ foŋ˦

叮 tin˦ (马蜂)蜇人

蜂窝蜜 foŋ˦ ɵ˦ mie˧ 蜂蜜
蜜糖 mie˧ tʃʰan˩

火蝇子 xɵ˦ in˦˨ tsɿ˧˥ 萤火虫

车水佬 tsʰa˦ ʃʮei˦˨ lɔu˧ 臭大姐

页蜓子 ieʔ˦˨ tʃʰiiŋ˦˨ tsɿ˧˥ 蝴蝶

小页蜓子 ɕiɔu˧ ieʔ˦˨ tʃʰiiŋ˦˨ tsɿ˧˥ 灯蛾

蜻蜓子 ɕin˦ tʃʰiiŋ˦˨ tsɿ˧˥

瓢虫 pffiiɔu˧ tsfioŋ˩

鱼虾类

鱼 m̩˩

鲤鱼 li˦ m̩˩

鲫鱼 tɕieʔ˦˨ m̩˩

鳊鱼 pie˦ m̩˩

草混 tsʰɔu˦ xuen˩ 草鱼

鳜鱼 kuei˧ m̩˩

弯丁鱼 uan˦ tin˦ m̩˩ 鳗鱼

鲇胡子 ni˦ vu˦ tsɿ˧˥ 鲇鱼

黑鱼 xe˦˨ m̩˩

胖头 pʰan˧ tʃʰiei˩ 胖头鱼 黄鲢 uan˦ li˩

金鱼 tɕin˦ m̩˩

泥鳅 mi˦ tɕʰiəu˦

黄鳝 uan˦ ɕi˧ 鳝鱼

咸鱼 hfian˦ m̩˩ 用盐腌过的晒干的鱼

鱼炎子 m̩ i˦ tsɿ˧˥ 鱼鳞

鱼卡 m̩ kʰa˧ 鱼刺

鱼泡老子 m̩ pffiiɔu˧ lɔu˦ tsɿ˧˥ 鱼鳔儿

鱼鳞子拐 m̩ lin˦ tsɿ˧˥ kuæ˧ 鳍

划水鳍 ua˧ ʃʮei˧ tsʮ˦

鱼腮 m̩ sæ

鱼子 m̩ tsɿ 鱼的卵

鱼苗 m̩ miɔu

钓鱼 tiɔu m̩

钓鱼梗 tiɔu m̩ nɛn

　钓鱼竿 tiɔu m̩ kan

钓鱼钩子 tiɔu m̩ kəi tsɿ

鱼篓子 m̩ ləi tsɿ

鱼网 m̩ man

抄网 tsʰuc man 赶网

绞丝网 tɕiɔu sɿ man 尼龙丝编的鱼网

板罾 pan tsən

漂浮子 pʰiɔu vu tsɿ 浮漂

梭 so 织鱼网的梭子

虾笼 xa loŋ 装虾的笼子

虾子 xa tsɿ 虾

虾子酱 xa tsɿ tɕian 虾酱

乌龟 u kuəi

团鱼 tʰiɵ m̩ 鳖

螃蟹 pʰfian hfiæ

蟹黄 hfiæ uan

青停ʺ鸡 tɕʰin tʃʰiŋ tʃʰiɿ 青蛙

癫骨ʺ子秧ʺ læ kuoʔ tsɿ ian 蝌蚪

浆ʺ癫荷包 tɕian læ hfiɵ pou 蟾蜍

蚂蟥 ma uan 水蛭

喜ʺ贝ʺ贝ʺ ʃi pəi pəi 蛤蜊

螺蛳 lə sɿ

瓦块子 ua kʰuæ tsɿ 蚌

七　房舍

房子

屋 uoʔ ①住宅 ②屋子。义项①也说"房子 pʰfian tsɿ"

做屋 tsɵ uoʔ 造（房子）

院子 ɥɛi tsɿ

院子墙 ɥɛi tsɿ tɕʰian 院墙

栅栏杆 saʔ lan kan 栅栏

堂前 tʃʰian (tɕʰfi-ç) ian 正房

房间 pʰfian kan 厢房

楼房 ləi pʰfian

楼娘ʺ ləi nian 楼上

楼下 ləi (hfi-ø) a

楼板 ləi pan

楼梯 ləi tʰei

梯子 tʰei tsɿ 可移动的

阳台 ian (tʃʰfi-tʰ) æ

晒台 sæ (tʃʰfi-tʰ) æ

草屋 tsʰuc uoʔ 用茅草搭起的房子

房屋结构

屋脊 uoʔ tɕieʔ

封脊 fən tɕieʔ 给屋脊上盖瓦

屋顶 uoʔ tin 站在~上

草幔子 tsʰuc mɵ tsɿ 盖在屋顶上的草披

屋檐 uoʔ i

滴水 tieʔ˥˧ ʃʮəi˥˧儿

门楼子 mən˥˧ ləi˥˧ tsʮ˥˧ 大门儿上边牌楼式的顶

前墙 tɕɦian˩ tɕɦian˩ 有门的那面墙

后墙 hɦəi˩ tɕɦian˩ 与"前墙"相对的墙

拦子墙 nan˥˧ tsʮ˥˧ tɕɦian˩ 隔开房间的隔墙

山墙 san˥˧ tɕɦian˩

开阔 k'æ˥˧ k'uo˥ 与"山墙"垂直方向的两面墙之间的距离

进深 tɕin˥ sən˥˧ 入深

正梁 tsən˥ lian˩ 当地房子有五根梁。正中一根叫做"正梁","正梁"稍下左右两根叫做"斤梁","斤梁"稍下左右两根叫做"移梁"

斤梁 tɕin˥˧ lian˩

移梁 i˥˧ lian˩

檩基 lin˥ tʃi˥˧ 檩
　小基 ɕiuo˩ tʃi˥˧

椽子 tɕɦiə˥˧ tsʮ˥˧

柱脚 ʒʮ˥˧ tɕiaʔ˥

中柱 tsoŋ˥ ʒʮ˥ 顶正梁的柱子。当地房子有三根柱子"中柱""斤柱"和"移柱"

斤柱 tɕin˥˧ ʒʮ˥ 顶斤梁的柱子

移柱 i˥˧ ʒʮ˥ 顶移梁的柱子

礅壳 san˥˧ k'o˥ 柱下石

搭步子 taʔ˥ vu˥ tsʮ˥˧ 台阶儿

天花板 t'i˥˧ xua˥˧ pan˥

大门 tʃɦia˩ mən˥˧ 正门

后门 hɦəi˩ mən˥˧

旁门 pfɦian˥˧ mən˥˧ 边门儿

门坎 mən˥˧ k'an˥

步行 vu˥ (tɕɦi-ç)in˥˧ 石门坎

门襻子 mən˥˧ p'an˥ tsʮ˥˧ 门环

门后头 mən˥˧ hɦəi˩ tʃɦəi˥˧ 门扇的后面

门栓 mən˥˧ ʃʮəi˥˧

门杠子 mən˥˧ kan˥ tsʮ˥˧ 与"门栓"垂直的T型木杠,顶着门栓

门转移子 mən˥˧ tɕiə˥˧ i˥˧ tsʮ˥˧ 门轴

门 mən˩ 门扇

门手把 mən˥˧ səi˥˧ pa˥ 门把儿
门把子 mən˥˧ pa˥ tsʮ˥˧

插销 ts'aʔ˥ ɕiəu˥˧ 门窗上的金属闩

锁 sə˥

钥匙 iaʔ˥˧ zʮ˥˧

窗子 tʃ'ʮan˥˧ tsʮ˥

窗子台 tʃ'uan˥˧ tsʮ˥˧ tʃɦæ˩ 窗台

窗栅子 tʃ'ʮan˥˧ saʔ˥ tsʮ˥˧ 窗棂子

走廊 tsəi˥˧ lan˩

其他设施

灶下里 tsɔu˥ (hɦi-ø) a˥ li˥ 厨房

灶 tsɔu˥

茅缸屋 mɔu˥˧ kan˥˧ uo˥ 厕所

牛笼 niəu˥˧ loŋ˩ (或 niəu˥˧

loŋ˩˦) 牛圈

猪笼 tʃʃ˩˦ loŋ˩ 猪圈

猪食盆 tʃʃ˩˦ (tsʃ-z) e˨˩ pfʃiən˩ 舔子盆 t'i˩˦ tsʃ˩˦ pfʃiən˩

羊子笼 ian˩˦ tsʃ˩˦ loŋ˩ 羊圈

狗窝 kəi˦ θ˦

鸡笼 tʃi˩˦ loŋ˩ 鸡窝

鸡窝 tʃi˩˦ θ˦ 砖砌的小房子，供母鸡下蛋

打咯洞 ta˦ ka˨˩ t'ʃoŋ˩

鸡罩 tʃi˩˦ tsɔu˨ 竹子编的，罩鸡的器具

柴堆 tsfʃæ˩˦ təi˦

草堆 ts'ɔu˩ təi˦

八　器具　用品

一般家具

家具 ka˦ ʒʃ˨

柜 hfiuəi˨ 正方形，平躺着放的，上面开口

橱子 ʒʃ˩˦ tsʃ˩˦ 长方形，竖起来放的，前面开口

衣橱 i˦ ʒʃ˩

碗橱 θ˩˦ ʒʃ˩˦

站橱 tsan˨ ʒʃ˩ 立柜

高低橱 kɔu˦ t'i˦ ʒʃ˩ 高低柜

台子 tfʃæ˩˦ tsʃ˩˦ 桌子

圆台子 ʮəi˩˦ tfʃæ˩˦ tsʃ˩˦ 圆桌

八仙桌 pa˨˩ ɕi˩˦ tʃʮɔ˨˩ 方桌

四仙桌 sʃ˨ ɕi˩˦ tʃʮɔ˨˩

条台 t'ʃiɔu˩˦ (t'fi-r) æ˩ (或 t'ʃiɔu˩˦ (t'fi-r) æ˩) 条案。靠墙放着的长条形桌子。上面摆放着"香笼""蜡台"

长台 tsfʃan˩˦ (t'fi-ʒ) æ˩ (或 tsfʃan˩˦ (t'fi-ʒ) æ˩)

香笼 ɕian˩˦ loŋ˩ 插香的器具

蜡台 la˨˩ tfʃæ˩˦

抽屉台子 ts'əi˦ t'ʃ˨ tfʃæ˩˦ tsʃ˩˦ 办公桌

白刀台子 pfʃie˨˩ tɔu˩˦ tfʃæ˩˦ tsʃ˩˦ 饭桌。四方形，放在厨房里

台布 tfʃæ˩˦ pu˨ 铺在桌面上的布

抽屉 ts'əi˦ t'ʃ˩˦

椅子 i˩˦ tsʃ˩˦

靠椅 k'ɔu˨ i˩ 躺椅

椅子背 i˩˦ tsʃ˩˦ pəi˨

椅子桄 i˩˦ tsʃ˩˦ kuan˨ 椅子掌儿

(长)板凳 (tsfʃan˩˦) pan˩˦ tən˨ 长条形的凳子

骨牌凳 kuo˨˩ pfʃæ˩˦ tən˨ 方凳

小板凳 ɕiɔu˩˦ pan˩˦ tən˨

圆板凳 ʮəi˩˦ pan˩˦ tən˨

拜椅 pæ˨ i˩ 蒲团

卧室用具

床 tʃfiʮan˩

木板床 me˨˩ pan˩˦ tʃfiʮan˩ 铺板

绷子档 pən˦ tʂʅ˦ tan˦ 棕绷

竹子档 tʃɥoʔ˦ tʂʅ˦ tan˦ 竹床

架子床 ka˥ tʂʅ˦ tʃɦɥan˩ 三面和顶部用木板全封起来的床

床架子 tʃɦɥan˦ ka˥ tʂʅ˦

榻板 tɕɦia˦ pan˦ 旧时床前的踏脚板

帐子 tsan˥ tʂʅ˦

帐钩 tsan˥ kəi˦

帐子走水 tsan˥ tʂʅ˦ tsəi˦ ʃɥəi˦ 帐檐儿

毯子 tʰan˦ tʂʅ˩

被窝 vʅ˧ ɵ˦ ①被子 ②被窝

被窝里子 vʅ˧ ɵ˦ li˦ tʂʅ˩

被窝面子 vʅ˧ ɵ˦ mi˦ tʂʅ˦

棉花絮 mi˦ xua˦ ʃʅ˩ 棉被的胎

垫被 tɕɦi˥ vʅ˦ 褥子

席子 tɕɕie?˦ tʂʅ˩ 草编的席子

湖苞草席子 vu˦ pɔu˦ tsʰuˊ˦ tɕɕie?˦ tʂʅ˩ "湖苞草"编的席子

（竹）簟子（tʃɥoʔ˥）tɕɦi˥ tʂʅ˦ 青篾编的席子

枕头 tsən˦（tʃɦ-ɹ）ie˩

枕头套子 tsən˦（tʃɦ-ɹ）ie˩ tʰɔu˥ tʂʅ˦

枕头胆 tsən˦（tʃɦ-ɹ）ie˩ tan˦ 枕头心儿

梳妆台 səi˦ tʃɥan˦ tʃɦæ˩

镜子 tɕin˥ tʂʅ˦

箱子 ɕian˦ tʂʅ˩ 手提箱

衣裳架子 i˦（tsfɹ-z）an˦ ka˥ tʂʅ˦ 立在地上的挂衣服的架子

晒衣裳架子 sæ˥ i˦（tsfɹ-z）an˦ ka˥ tʂʅ˦ 晾衣架

晒衣裳蒿子 sæ˥ i˦（tsfɹ-z）an˦ kɔu˦ tʂʅ˦ 晾衣裳的竹竿

顶桠子 tin˦ ŋa˦ tʂʅ˦ 架"晾衣裳蒿子"的架子

马桶子 ma˦ tʰoŋ˦ tʂʅ˦

夜壶 ia˥ vu˦

脚炉 tɕia?˦ lə˩

火盆 xɵ˦ pfɦiən˩

水焐子 ʃɥei˦ vu˥ tʂʅ˦ 汤壶（盛热水后放在被中取暖用的）

热水瓶 nie?˦ ʃɥei˦ pfɦin˩

炊事用具

铁叉 tʰie?˥ tsʰa˦ 通柴草的铁条

火钳子 xɵ˦（tɕ-ɕ）i˦ tʂʅ˩

火筷子 xɵ˦ kʰuæ˥ tʂʅ˦

灰扒子 xuəi˦ pfɦia˦ tʂʅ˩ 铲炉灰用的火铲

柴禾 tsfɦæ˦ hfɦɵ˩ 柴草

稻草 tʃɦɔu˧ tsʰuˊ˥ 稻秆

麦秸 meʔ˥ kæ˦

黄豆秸 uan˦ tʃɦəi˥ kæ˦

锯木屑 tʃɥ˦ meʔ˦ ɕie?˥ 锯末

刨花柴 pfɦɔu˥ xua˦ tsfɦæ˩ 刨花

洋火 ian˦ xɵ˥ 火柴

擦抹 tsʰa?˥ meʔ˦ 锅烟子

　　锅灰 kɵ˦ xuəi˦

烟囱 i˦ tsʰoŋ˦

锅子 kɵ˦ tʂʅ˥ 锅

钢针˭锅 kan˧ tsən˦ kө˦ 铝锅

沙锅 sa˦ kө˦

大锅 tʃʰa˥ kө˦

浴锅 ɥoʔ˥ kө˦ 最大号的铁锅，洗澡用

里锅 li˧ kө˦ 比"浴锅"略小，烧水用

外锅 uæ˥ kө˦ 比"里锅"略小，炒菜用

汤锅 tʰan˦ kө˦ 温罐，介于"里锅""外锅"之间，嵌在灶台上

小锅子 ɕiou˧ kө˦ tsɿ˧

锅盖 kө˦ kæ˥

锅铲子 kө˦ tsʰan˦ tsɿ˥

铫子 tʃʰiou˥ tsɿ˦ 烧开水用的水壶，铜制或铁制

抽˭子 tsʰəi˦ tsɿ˧

碗 ө˧

海碗 xæ˦ ө˥ 最大号的碗

二老碗 ɛ˥ lou˦ ө˥ 比"海碗"小

小碗 ɕiou˦ ө˥ （或 ɕiou˥ ө˧）比"二老碗"小

七筒子 tɕʰieʔ˥ tʰoŋ˦ tsɿ˥ 比"小碗"小

瓯子 ŋəi˦ tsɿ˥ 茶杯（瓷的带把儿的）

碟子 tʃʰieʔ˦ tsɿ˥

汤匙 tʰan˦ zɿ˥ 汤勺

挑子 tʰiou˦ tsɿ˥ ①汤勺 ②羹匙（瓷的，小的）

筷子 kʰuæ˥ tsɿ˦

筷子筒 kʰuæ˥ tsɿ˦ tʰoŋ˥ 放筷子用的竹筒

酒杯 tɕiəu˥ pei˦

盆子 pʰfʰiən˦ tsɿ˥ ①盆子 ②盘子

钵头 poʔ˥ tʃʰiəi˥ 钵子

酒壶 tɕiəu˥ vu˥

酒坛 tɕiəu˥ tʃʰiə˥

坛 tʃʰiə˥

罐子 kө˥ tsɿ˦

瓢 pʰfʰiou˥ 舀水用的

笊篱 tsou˦ li˥

筲箕 sou˦ tʃʰi˥

瓶 pʰfʰiin˥ 瓶子

瓶盖 pʰfʰiin˦ kæ˥

白刀 pʰfʰieʔ˥ tou˦ 菜刀

砧板 tsən˦ pan˥

案板 ŋan˥ pan˥ 垫在砧板下面的大木板

水桶 ʃʮəi˦ tʰoŋ˥ 挑水用的

研槽 ni˧ tsʰiou˥ 研船

饭桶 pʰfʰian˥ tʰoŋ˥ 装饭的桶

蒸笼 tsən˦ loŋ˥

饭架子 pʰfʰian˧ ka˦ tsɿ˥ 竹制的"井"字形箅子

蒸栏 tsən˦ lan˥ 箅子

水缸 ʃʮəi˥ kan˦

猪水缸 tʃʮ˦ ʃʮəi˥ kan˦ 泔水缸

猪食 tʃʮ˥（tsfi-z）eʔ˥ 泔水

抹布 maʔ˦ pu˧

拖把 tʰө˦ pa˥

工匠用具

推刨　tʰəi˧˩ pffiou˧˩꜔　①刨子　②礤
　　床

滚刨　kuən˧˩ pffiou˥꜒

大斧　tʃfiæ˥꜒ fu˧˩　斧子

锯子　tʃ̩˥꜒ tʂ̩˧˩

解锯　kæ˥꜒ tʃ̩˧˩　锯大料的钢锯

挖锯　ua˧˩ tʃ̩˧˩꜔　可旋转的锯子，
　　用来镂花

锯子横头　tʃ̩˥꜒ tʂ̩˥꜒ uən˧˩ (tʃi-
　　ɾ) əi˧˩꜔　锯子手握的地方

锯子齿　tʃ̩˥꜒ tʂ̩˧˩ tsʰ̩˥꜒　锯齿

锯路　tʃ̩˧˩꜔ ləi˥꜒

锯子梁　tʃ̩˥꜒ tʂ̩˧˩꜔ lian˩꜖　锯子中
　　间的梁

作凳　tsaʔ˥꜒ tən˥꜒　木匠凳

铁马　tʰieʔ˥꜒ ma˥꜒　钉在"作凳"一
　　端的铁制器具，锯木板的时候起
　　固定作用

木马　meʔ˥꜒ ma˥꜒　钉在"作凳"上
　　的弯形器具，以固定木板
　　三叉马　san˧˩ tsʰa˧˩ ma˥꜒

凿子　tsfioʔ˥꜒ tʂ̩˥꜒

锉　tsʰɵ˥꜒

尺　tsʰeʔ˥꜒

弯尺　uan˧˩ tsʰeʔ˥꜒　曲尺

卷尺　tʃɥei˧˩ tsʰeʔ˥꜒

五尺范　vu˧˩ tsʰeʔ꜒꜒ pffian˥꜒　木制
　　尺子，五尺长

墨斗　meʔ꜒꜒ təi˧˩꜔

墨斗线　meʔ꜒꜒ təi˧˩ ɕi˥꜒

钉子　tin˧˩ tʂ̩˧˩

钳子　tɕfii˧˩ tʂ̩˧˩

老虎钳子　lou˧˩ xu˥꜒ tɕfii˧˩
　　tʂ̩˧˩

钉榔头　tin˧˩ lan˧˩ (tʃi-ɾ) əi˧˩꜔
　　钉锤

夹子　kaʔ˥꜒ tʂ̩˧˩꜔　①夹子　②镊子
索　soʔ˥꜒　绳子

绞链　kou˧˩꜔ li˥꜒ (或kou˧˩ li˥꜒)
　　合叶

泥刀　ni˥꜒ tou˧˩꜔　瓦刀

钩缝针　kəi˧˩ pffioŋ˥꜒ tsən˧˩　抹子

抹板　mɵ˩꜖ pan˧˩꜔　泥板（瓦工用来
　　盛抹墙物的木板）

灰桶　xuəi˧˩ tʰoŋ˩꜖　盛泥灰的木桶

平水尺　pffiin˧˩ ʃɥei˧˩ tsʰeʔ˥꜒　水
　　平尺。砌墙时看是否水平
　　水平尺　ʃɥei˧˩ pffiin˧˩ tsʰeʔ˥꜒

坠砣　tʃfiɥei꜒꜒ tʃfiɵ꜖　线砣。砌墙
　　时量是否垂直

角铁　koʔ˥꜒ tʰieʔ˥꜒　砌窗台、门时量
　　直角是否垂直

铁錾子　tʰieʔ˥꜒ tsan꜒꜒ tʂ̩˧˩

铁墩子　tʰieʔ˥꜒ tən˧˩ tʂ̩˧˩　砧子
　　（打铁时垫铁块用）

剃头刀　tʰ̩˥꜒ tʃfiəi˧˩ tou˧˩

推剪　tʰəi˧˩ tɕi˧˩　推子

梳子　səi˧˩ tʂ̩˥꜒

换ⸯ刀布　hfiɵ꜒꜒ tou˧˩ pu˥꜒　鐾刀布

剃头椅子　tʰ̩˥꜒ tʃfiəi˧˩ i˧˩ tʂ̩˧˩

罩面布　tsou˥꜒ mi˧˩ pu˥꜒　理发时系
　　在胸前的布

笃″镜 toʔ˧˥ tɕin˥ 理发镜子

缝纫机 pffiŋ˧˩ tsfiən˧˩ tʃi˦

剪子 tɕi˧˥ tsʅ˥

熨斗 ʮŋ˥˩ təi˦

烙铁 laʔ˧˥ t'ie˥

弹棉花弓 tʃfian˩ mi˧˩ xua˥ koŋ˧˩

棉车 mi˧˩ ts'a˦ 纺车

织布机 tseʔ˧˥ pu˥ tʃi˦

梭 so˦

经纱 tɕin˦˥ sa˦˥

纬纱 uəi˥ sa˦ (连调特殊)

其他生活用品

东西 toŋ˦˥ ʃi˦˥

洗脸水 ʃi˦˥ li˦˥ ʃʮeʔ˥

脸盆 li˥ pffiən˩

洗脸架子 ʃi˦˥ li˦˥ ka˥ tsʅ˥ 脸盆架

澡盆 tsɔu˦˥ pffiən˩

香肥皂 ɕian˦ pffiəi˧˩ tsfiɔu˥ 香皂

肥皂 pffiəi˧˩ tsfiɔu˥

肥皂粉 pffiəi˧˩ tsfiɔu˥ fən˩ 现在也叫"洗衣粉"

　洗衣粉 ʃi˥ i˦ fən˩

手巾 səi˦˥ tɕin˦ 旧时洗脸用的布毛巾

毛手巾 mɔu˧˩ səi˦˥ tɕin˦ 毛巾

小手巾 ɕiɔu˦˥ səi˦˥ tɕin˦ 手绢儿

　手巾捏子 səi˦˥ tɕin˦ nie˥ tsʅ˥

洗脚盆 ʃi˦˥ tɕiaʔ˥ pffiən˩

揩脚布 kæ˦ tɕiaʔ˥ pu˥ 擦脚布

气油灯 tʃ'i˥ iəu˧˩ təŋ˦ 气灯

马灯 ma˩ təŋ˦

蜡烛 laʔ˧˥ tʃʮoʔ˥

灯盏 təŋ˦ tsan˩ 统称各种油灯

罩子灯 tsɔu˥ tsʅ˥ təŋ˦ 有灯罩的油灯

香油灯 ɕian˦ iəu˧˩ təŋ˦ 点菜籽油的灯盏

洋油灯 ian˧˩ iəu˧˩ təŋ˦ 煤油灯

灯心 təŋ˦ ɕin˦ (或 təŋ˦ ɕin˩)

灯罩子 təŋ˦ tsɔu˧˥ tsʅ˥

灯草 təŋ˦ ts'ɔu˩

灯油 təŋ˦ iəu˩

灯笼 təŋ˦ loŋ˩

媒子 məi˧˩ tsʅ˩ 纸媒儿

拎包 lin˦ pɔu˦ 手提包

皮夹子 vʅ˩ kaʔ˧˥ tsʅ˥ 钱包

私章 sʅ˦ tsan˦ 私人用的图章

望远镜 uan˥ ʮəi˦ tɕin˥

面糊子 mi˥ vu˦ tsʅ˥ 浆糊

顶指头箍 tin˦ tseʔ˥ (tʃ-ʅ) əi˧ k'u˦ 顶针儿

线板 ɕi˥ pan˩ 缠线的板儿

针鼻子 tsən˦ pffiie˧˥ tsʅ˥ 针冠

针头子 tsən˦ tʃiəi˦ tsʅ˥ 针尖

针脚 tsən˦ tɕiaʔ˥

穿针 ts'iə˥ tsən˦

锥钻子 tʃʮəi˦ tse˥ tsʅ˥ 锥子

耳扒子 ɛ˩ pa˦ tsʅ˥ 耳挖子

洗衣板 ʃi˦ i˦ pan˩ 洗衣板儿

洗衣榔头 ʃi˥ i˥⊦ lan˥⊦ （tʃʰ-ɻ）
　əie˥⊦ 棒槌

鸡毛掸报ᵌ tʃi˥ mou˥⊦ tan˥⊦
　pou˥ 鸡毛掸子

扇子 çi˥⊦ tʂʅ˥⊦

蒲包扇子 vu˥⊦ pou˥ çi˥ tʂʅ˥⊦
　蒲扇

拐棍 kuæ˥⊦ kuən˥ 拐杖（中式
　的）

文明棍 uən˥⊦ min˥ kuən˥ 手杖
　（西式的）

草纸 tsʰou˥⊦ tʂʅ˥ 手纸

九　称谓

一般称谓

男子汉 nɵ˥ tʂʅ˥⊦ ɦiɵ˥ ①男人
　②爷儿们

妈妈家 ma˥⊦ ma˥⊦ ka˥⊦ ①女人
　②娘儿们

奶毛头 næ˥⊦ mou˥⊦ tʃiɵ˥ 婴儿

小家伙 çiou˥ ka˥⊦ xɵ˥ 小孩儿

小伢儿 çiou˥⊦ ŋa˥⊦ ni˥ 男孩儿

小丫头 çiou˥ ŋa˥⊦（tʃʰ-ɻ）əie
　˥⊦ 女孩儿

　小姑娘 çiou˥ ku˥⊦ nian˥⊦

死丫头 sʅ˥ ŋa˥⊦（tʃʰ-ɻ）əie ˥⊦ 带
　贬义

老人家 lou˥⊦ nin˥⊦ ka˥ 老头儿

老头子 lou˥⊦ tʃiɵ˥⊦ tʂʅ˥ 带贬

义

老奶奶 lou˥⊦ næ˥ næ˥ 老太婆
　（"奶"变调特殊）

死老奶 sʅ˥ lou˥ næ˥ 带贬义
　（"奶"变调特殊）

小伙子 çiou˥⊦ xɵ˥⊦ tʂʅ˥

街娘ᵌ佬 kæ˥⊦ nian˥⊦ lou˥ 城里
　人

乡里人 çian˥⊦ li˥ nin˥ 乡下人

乡巴佬 çian˥⊦ pa˥⊦ lou˥ 带贬义

本家 pən˥ ka˥⊦

外头人 uæ˥ tʃiɵ˥⊦ nin˥⊦ ①外
　地人 ②外人

本地人 pən˥⊦ tʃʅ˥ nin˥⊦

外国人 uæ˥ kuoʔ˥⊦ nin˥⊦

自各人 zʅ˥ kaʔ˥⊦ nin˥ 自己人。
　现在也说"自己人 zʅ˥ tʃi˥⊦
　nin˥"

客人 kʰeʔ˥⊦ nin˥⊦

同年 tʰoŋ˥⊦ ni˥ 同庚

内行 nəi˥ ɦian˥

外行 uæ˥ ɦian˥

半瓶醋 pɵ˥ pʰfiin˥⊦ tsʰəi˥

介绍人 kæ˥ sou˥⊦ nin˥

寡吊汉子 kua˥⊦ tiou˥ ɦiɵ˥
　tʂʅ˥⊦ 单身汉

老姑娘 lou˥ ku˥⊦ nian˥

养媳妇 ian˥ çieʔ˥⊦ vu˥ 童养媳
　童养媳 tʃʰoŋ˥⊦ ian˥⊦ çie˥

二婚头 ɛ˥ xuən˥ tʃiɵ˥

寡妇 kua˥⊦ vu˥

婊子 piou˥⊦ tʂʅ˥

姘头子 pʻin꜔ tʃʰəi꜖ tsʅ꜕ 姘夫
　姘妇

私货ᵍ子 sʅ꜕ hfiɤ꜖ tsʅ꜔ 私生子

犯人 pffian꜕ nin꜖ 囚犯

暴发户 pffiɤu꜕ faʔ꜔ vu꜕

小气鬼 ҫiɔu꜔ tʃʻi꜕ kuəi꜕ 吝啬
　鬼

败子 pffiæ꜖ tsʅ꜔ 败家子

讨饭佬 tʻɔu꜕ (pffi-f) an꜕ lɔu꜕
　乞丐

打莲花落 ta꜔ li꜕ xua꜕ lɔu꜕ 乞
　丐行乞时的说唱

走江湖 tsəi꜔ tҫian꜕ vu꜕

骗子 pʻiꜚd tsʅ꜕

□种 hfia꜕ tsɔŋ꜕ 流氓

拐子 kuæ꜕ tsʅ꜕ 拐带小孩的

土匪 tʻəi꜕ fəi꜕

强盗 tҫʰian꜕ tʃʰɔu꜕

贼头 tsʰfieʔ꜕ (tʃʰ-ɾ) əi꜕ 小偷儿

扒手 pffia꜕ səi꜕

职业称谓

工作 kɔŋ꜕ tsʔ꜕

工人 kɔŋ꜕ tsʰfian꜖

雇工 ku꜕ kɔŋ꜕

长工 tsʰfian꜖ kɔŋ꜕

短工 tθ꜕ kɔŋ꜕

忙工 man꜕ kɔŋ꜕ 零工

种田的 tsɔŋ꜕ tʃʰi꜕ teʔ꜕ 农民

做生意的 tsɤ꜕ sən꜕ i꜕ teʔ꜕

老板 lɔu꜕ pan꜕

东家 tɔŋ꜕ ka꜕

板奶奶 pan꜕ næ꜕ næ꜕ 老板娘
　("奶"变调特殊)

伙计 xɤ꜕ tʃʰi꜕ ①店员或长工 ②
　合作的人 ③男佣

学乖 tʃʰfiɤʔ꜕ kuæ꜕ 学徒

顾客 ku꜕ kʻeʔ꜕

小贩子 ҫiɔu꜕ fan꜕ tsʅ꜕

摊铺头 tʻan꜕ pʻu꜕ (tʃʰi-fi) əi꜕
　摊贩

先生 ҫi꜕ sən꜕ ①(私塾)教书
　先生 ②(学校)教员 ③算命先
　生 ④风水先生

学生 tʃʰfiɤʔ꜕ sən꜕

同学 tʃʰfiɔŋ꜕ tʃʰfiɤʔ꜕

朋友 pffiɔŋ꜕ iəu꜕

兵 pin꜕

警察 tҫin꜕ tsʻaʔ꜕

医生 i꜕ sən꜕ (或 i꜕ sən꜕)
　西医

郎中 lan꜕ tsɔŋ꜕ 中医

游方郎中 iəu꜕ fan꜕ lan꜕
　tsɔŋ꜕

开车子的师父 kʻæ꜕ tsʻəi꜕ tsʅ꜕
　teʔ꜕ sʅ꜕ vu꜕ 司机

做手艺的人 tsɤ꜕ səi꜕ i꜕ teʔ꜕
　nin꜖ 手艺人

木匠 meʔ꜕ tҫʰian꜕

泥匠 ni꜕ tҫʰian꜕ 瓦匠

铜匠 tʃʰfiɔŋ꜕ tҫʰian꜕

铁匠 tʻieʔ꜕ tҫʰian꜕

补锅佬 pu꜕ kθ꜕ lɔu꜕ 补锅的

大师父 tʃʰfia꜕ sʅ꜕ vu꜕ 焊洋铁壶的

针匠 tsən┤ʏ tɕɦian┤ʏ 裁缝

剃头匠 t'ʅ┐ ʃɦəi┤ʏ tɕɦian┐ 理发
　员

杀猪佬 saʔ┐ tʃʯ┤ lɔu┐ 屠户

轿巴佬 tɕɦiɔu┐ pa┤ʏ lɔu┐ 轿夫

船夫 tɕɦiɵ┤ʏ fu┤ʏ

账房先生 tsan┐ pfɦan┤ʏ ɕi┤ʏ
　sən┤ʏ

烧锅佬 sɔu┤ʏ kə┤ʏ lɔu┐ 厨师

看牛佬 k'ə┐ niəu┤ʏ lɔu┐ 放牛的
　小孩儿

奶妈 næ┐ ma┤ʏ

佣人 iɔŋ┐ nin┌ 女仆

小厮丫头 ɕiɔu┐ sʯ┤ʏ (tʃ-ɹ) iɛ┤ʏ
　丫环("厮丫"合音成sʯ┤ʏ)

接生奶奶 tɕieʔ┐ sən┤ʏ næ┐ næ┐
　接生婆("奶"变调特殊)

和尚 ɦɦiɵ┤ʏ tsɦan┌

尼姑 ni┤ʏ ku┐

道士 tɕɦiɔu┐ zʅ┤ʏ 居士

十　亲属

长辈

长辈 tsan┤ʏ pəi┐

太太 t'æ┐ t'æ┐ 曾祖父的父亲

太婆 t'æ┐ vu┤ʏ 曾祖父的母亲

曾曾 tsən┤ʏ tsən┤ʏ 曾祖父

曾奶奶 tsən┤ næ┤ʏ næ┐ 曾祖母

爷爷 ia┤ʏ ia┌ 祖父

奶奶 næ┐ næ┌ 祖母

家公 ka┤ʏ kɔŋ┤ʏ 外祖父

家婆 ka┤ʏ vu┐ 外祖母

爹爹 tia┤ʏ tia┤ʏ 父亲

姆妈 m̩┤ʏ ma┤ʏ 母亲

丈人 tsɦan┐ nin┤ʏ 岳父

丈母 tsɦan┐ m̩┐ 岳母

(老)公公(lɔu┐)kɔŋ┤ʏ kɔŋ┤ʏ
　夫之父

老婆婆 lɔu┤ʏ vu┤ʏ vu┐ 夫之母

继夫老子 tʃi┐ fu┤ lɔu┤ʏ tsʅ┐
　继父

晚娘 man┐ nian┤ʏ 继母

爹 tia┤ 面称伯父、叔父，加排行

大伯 tʃɦa┐ peʔ┤ʏ 伯父
　阿爹 a┤ tia┤

大姆妈 tʃɦa┐ m̩┤ʏ ma┤ʏ 伯母
　阿妈 a┤ ma┤

叔叔 ʃʯɔʔ┤ʏ ʃʯɔʔ┐ 叔父

婶婶 sən┤ʏ sən┤ʏ 叔母

娘舅 nian┤ʏ tɕɦiəu┐ 舅父

舅母 tɕɦiəu┐ m̩┐

姑阿 ku┤ʏ a┤ʏ 背称姑妈

大姑 tʃɦa┐ ku┤ʏ 面称姑妈

姑爹 ku┤ʏ tia┤ʏ 姑夫

姨娘 i┤ʏ nian┐ 姨妈

姨爹 i┤ʏ tia┐ 姨夫

姻伯父 in┤ peʔ┤ʏ vu┐ 弟兄的岳
　父、姐妹的公公。写信或挽联时
　用

姻伯母 in┤ peʔ┤ʏ m̩┐ 弟兄的岳
　母、姐妹的婆婆。写信或挽联时

用

姻晚 in˧ man˧ 相对于"姻伯父""姻伯母"的自称。写信或挽联时用

姑奶奶 ku˦ næ˧ næ˥ 父之姑母("奶"变调特殊)

姑爷爷 ku˦ ia˦ ia˥ 父之姑父

姨奶奶 i˦ næ˧ næ˥ 父之姨母("奶"变调特殊)

姨爷爷 i˦ ia˦ ia˥ 父之姨父

平辈

平辈 pffin˥ pəi˥

夫妻 fu˦ tʃi˥

老公 lou˧ koŋ˥ 夫(或 lou˥ koŋ˦)

老婆 lou˥ vu˥ 妻

内眷 nei˥ tʃiɛʔ˥

叔伯 ʃʮoʔ˧ peʔ˧ 大伯子(夫之兄)

小叔子 çiou˥ ʃʮoʔ˥ tsɿ˦ 夫之弟

姑嫂 ku˦ sɔu˧ ①大姑子(夫之姐)②小姑子(夫之妹)

舅老爸 tçɦiou˧ lou˦ i˦ 内兄弟(妻之兄弟)

舅子 tçɦiou˥ tsɿ˥ ①内兄 ②内弟

姨姐姐 i˦ tçia˦ tçia˥ 大姨子

姨妹子 i˦ mei˥ tsɿ˦ 小姨子

弟兄 tʃʮ˧ çioŋ˦ 兄、弟的合称

兄弟 çioŋ˦ (tʃi-t·)ɿ˥ ①兄、弟合称 ②弟弟

姊妹 tsɿ˥ mei˥ ①姐、妹的合称 ②兄弟姐妹的合称

哥哥 kə˦ kə˦

嫂嫂 sɔu˥ sɔu˥

弟弟 tʃʮ˥ tʃʮ˥

弟娘子 tʃʮ˥ nian˥ tsɿ˥ 弟媳

姐姐 tçia˥ tçia˥

姐夫 tçia˥ fu˥

妹妹 mei˥ mei˥

妹夫 mei˥ fu˥

堂兄弟 tʃian˥ çioŋ˦ (tʃi-t·)ɿ˥

堂哥 tʃian˥ kə˦

堂弟 tʃian˥ tʃʮ˥

堂姊妹 tʃian˥ tsɿ˥ mei˥

堂姐 tʃian˥ tçia˥

堂妹 tʃian˥ mei˥

表兄弟 piou˥ çioŋ˦ (tʃi-t·)ɿ˥ 表兄、表弟的合称

表兄哥 piou˥ çioŋ˥ kə˦ 表兄

表嫂 piou˥ sɔu˥

老表 lou˥ piou˥ 表弟

表姊妹 piou˥ tsɿ˥ mei˥ 表姐、表妹的合称

表姐 piou˥ tçia˥

表妹 piou˥ mei˥

晚辈

晚辈 uan˥ pəi˥

子女 tsɿ˥ m̩˥ 儿子和女儿的总称

儿子 ɛ˥ tsɿ˥

大儿子 tʃɦia˥ ɛ˥ tsɿ˥ 长子

老□儿子 lɔu˧˩ nax˥ ʔ ɛ˧˩ tsʅ˧˥　小儿子

老幺 lɔu˧ iɔu˧˩ 最小的孩子

抱来的 pffiɔu˧ læ˧˩ te˧˥ 养子

顶过来的 tin˧˩ kθ˥ læ˧˩ te˧˥
　过继来的

媳妇 ɕieʔ˧˥ vu˩ 儿媳

女 m̩˧ 女儿

女婿 m̩˧˩ ʃi˥

孙子 sən˧˩ tsʅ˧

孙媳妇 sən˧ ɕieʔ˧˥ vu˩

孙女 sən˧˩ m̩˧

孙女婿 sən˧ m̩˧˩ ʃi˥

重孙子 tsfioŋ˧˩ sən˧ tsʅ˧˥

重孙女 tsfioŋ˧˩ sən˧ m̩˧

外孙子 uæ˥ sən˧˩ tsʅ˧˥ 女之子

外孙女 uæ˥ sən˧˩ m̩˧ 女之女

外甥儿 uæ˥ sən˧ ni˩ 姐妹之子

外甥女 uæ˥ sən˧ m̩˧ 姐妹之女

侄儿 tsfieʔ˧˥ ɛ˧˩ （或 tsfieʔ˧˥
　ər˧˥）侄子

侄女 tsfieʔ˧˥ m̩˧

其他

姨亲汉〝罗〞 i˧˩ tɕʼin˧ hfie˥ lθ˩
　连襟

　叔妹汉〝罗〞 ʃʅoʔ˧˥ miɛm˧ hfie˥
　lθ˩

亲家 tɕʼin˥ ka˧˩

亲家母 tɕʼin˥ ka˧˩ m̩˧

亲家公 tɕʼin˥ ka˧˩ koŋ˧˩

亲眷 tɕʼin˥ tʃʅeiʔ˧˥ 亲戚

走亲眷 tsəi˧ tɕʼin˧˩ tʃʅeiʔ˧˥

带卵泡 tæ˧ lθ˥ pʼuɔ˧˥ 带犊儿

娘家 nian˧˩ ka˧˩

婆家 vu˧˩ ka˧˩

男人家 nθ˧˩ nin˧˩ ka˧˩ 从外人
　角度说，婚姻关系中的男方

女人家 m̩˧˩ nin˧˩ ka˧˩ 从外人
　角度说，婚姻关系中的女方

家婆家 ka˧˩ vu˧˩ ka˧˩ 姥姥家

丈人家 tsfian˥ nin˧˩ ka˧˩

十一　身体

五官

身子 sən˧˩ tsʅ˧ 身体

　本身 pən˧ sən˧˩

个子 kθ˥ tsʅ˧˩ 身材

头 tʃfiei˩

阔额头 kʼuoʔ˥ ŋeʔ˧˩ （tʃfi-ɹ）əi˩
　奔儿头

和尚头 hfiθ˧˩ tsfian˥ tʃfiei˩ 秃头

包心头 pɔu˧˩ ɕin˧˩ tʃfiei˩ 秃顶

头顶 tʃfiei˧˩ tin˧

后得脑 hfiei˥ teʔ˧ nɔu˧˩ 后脑
　勺子

颈固 tɕin˧˩ ku˥ 颈

头发 tʃfiei˧˩ faʔ˥

少白头 sɔu˥ pffie˧˥ tʃfiei˩

脱头发 tʼeʔ˧ tʃfiei˧˩ faʔ˥

额头 ŋeʔ˧˩ （tʃfi-ɹ）əi˩

囟命＝囟＝ çin˥ min˧ tʃian˥ 囟
门

辫子 pfɦii˥ tsʅ˧

巴巴头 pa˧ pa˧ tʃiɤ̃˥ 鬐

头发须子 tʃɦiɤ̃˥ fa˥ ʃi˥ tsʅ˧
刘海儿

花＝际 xua˧ tʃi˥ 发际

脸巴子 li˥ pa˧ tsʅ˥ 脸

□骨 xæ˧ kuoʔ˥ 颧骨

酒窝子 tɕiəu˥ ɵ˧ tsʅ˧

腮 sæ˧

眼睛 ŋan˧ tɕin˧ (或 ŋan˥
tɕin˧)

眼睛眶榔子 ŋan˧ tɕin˧ kʰuan˧
lan˧ tsʅ˥ 眼眶

眼睛珠子 ŋan˧ tɕin˧ tʃʅ˧
tsʅ˥ 眼珠儿

白眼睛珠子 pfɦieʔ˥ ŋan˧ tɕin˧
tʃʅ˧ tsʅ˥

黑眼睛珠子 xeʔ˥ ŋan˧ tɕin˧
tʃʅ˧ tsʅ˥

瞳孔 tʃɦioŋ˧ kʰoŋ˥

眼睛梢头 ŋan˧ tɕin˧ sɔu˧
tʃiɤ̃˥ 眼角儿 (上下眼睑的接合
处)

眼睛泡 ŋan˧ tɕin˧ pʰɔu˧ 眼圈
儿

眼泪 ŋan˧ li˥

眼屎 ŋan˧ sʅ˥ 眼哆

眼皮子 ŋan˥ vʅ˥ tsʅ˥

眼皮子浅 ŋan˥ vʅ˧ tsʅ˥ tɕiʔ˥
目光短浅

单眼睛皮 tan˧ ŋan˧ tɕin˧ vʅ˥

双眼睛皮 ʃʮaŋ˧ ŋan˧ tɕin˧
vʅ˥

眼睛毛 ŋan˧ tɕin˧ mɔu˥ 眼睫
毛

眉毛 mei˧ mɔu˥

皱眉头 tɕiəu˥ iem˧ (tʃɦi-ʅ) əi˥

鼻子 pfɦieʔ˥ tsʅ˥

鼻头 pfɦieʔ˥ (tʃɦi-ʅ) əi˥ 鼻涕

干鼻头 kə˧ pfɦieʔ˥ (tʃɦi-ʅ) əi˥
干鼻涕 (鼻垢)

红＝鼻头 hɦioŋ˧ pfɦieʔ˥ (tʃɦi-ʅ)
əi˥ 擤鼻涕

鼻孔 pfɦieʔ˥ kʰoŋ˥

鼻子毛 pfɦieʔ˥ tsʅ˥ mɔu˥

鼻尖子 pfɦieʔ˥ tɕi˧ tsʅ˥ 鼻尖儿

鼻子尖 pfɦieʔ˥ tsʅ˥ tɕi˧ 嗅觉
灵敏

鼻梁 pfɦieʔ˥ lian˥

红鼻子 hɦioŋ˧ pfɦieʔ˥ tsʅ˥ 酒
糟鼻子

嘴 tsəi˥

嘴巴痕＝子 tsei˥ pa˧ hɦnei˥
tsʅ˥ 嘴唇儿

涎沫 tsfian˧ moʔ˥ 唾沫

涎沫星子 tsfian˧ moʔ˥ çin˧
tsʅ˥ 唾沫星儿

口水 kʰəi˥ ʃuəi˥ 涎水

舌条 tsfieʔ˥ tʃɦiɔu˥ 舌头

吐舌条 tʰəi˥ tsfieʔ˥ tʃɦiɔu˥ 大
舌头 (口齿不清)

牙 ŋa˥

门牙 mən˩˩ ŋa˨˦ 牙门

槽牙 tsʰou˩˩ ŋa˨˦ 大牙

虎牙 xu˦ ŋa˨˦

牙花 ŋa˨ xua˩˩ 牙垢

牙根 ŋa˨ kən˩˩ 牙床

蛀牙 tʃʅ˦ ŋa˨˦

耳刀 ɛ˦ tou˩˩ 耳朵

耳刀洞 ɛ˦ tou˩˩ tʃʰoŋ˥ 耳朵眼儿

耳屎 ɛ˦ sʅ˦

耳刀气 ɛ˦ tou˩˩ tʃʰi˥ 耳朵背

下巴骨子 hɕia˥ pa˩˩ kuo˦ tsʅ˩˩ 下巴

喉咙 hɕiəi˩˩ loŋ˨

喉咙骨子 hɕiəi˩˩ loŋ˩˩ kuoʔ˥ tsʅ˨ 喉结

胡子 vu˨ tsʅ˨

兜腮胡子 təi˩ sæ˩ vu˩˩ tsʅ˨ 络腮胡子

八字胡子 paʔ˥ zʅ˥ vu˩˩ tsʅ˨

下巴胡子 hɕia˥ pa˩˩ vu˩˩ tsʅ˨ 山羊胡子

手、脚、胸、背

肩膀 tɕi˦ pan˨

肩膀头子 tɕi˦ pan˨ tʰiəi˩˩ tsʅ˨ 肩胛骨

　胛板 kaʔ˥ pan˨

蹋肩膀 tʰaʔ˥ tɕi˦ pan˨ 溜肩膀儿

胳子 keʔ˦ tsʅ˨ 胳膊

肘骨子 təi˦ kuoʔ˥ tsʅ˩˩ 胳膊肘

肋岔窝 laʔ˥ tsʰa˩ ɵ˩˩ 胳肢窝

手腕子 səi˦ ɵ˩˩ tsʅ˩˩

反手 fan˦ iɛ˩˩ 左手

正手 tsən˥ səi˩˩ 右手

手指头 səi˦ tsʅ˦（tʃi-ɻ）ɚiɛ˨

手节巴 səi˦ tɕieʔ˥ pa˩（指头）关节

手缝 səi˦ pfʰioŋ˥ 指缝儿

手老跰 səi˦ iɛ˩˩ lou˩˩ tɕi˥ 手跰子

大指拇头 tʃʰia˥ tsʅ˦ m̩˦（tʃi-ɻ）ɚiɛ˨ 大拇指

二指拇头 ɛ˥ tsʅ˦ m̩˦（tʃi-ɻ）ɚiɛ˨ 食指

中指拇头 tsoŋ˨ tsʅ˦ m̩˦（tʃi-ɻ）ɚiɛ˨ 中指

四指拇头 sʅ˥ tsʅ˦ m̩˦（tʃi-ɻ）ɚiɛ˨ 无名指

　富贵指 fu˥ kuəi˩˩ tsʅ˥

小指拇头 ɕiou˦ tsʅ˦ m̩˦（tʃi-ɻ）ɚiɛ˨ 小拇指

指掐 tsʅ˦ kʰaʔ˥ 指甲

指掐缝子 tsʅ˦ kʰaʔ˥ pfʰioŋ˨ tsʅ˦ 指甲心儿

拳头 tʃʰiəi˩˩（tʃi-ɻ）ɚiɛ˨

手掌 səi˦ tsan˨

　巴掌 pa˩ tsan˨

手心 səi˦ ɕin˩˩

手背 səi˦ pəi˥

腿 tʰəi˦（整条腿）

大腿 tʃʰia˥ tʰəi˦

大腿桩 tʃʰia˥ tʰəi˦ tʃʅuan˦ 大腿根儿

小腿 ɕiou˦ tʰəi˦

鲤鱼包子 li⤈ m̩⤈ pʻou⤈ tsʅ⤉
　腿肚子

腿骨头 tʻəi⤈ kuoʔ⤈ (tʃfi-ɿ) əi⤈ ɿie⤈
　胫骨（小腿内侧的长骨）

膝罗⁼盘子 ɕieʔ⤈ lə⤈ pʻfiə⤈
　tsʅ⤉ 膝盖

卵泡罅 lə⤈ pʻou⤉ hfiæ⤉ 裆
　屁股罅 pʻʅ⤉ ku⤈ hfiæ⤉

屁眼筒子 pʻʅ⤉ ŋan⤈ tʻoŋ⤈ tsʅ⤉
　肛门

屁眼沟 pʻʅ⤉ ŋan⤉ kəi⤈ 屁股沟
　儿

尾包⁼桩 məi⤈ pʻou⤈ tʃɑn⤈
　尾骨

鸡巴 tʃi⤈ pa⤈ 男阴
　鸟 tiou⤉

小鸟头子 ɕi⤈ciou⤉ tiou⤈ tʻfiəi⤈
　tsʅ⤉ 鸡鸡（赤子阴）

卵泡 lə⤈ pʻou⤈ 阴囊

卵子 lə⤈ tsʅ⤉ 睾丸

屎 tsfioŋ⤇ 精液

小屄 ɕiou⤉ pʅ⤈ 女阴
　小肶 ɕi⤈ciou⤈ pʻie⤉ ʅ
　下身 hfia⤉ sən⤈

插肶 tsʻaʔ⤈ pʻie⤉ 交合

脚腕子 tɕiaʔ⤉ θe⤈ tsʅ⤈

脚菠⁼箩⁼子 tɕiaʔ⤉ pə⤈ lə⤈
　tsʅ⤈ 踝骨

脚 tɕiaʔ⤉

赤脚 tsʻeʔ⤈ tɕiaʔ⤉

脚背 tɕiaʔ⤉ pəi⤉

脚掌子 tɕiaʔ⤉ tsan⤈ tsʅ⤇

脚板心 tɕiaʔ⤉ pan⤇ ɕin⤈ 脚心

脚尖子 tɕiaʔ⤉ tɕi⤈ tsʅ⤉

脚指头 tɕiaʔ⤉ tsʅ⤈ (tʃfi-ɿ) əi⤈ ɿie⤈

脚指掐 tɕiaʔ⤉ tsʅ⤈ kʻa⤇ 脚指甲

脚后跟 tɕiaʔ⤇ hfiəi⤇ kən⤈

脚印子 tɕiaʔ⤇ in⤇ tsʅ⤈

鸡眼 tʃi⤈ ŋan⤇ 一种脚病

心口头 ɕin⤈ kʻəi⤇ (tʃfi-ɿ) əi⤈ ɿie⤈
　心口儿

胸面前头 ɕioŋ⤈ mi⤈ tɕfii⤈
　(tʃfi-ɿ) əi⤈ 胸脯

肋巴骨 la⤇ pa⤈ kuoʔ⤇ 肋骨

妈妈头子 ma⤈ ma⤈ tʻfiəi⤈
　tsʅ⤇ 乳房
　奶 næ⤇

奶水 næ⤈ ʃuɕi⤈ 奶汁

上肚子 tsfian⤇ təi⤈ tsʅ⤇ 腹部

下肚子 hfia⤇ təi⤈ tsʅ⤇ 小肚子
　小肚子 ɕi⤈ciou⤉ təi⤈ tsʅ⤇

肚脐眼 tʻfiəi⤇ ʒi⤈ ŋan⤇

腰 iou⤈

背心 pəi⤇ ɕin⤈ 脊背

脊梁骨 tɕieʔ⤇ lian⤈ kuoʔ⤇

其他

旋 ɕi⤇ 头发旋儿
　双旋 ʃʻuan⤈ ɕiʔ

指纹线 tsʅ⤈ uən⤈ ɕi⤇ 指纹

膃 lə⤈ 斗（圆形的指纹）

粪箕 fən⤇ tʃi⤈ 簸箕形的指纹

寒毛 hfiə⤈ mcu⤇

寒毛孔 hfiə⤈ mcu⤇ kʻoŋ⤇ 寒
　毛

眼儿

痣 tsๅ˥

骨头 kuoʔ˩˥ (tʃɿ-ɹ) əi˩˥ ①骨ɹ ②血管

筋 tɕin˩ ①筋 ②血管

血 ʃɥoʔ˥

脉 meʔ˥

五脏 vu˧˥ tsfiaŋ˥

心 ɕin˩

肝 kɵ˩

肺 fəi˥

胆 tan˥

脾 pʻๅ˥

肚子 təi˩˥ tsๅ˧˥ 胃

腰子 ioɥ˩ tsๅ˥ 肾

肠子 tsfian˩˥ tsๅ˧˥

大肠 tʃfia˥˩ tsfian˩

小肠 ɕiɔu˥ tsfian˩

盲肠 man˩˥ tsfian˩

十二　疾病　医疗

一般用语

生病了 sən˩ pffin˥ lə˩ 病了

小病 ɕiɔu˧˥ pffin˥

大病 tʃfia˥ pffin˩˥

病轻些了 pffin˥ tɕʻin˩˥ ʃi˩ lə˩

　病好些了 pffin˥ xɔu˩˥ ʃi˩ lə˩

病好了 pffin˥ xɔu˩˥ la˩

请医生 tɕʻi˩˥ i˩ sən˩ 请西医

请郎中 tɕʻin˩ lan˩˥ tsoŋ˩ 请中医

医（病）i˩ (pffin˥)

看病 kʻɵ˩˥ pffin˥

捉脉 tsoʔ˩˥ meʔ˥ 号脉

开药方子 kʻæ˩ iaʔ˥ fan˩ tsๅ˧˥

偏方 pʻi˩˥ fan˩

抓药 tʃɥa˩ iaʔ˥ 抓中药

买药 mæ˩˥ iaʔ˥ 买西药

药店 iaʔ˥˩ ti˩ 中药铺

药房 iaʔ˥ pffian˩ 西药房

药引子 iaʔ˥˩ in˩˥ tsๅ˧˥

药罐子 iaʔ˥˩ kɵ˩ tsๅ˧˥

煎药 tɕi˩ iaʔ˥

药膏子 iaʔ˥˩ kɔu˩ tsๅ˧˥ 西药药膏

膏药 kɔu˩ iaʔ˥

药屑子 iaʔ˥˩ ɕieʔ˩˥ tsๅ˧˥ 药面儿

搽药膏 tsfia˩ iaʔ˥ kɔu˩

上药 tsfian˩˥ iaʔ˥˩

发汗 faʔ˩˥ hfie˥

　表汗 piɔu˩˥ hfie˥

拔风 pffiaʔ˥ foŋ˩ 去风

拔火 pffiaʔ˥ xɵ˥ 去火

表湿 piɔu˩˥ seʔ˥ 去湿

拔毒 pffiaʔ˥ tʃfieʔ˩˥ 去毒

打针灸 ta˥ tsən˩˥ tɕiɵɥ˩˥ 扎针

扳气 pan˩ tʃʻi˥ 拔火罐儿

内科

泻肚子 ɕia˥ təi˩˥ tsๅ˧˥

发热 faʔ˩˥ nieʔ˥ 发烧

怕冷 pʻa˥˩ nən˥ 发冷

起鸡皮疙瘩 tʃʻiˈ tʃiˈ ʋʔˈ keʔˈ taʔˈ

伤风 sanˈ foŋˈ

咳嗽 kʻeʔˈ səiˈ

叹粗气 tʻanˈ tsʻəiˈ tʃʻiˈ 气喘

气管炎 tʃʻiˈ keˈ iˈ

发痧 faʔˈ saˈ 中暑

火气 xəˈ tʃʻiˈ 上火

隔食 keʔˈ tsʻfieʔˈ 积滞

肚子痛 təiˈ tsɿˈ tʻoŋˈ

胸口痛 çioŋˈ kʻeiˈ tʻoŋˈ

头昏 tʃʻəiˈ xuənˈ 头晕

晕车 ʋⁿˈ tsʻəiˈ

晕船 ʋⁿˈ tçʻiəˈ

头痛 tʃʻəiˈ tʻoŋˈ

作疲 tsoʔˈ fanˈ 恶心；反胃

呕了 ŋəiˈ laˈ 吐了

小肠气 çiəuˈ tsʻfianˈ tʃʻiˈ 疝气

脱屁眼筒子 tʻeʔˈ pʻⁿˈ ŋanˈ tʻoŋˈ tsɿˈ 脱肛

脱儿台 tʻeʔˈ niˈ tʃʻæˈ 子宫脱垂

打摆子 taˈ pæˈ tsɿˈ 发疟子

憋乱痧 pieˈ ləˈ saˈ 霍乱

出麻疹 tʃʻʮoʔˈ maˈ tsənˈ

出水花 tʃʻʮoʔˈ ʃʮeiˈ xuaˈ 出水痘

出天花 tʃʻʮoʔˈ tʻiˈ xuaˈ

种花 tsoŋˈ xuaˈ 种牛痘

伤寒 sanˈ hfiəˈ

肝病 keˈ pffiinˈ 肝炎

肺病 fəiˈ pffiinˈ 肺炎

胃病 ueiˈ pffiinˈ

绞肠痧 kəuˈ tsʻfianˈ saˈ 盲肠炎

痨病 ləuˈ pffiinˈ 中医指结核病

害梅病 hfiæˈ ʳmeiˈ pffiinˈ 苦夏

外科

跌伤得 tieʔˈ sanˈ teʔˈ 跌伤了

碰伤得 pʻoˈ sanˈ teʔˈ

碰破皮 pʻoˈ pʻeˈ pʻⁿˈ

刮了个口子 kuaʔˈ liəuˈ keˈ kʻəiˈ tsɿˈ 刺了个口子

沙了个口子 saˈ liəuˈ keˈ kʻəiˈ tsɿˈ

淌血 tʻanˈ ʃʮoʔˈ 出血

血积起来了 ʃʮoʔˈ tçieʔˈ tʃʻiˈ læˈ ləˈ 淤血

肿起来了 tsoŋˈ tʃʻiˈ læˈ ləˈ 红肿

作脓 tsoʔˈ loŋˈ 溃脓

收疤 səiˈ paˈ 结痂

疤 paˈ

生疮 sənˈ tʃʻʮanˈ

长疔 tsanˈ tinˈ

痔疮 zɿˈ tʃʻʮanˈ

疥疮 kæˈ tʃʻʮanˈ

癣 çiˈ

痱子 fəiˈ tsɿˈ

冷饭块 nənˈ pffianˈ kʻæˈ 白癫风

羊白人 ianˈ pffieʔˈ ninˈ 白化病人

雀利⁼斑 tɕiaʔ〢 liˋ panˤ 雀斑　　聋子 loŋ〢 tsɿ〢

酒痣⁼ tɕiəuˋ tsɿˋ 粉刺　　哑巴子 ŋa〢 paˤ tsɿ〢

夹毛臊 kaʔ〢 mɔuˋ sɔuˋ 狐臭　　结巴子 tɕieʔ〢 paˤ tsɿ〢

嘴臭 tsəi〢 tsˈəiˋ　　瞎子 xaʔ〢 tsɿ〢

气颈固⁼ tʃˈiˋ tɕinˋ kuˋ 大脖子　　孬包 nɔu〢 pɔuˋ 傻子

（甲状腺肿大）　　拽子 tʃʮæ〢 tsɿ〢 手残者

鼻子不通 pfˈfiieʔ〢 tsɿ〢 peʔ〢　　秃子 tˈeʔ〢 tsɿ〢 头发脱光的人

tˈoŋˤ 嗅觉不灵　　癫痫 laʔ〢 liˋ

齆鼻子 noŋ〢 pfˈfiieʔ〢 tsɿ〢 鼻子　　麻子 ma〢 tsɿ〢 ①麻子 ②长麻

不通气，发音不清　　子的人

哄⁼鼻子 xoŋ〢 pfˈfiieʔ〢 tsɿ〢　　豁耙⁼子 xeʔ〢 pfˈfiaˋ tsɿ〢 豁唇子

哑喉咙 ŋa〢 hɦəi〢 loŋˋ 嗓音　　齙牙子 pɔuˋ ŋa〢 tsɿ〢 豁牙子

沙哑　　六指头 loʔˋ tsɿ〢 (tʃɦ-ʴ) əiˋ

独眼龙 tʃieʔ〢 ŋanˋ loŋˋ 一只　　六指儿

眼儿　　反手佬 fan〢 səiˋ lɔuˋ 左撇子

近视眼 tɕɦinˋ zɿ〢 ŋanˋ

远视眼 ʮɛiˋ zɿˋ ŋanˋ

十三　衣服　穿戴

老花眼 lɔuˋ xuaˋ ŋanˋ

肿眼睛泡 tsoŋ〢 ŋanˋ tɕin〢

pˈɔuˋ

对瞎佬 təiˋ xaʔ〢 lɔuˋ 斗鸡眼儿　　### 服装

鸡死瞎 tʃiˋ sɿ〢 xaʔˋ 夜盲　　穿戴 tɕˈiəˋ tæˋ

打扮 ta〢 panˋ

衣裳 iˋ (tsɦ-z) an〢

残疾等　　色气 seʔ〢 tʃˈiˋ 衣服的颜色

猪癫风 tʃʮˋ tiˋ foŋ〢 癫痫　　制服 tsɿˋ (pfɦ-f) oʔˋ

抽筋 tsˈəi〢 tɕin〢 ①惊风（小儿　　本装 pən〢 tʃʮanˋ 中装

病）②抽风　　西装 ʃiˋ tʃʮanˋ

中风 tsoŋ〢 foŋˋ　　大褂子 tʃɦiaˋ kuaˋ tsɿ〢 长衫

瘫痪 tˈanˋ hɦəˋ　　领褂子 linˋ kuaˋ tsɿ〢 马褂子

脚子 tɕiaʔ〢 tsɿ〢 瘸子　　旗袍 ʐiˋ pfˈfiɔuˋ

驼子 tʃɦieʔˋ tsɿ〢 罗锅儿　　棉衣裳 miˋ iˋ (tsɦ-z) an〢

歪头 xuæˋ tʃɦieʔˋ 斜颈　　棉袄 miˋ ŋɔuˋ

皮袄 vา 儿ʮ ŋɒuา

大衣 ʈʂfiaา i⊣

短大衣 tθ⊣ ʈʂfiา i⊣

衬衫 ts·ən⊣ san⊣

外衣 uæา i⊣

内衣 nəiา i⊣

领子 lin⊣ tsาʮ

汗衫子 hfiɐา san⊣ tsาʮ 针织圆
　领衫

背心子 pəiา çin⊣ tsาʮ 汗背心

大胸襟 ʈʂfiaา çioŋ⊣ tçin⊣ 大襟袄

对胸襟 təiา çioŋ⊣ tçin⊣ 对襟袄

前襟 tçfiiʮ tçin⊣

后襟 hfiəiา tçin⊣

大襟 ʈʂfiaา tçin⊣

小襟 çiɔuʮ tçin⊣

对襟 təiา tçin⊣

摆身 pæ⊣ sən⊣ 下摆

衣袖 i⊣ tçfiiəuา 袖子

长衣袖 tsfianʮ i⊣ tçfiiəuา 长袖

短衣袖 tθา i⊣ tçfiiəuา 短袖

裙子 pffin⊣ tsาʮ

里子 li⊣ tsาʮ 衬裙

裤子 k·uา tsาʮ

单裤 tan⊣ k·uา

水裤头 ʃʮəiา k·uา (ʈʂfi-ɾ) əi⊣
　裤衩儿(贴身穿的)

短水裤头 tθา ʃʮəiา k·uา (ʈʂfi-
　ɾ) əi⊣ 短裤(穿在外面的)

蹬脚裤 tanา tçiaʔ⊣ k·uา 连脚裤

开裆裤 k·æ⊣ tan⊣ k·uา

满裆裤 mθ⊣ tan⊣ k·uา 死裆裤

踩脚裤 ʈʃʮ·æ⊣ tçiaʔ⊣ k·uา 连裤
　袜

裤裆 k·uา tan⊣

裤腰 k·uา iɔuา

裤腰带子 k·uา iɔuา tæา tsาʮ

裤子筒 k·uา tsาʮ t·oŋา 裤腿儿

裤子脚 k·uา tsาʮ tçiaʔา

袋泡 ʈʂfiæา p·ɔuา 兜儿(衣服上
　的口袋)

布纽子 puา niəu⊣ tsาʮ 纽扣
　(中式的)

纽襻子 niəu⊣ p·an·า tsาʮ 扣襻
　(中式的)

骨头纽子 kuoʔ⊣ (ʈʂfi-ɾ) əiʮ
　niəu⊣ tsาʮ 扣儿(西式的)

纽扣眼 niəu⊣ k·əiา ŋanา 扣眼
　儿(西式的)

　　　　鞋帽

鞋子 hfiæ⊣ tsาʮ

跋鞋 saʔา hfiæʮ 旧时木拖鞋。
　现在统称各种材质的拖鞋

棉鞋 mi⊣ hfiæʮ

皮鞋 vา 儿ʮ hfiæʮ

布鞋 puาʮ hfiæʮ

鞋底 hfiæ⊣ าʮ

鞋帮子 hfiæ⊣ pan⊣ tsาา

楦头 ʃʮəiา ʈʂfiiา

鞋拔子 hfiæ⊣ pffiaʔ⊣ tsาʮ

胶鞋 tçiɔuⴜ hfiæʮ 雨鞋(橡胶做
　的)

鞋带子 hfiæ⊣ tæา tsาา

袜子 pffiaʔ┤┞ tsๅ┌┞

线袜子 çi┐ pffiaʔ┤┞ tsๅ┌┞

丝光袜子 sๅ┤ kuan┤ pffiaʔ┤┞
    tsๅ┌┞ 丝袜

长袜子 tsfian┤┞ pffiaʔ┤┞ tsๅ┌┞

短袜子 tө┤┞ pffiaʔ┤┞ tsๅ┌┞

扣带 k·əi┐┞ tæ┤┞ 袜带

小脚鞋 çiou┤┞ tçiaʔ┐ hfæ┘ 弓鞋

裹脚布 kө┤┞ tçiaʔ┐┞ pu┐ 旧时妇
    女裹脚的布

打腿布 ta┤┞ t·əi┤┞ pu┐ 裹腿（军
    人用的）

帽子 mɔu┌┞ tsๅ┤┞

皮帽子 vๅ┤┞ mɔu┌ tsๅ┤┞

公务帽 koŋ┤ vu┤┞ mɔu┐ 礼帽

和̈领子帽 hfiө┤┞ lin┤┞ tsๅ┤ mɔu┐
    瓜皮帽

兵帽 pin┤ mɔu┐ 军帽

草凉帽 ts·ɔu┤┞ lian┤┞ mɔu┐ 草帽

雨凉帽 ʮ┤┞ lian┤┞ mɔu┐ 斗笠

帽子边子 mɔu┌┞ tsๅ┤┞ pi┤┞ tsๅ┐
    帽檐

装饰品

首饰 səi┤┞ tsfie┐

手镯 səi┤┞ （tʃfi-tʃ·）ʮoʔ┐

戒指 kæ┤┞ tsๅ┤┞

项链 çian┤┞ li┐

百岁箍 peʔ┤┞ səi┤ k·u┤ 小儿戴的
    银项圈

长寿锁 tsfian┤┞ （tsfi-s）əi┤ sө┐ 百
    家锁（小儿佩戴的）

别针 pffieʔ┐ tsən┤

簪子 tsan┤┞ tsๅ┤

耳环子 E┤┞ uan┤┞ tsๅ┤┞

胭脂 i┤┞ tsๅ┤

粉 fən┤

其他穿戴

东西 toŋ┤┞ ʃi┤┞ 用品

围裙 uəi┤┞ pffin┘

架口子 ka┐ k·əi┤┞ tsๅ┤┞ 围嘴儿

纳子 naʔ┤┞ tsๅ┤┞ 尿布

手巾捏子 səi┤┞ tçin┤ nieʔ┤┞ tsๅ┤┞
    手绢儿

围巾 uei┤┞ tçin┤┞ 长的、方的都
    叫围巾

手套子 səi┤┞ t·ɔu┤ tsๅ┤┞

眼镜子 ŋan┤┞ tçin┤ tsๅ┤┞

雨伞 ʮ┤ san┤（连调特殊）

蓑衣 sө┤┞ i┤┞

雨衣 ʮ┤ i┤┞ 新式的

手表 səi┤┞ piɔu┤

十四 饮食

伙食

吃饭 ts·eʔ┤┞ pffian┐

早饭 tsɔu┤┞ pffian┐

中饭 tsoŋ┤ pffian┐ 午饭

夜饭 ia┐ pffian┤┞ 晚饭

打尖 ta┐ tçi┤┞ 途中吃点东西

吃的东西 tsʻeʔ˧˩ teʔ˧˥ toŋ˧˥ ʃi˧˥
　食物

零食 lin˧˥ tsfieʔ˧˩

点心 ti˧˥ çin˧˥ 糕饼之类食品

茶点 tsfia˧˩ ti˥

夜点心 ia˥ ti˥ çin˧˥ 夜宵

吃夜点心 tsʻeʔ˧˩ ia˥ ti˥ çin˧˥
　消夜

米食

饭 pffian˥ 米饭

剩饭 tsfiən˧˥ pffian˧˥ 吃剩下的饭

现成饭 (tçfi-ç) i˥ tsfiən˧˥ pffian˥

焦得咯啦 tçiou˧˥ teʔ˧˥ keʔ˧˥ la˥
　(饭) 煳了

馊得咯啦 səi˥ teʔ˧˥ keʔ˧˥ la˥
　(饭) 馊了

锅巴 kɵ˧˥ pa˧˥

粥 tʃʮoʔ˧˩

米汤 mʮ˥ tʻan˧˥ 煮饭滗出来的

米面糊子 mʮ˧˥ mi˥ vu˧˥ tsʮ˥
　用米磨成的粉做的糊状食物

年糕 ni˧˥ kɔu˧˥ 糯米面和稻米面
　掺在一起做的糕，蒸着吃的

发糕 faʔ˧˩ kɔu˥ 籼米粉发酵后做
　的糕，蒸着吃的

米糕 mʮ˥ kɔu˧˥ 糯米粉做的糕，
　蒸着吃，上面撒青红丝

团子 tfiɵ˧˥ tsʮ˥ 糯米饭团，蒸
　着吃，有馅儿

糍粑 zʮ˧˥ pa˧˥ 长方形糯米饼，
　炸着吃

粑粑 pa˧˥ pa˧˥ 椭圆形糯米饼，
　蒸好后晾凉了吃

粽子 tsoŋ˥ tsʮ˥

面食

小麦屑 çiou˧˥ meʔ˧˥ çieʔ˧˩ 面粉

面 mi˥ 面条儿

挂面 kua˥ mi˥ 一种干面条。把
　面团儿放在特制的筒状带眼儿的
　器具里，用手压制，直接下锅，
　煮熟后晒干

筒子面 tʻoŋ˧˥ tsʮ˧˥ mi˥ 干切面
　(机制的宽的干面条)

擀的面 kɵ˧˥ teʔ˧˥ mi˥ 汤面(带
　汤的面条)

面糊子 mi˥ vu˧˥ tsʮ˥ 用面粉做
　成的糊状食物

大馍 tʃfia˥ mɵ˩ 馒头(没馅的)

包子 pou˧˥ tsʮ˥

油条 iɛu˧˥ tʃfiɤu˩

烧饼 sou˧˥ pin˥

大饼 tʃfia˥ pin˥ 烙饼(名词)

卷子 tʃʮɛʔ˧˥ tsʮ˥ 花卷儿

春卷 tʃʻuŋ˥ʃʮ˥ tʃʮɛʔ˥

麻饼 ma˧˥ pin˥ 表面裹着芝麻的
　圆饼干

饺子 tçiou˧˥ tsʮ˥

心 çin˥ (饺子) 馅儿

饺儿 tçiou˧˥ ɛ˧˥ 馄饨

烧卖 sou˥ mæ˥

鸡蛋糕 tʃi˥ tʃfian˥ kɔu˥ 老式小
　圆形的

汤圆 t'an˨˩ ɥø˨˩ 湿粉团搓成的，
　有馅

月饼 ɥoʔ˥ pin˥

饼干 pin˨˩ kan˦˩

老面 lou˨˩ mi˥ 酵子（发酵用的
　面团）

肉、蛋

肉片 tʃɦɥoʔ˦˨ p'i˥

肉丝 tʃɦɥoʔ˨˩ sʅ˦˩

琵琶腿子 ʋʅ˨˩ （pfɦ-v）a˧˥
　t'əi˦˨ tsʅ˨˩ᴸ 肘子（猪腿靠近身
　体的部位）

猪蹄心 tʃʅ˦ tʃɦʅ˨˩ ɕin˧˩ 猪蹄儿

猪舌条 tʃʅ˦ tsɦeʔ˦˨ tʃɦiou˨˩ 猪
　舌头

下水 hɦia˧˥ ʃɥəi˦˨ 猪牛羊的内脏

猪肺 tʃʅ˦ fəi˥

猪大肠 tʃʅ˦ tʃɦia˥ tsɦan˨˩

大骨头 tʃɦia˥ kuoʔ˦˨ （tʃɦ-ɳ）əie˨˩
　猪腔骨

排骨 pfɦæ˨˩ kuoʔ˥

猪肚子 tʃʅ˦ təi˨˩ tsʅ˨˩

猪肝 tʃʅ˦ kɵ˦˩

猪腰子 tʃʅ˦ iɔu˨˩ tsʅ˨˩

鸡杂碎 tʃi˦ tsɦiaʔ˦ səi˥ 鸡杂儿

鸡硬干 tʃi˦ ŋən˥ kɵ˦˩ 鸡肫

猪旺 tʃʅ˦ uan˥ 猪血

鸡旺 tʃi˦ uan˥ 鸡血

煎鸡子 tɕi˦ tʃi˦˨ tsʅ˥ 炒鸡蛋

蒲包子 vu˨˩ pɔu˦ tsʅ˨˩ 荷包蛋
　（油炸的）

煮五香子 tʃʅ˥ vu˨˩ ɕian˨˩ tsʅ˨˩
　连壳煮的五香鸡蛋

炖鸡子 tən˥ tʃi˨˩ tsʅ˥ 蛋羹（加
　水调匀蒸的）

皮蛋 ʋʅ˨˩ tʃɦian˥ 松花蛋

腌鸭子 i˦ ŋaʔ˦˨ tsʅ˧˥ 咸鸭蛋

香肠 ɕian˦˩ tsɦian˨˩

菜

小菜 ɕiɔu˨˩ ts'æ˥（下饭的）菜

素菜 səi˥ ts'æ˥

荤菜 xuən˦˩ ts'æ˥

大菜 tʃɦia˥ ts'æ˦˩ 全荤的菜

缸腌菜 kan˦ i˦ ts'æ˥ 咸菜

豆腐 tʃɦəi˥ vu˦˩

豆腐锅巴 tʃɦəi˧˥ vu˦˩ kɵ˦˩ pa˦˩
　豆腐皮（可以用来做腐竹的）

豆腐筋 tʃɦəi˧˥ vu˦˩ tɕin˦ 腐竹

千张 tɕ'i˦˩ tsan˦˩ 薄的豆腐干片

干豆腐 kɵ˦ tʃɦəi˧˥ vu˦˩ 豆腐干
　儿

油炸干豆腐 iəu˦˩ tsɦiaʔ˥ kɵ˦
　tʃɦəi˧˥ vu˦˩ 油炸豆腐干儿

炸豆腐 tsɦiaʔ˥ tʃɦəi˧˥ vu˦˩ 豆腐
　泡儿

豆腐花 tʃɦəi˧˥ vu˦˩ xua˦ 豆腐脑
　儿

豆腐浆 tʃɦəi˧˥ vu˦˩ tɕian˦ 豆浆

腐乳 fu˦˩ ʅ˥ 豆腐乳

粉丝 fən˥ sʅ˦˩

条粉 tʃɦiou˨˩ fən˦˩ 粉条。现在
　也叫“粉丝”

粉丝 fən˧˥ sŋ˧˩

面连筋 mi˧˥ li˧˩ tɕin˧˩ 面筋

凉粉 lian˧˩ fən˧˥

藕粉 ŋəi˧˥ fən˧˩

豆粉 tɕʰiəi˧˩ fən˧˩ 芡粉

木耳 meʔ˧˩ ər˧˩

白木耳 pfʰieʔ˧˩ mər˧˩ 银耳（"木
耳"合音）

黄花菜 uan˧˩ xua˧˩ tsʰæ˥ 金针

海带 xæ˧˩ tæ˥

油盐作料

味道 pfʰiəi˧˥ tɕʰiɔu˧˩ 滋味（吃的
滋味）

气子 tʃʰi˧˥ tsŋ˧˩ 气味（闻的气
味）

颜色 ŋan˧˩ seʔ˥

荤油 xuən˧˩ iəu˧˩

素油 səi˧˩ iəu˧˩

香油 ɕian˧˩ iəu˧˩ 菜籽油

麻油 ma˧˩ iəu˧˩ 芝麻油（可以拌
凉菜的那种）

咸盐 xan˧˩ i˧˩

粗子盐 tsʰəi˧˩ tsŋ˧˩ i˧˩ 粗盐

细子盐 ʃi˧˩ tsŋ˧˩ i˧˩ 精盐

酱油 tɕian˧˥ iəu˧˩

小麦酱 ɕiɔu˧˩ meʔ˧˩ tɕian˧˩ 甜面
酱

黄豆酱 uan˧˩（tʃi-r）əi˧˩ tɕian˧˩
豆瓣儿酱

辣椒酱 laʔ˧˩ tɕiɔu˧˩ tɕian˧˩ 辣酱

米醋 mŋ˧˩ tsʰəi˧˩ 醋

黄酒 uan˧˩ tɕiəu˧˩ 料酒

砂糖 sa˧˩ tʃʰian˧˩ 红糖

烊糖 ian˧˩ tʃʰian˧˩ 白糖

冰糖 pin˧˩ tʃʰian˧˩

水果糖 ʃuɕieʔ˧˩ koʔ˧˩ tʃʰian˧˩ 糖块
（一块块用纸包装好的）

花生糖 xua˧˩ sən˧˩ tʃʰian˧˩

炒米糖 tsʰɔu˧˩ mŋ˧˩ tʃʰian˧˩

芝麻糖 tsŋ˧˩ ma˧˩ tʃʰian˧˩

茶叶米 tsʰia˧˩ nieʔ˧˩ mŋ˧˩ 把炒熟
的茶叶和米做成球状，当茶点

作料 tsaʔ˧˩ liɔu˧˩

八角 paʔ˧˩ koʔ˧˩

桂皮 kuəi˧˩ vŋ˧˩

花椒 xua˧˩ tɕiɔu˧˩

胡椒粉 vu˧˩ tɕiɔu˧˩ fən˧˩

烟、茶、酒

烟 i˧˩

烟叶子 i˧˩ nieʔ˧˩ tsŋ˧˩

烟丝 i˧˩ sŋ˧˩

纸烟 tsŋ˧˩ i˧˩ 香烟

黄烟 uan˧˩ i˧˩

水烟袋 ʃuɕieʔ˧˩ i˧˩ tʃʰæ˧˩

烟袋 i˧˩ tʃʰæ˧˩ 旱烟袋，细竹竿
儿做的

烟袋梗子 i˧˩ tʃʰæ˧˩ kən˧˩ tsŋ˧˩
烟袋杆

烟袋杯子 i˧˩ tʃʰæ˧˩ pəi˧˩ tsŋ˧˩
烟锅子

烟袋头子 i˧˩ tʃʰæ˧˩ tʃʰieʔ˧˩ tsŋ˧˩
连接"烟袋梗子"和"烟袋杯

子"的竹子，一寸长

烟匣子 i↑ ɦfiaʔ↗ tsʅ↗ ①装旱烟烟丝的铁盒儿或竹盒儿 ②装香烟的金属盒

烟屎 i↗ sʅ↗ 烟油子

烟灰 i↗ xuəi↗

火刀 xθ↗ tɔu↗ 火镰（旧时取火用具）

火石 xθ↗ tsfieʔ↗ 用火镰击打能迸发火星的燧石

媒子 məi↗ tsʅ↗ 纸媒儿

茶 tsfia↘ 沏好的

茶叶子 tsfia↗ nieʔ↗ tsʅ↗

开水 k'æ↗ ʃʮəi↗
　滚水 kuən↗ ʃʮəi↗

泡茶 p'ɔu↗ tsfia↘ 沏茶

倒茶 tɔu↗ tsfia↘

白酒 pffieʔ↗ tɕiəu↗

糯米酒 nθ↗ mʮ↗ tɕiəu↗

十五　红白大事

婚姻、生育

亲事 tɕ'in↗ zʅ↗

做媒 tsθ↗ məi↘

周公 tsəi↗ koŋ↗ 媒人。当地媒人都是男性
　媒人 məi↗ nin↗

合八字 keʔ↗ paʔ↗ zʅ↗

见见面 tɕi↗ tɕi↗ mi↗ 相亲男女双方见面，看是否合意

面貌 mi↗ mɔu↗ 相貌
　长相 tsan↗ ɕian↗

年纪 ni↗ tʃi↗ 年龄

看人家 k'θ↗ nin↗ ka↗ 女方到男方家看家境

定亲 tɕfin↗ tɕ'in↗ 定婚

礼金 li↗ tɕin↗ 定礼。包括百岁箍、金戒指等等

四色水‗礼 sʅ↗ seʔ↗ ʃʮəi↗ li↗ 定亲和结婚的时候男方送给女方家的猪肉、鱼、鸡等。结婚的时候送的量比定亲的时候翻一倍

送日子 soŋ↗ nieʔ↗ tsʅ↗ 男方选好婚礼日之后，告知女方

喜日 ʃi↗ nieʔ↗ 结婚的日子

办喜酒 pffian↗ ʃi↗ tɕiəu↗

陪嫁妆 pffiəi↗ ka↗ tʃʮaŋ↗ 过嫁妆

娶新娘子 tʃ'i↗ ɕin↗ nian↗ tsʅ↗ （男子）娶亲
　娶亲 tʃ'i↗ tɕ'in↗

出嫁 tʃ'ʮoʔ↗ ka↗

嫁姑娘 ka↗ ku↗ nian↘

成亲 tsfiən↗ tɕ'in↗

开门礼 k'æ↗ mən↗ li↗ 男方到女方家接新娘的时候，新娘的弟妹要顶着门，等新郎送红包。这个红包叫开门礼

喝茶 xoʔ↗ tsfia↘ 迎亲的人在女方家吃茶点

催亲 ts'əi↗ tɕ'in↗ 迎亲的人开

始放花炮，表示该回男方家了

手巾帕 səi˦ tɕin˦ pʰa˥ 包着鸡蛋、花生、枣的方巾，由新娘拎着去婆家

发亲 faʔ˥ tɕʰin˦ 新娘出发到婆家

交亲 tɕiɔu˦ tɕʰin˦˩ 新娘的哥哥把新娘抱到"交亲布"上，放鞭炮，新郎及其表弟等"抢走"新娘，放上花轿

交亲布 tɕiɔu˦ tɕʰin˦ pu˥ 铺在新娘娘家房门前的一块红布，用来"交亲"

轿子 tɕʰiɔu˥˩ tsʅ˦ 花轿

迎亲 in˩˥ tɕʰin˦

送亲 soŋ˥ tɕʰin˦

新老公 ɕin˦ lɔu˦ koŋ˦ 新郎

新娘子 ɕin˦ nian˦ tsʅ˦ 不只结婚时称呼，旧时儿媳到老都被婆婆称为"新娘子"

陪姑娘 pfʰiəi˦ ku˦ nian˩˥ 伴娘

新娘子房 ɕin˦ nian˦ tsʅ˦ pfʰian˩ 新房

拜堂 pæ˥˩ tʰian˩

进洞房 tɕin˦ tʰoŋ˥ pfʰian˩

传袋 tɕʰiə˩˥ tʰæ˩ 铺在堂前到洞房之间的麻袋，一般是三个，新娘踩在前面的麻袋上，后面的麻袋倒换着向前铺。意为传宗接代

接新亲 tɕieʔ˥ ɕin˦ tɕʰin˦ 新娘入洞房后，新郎及其家人要招待送亲的娘家人

送新亲 soŋ˥ ɕin˦ tɕʰin˦ 送给娘家人的酒、茶等

开酒 kʰæ˦ tɕiəu˥

分大小 fən˦ tʃʰia˥˩ ɕiɔu˥ 新娘认男方亲戚的仪式

拜长辈 pæ˥˩ tsan˦ pəi˥ 新娘拜见男方家的长辈亲戚

拜平辈 pæ˥˩ pfʰin˦ pəi˥ 新娘见男方家的同辈亲戚

送房 soŋ˥ pfʰian˩ 送走客人后，和新郎同辈的亲友把新郎送到洞房。新郎在门口要唱歌、敬酒。（参看长篇语料之四　接亲歌）

撒帐 saʔ˥ tsan˥ 把茶叶米、花生、红枣等撒在床上

闹洞房 nɔu˩ tʃʰoŋ˥ pfʰian˩

接女客 tɕieʔ˥ m̩˦ kʰɛ˥˩ 婚礼第二日招待女方的女眷

回门 uəi˩˥ mən˩ 婚礼第三日回门

改嫁 kæ˦ ka˥ 寡妇再嫁

二婚 ɛ˥ xuən˦ 再婚妇女

带肚子 tæ˥ təi˦ tsʅ˦ 怀孕了

双身 ʃuaŋ˦ sən˦ 孕妇

小生 ɕiɔu˦ sɛ˥ 小产（名词）

小生 ɕiɔu˥ sən˦ 小产（动词）

生人 sən˦ nin˩ 生孩子

接生 tɕieʔ˥ sɛ˦

胞衣 pɔu˥ i˦ 胎盘

脐带 ʒi˩ tæ˥

做月子 tsɘ˥ ŋɔʔ˦ tsʅ˦ 坐月子。（"坐 tsʰɘ˩"与"做 tsɘ˥"不同音）

满月 mɵ˦ ꜀ȵyɔʔ˥

头生儿 tɕʰɛi˦ ꜀sən˦ ȵi˦ 头胎

双胞子 ʃyan˦ ꜀pou˦ tsɿ˥ 双胞胎

打胎 ta˥ tʰæ˦

背腹子 pʰfiɘi˥ ꜀foʔ˦ tsɿ˦ 遗腹子

吃奶 tsʰeʔ˥ næ˦

奶头子 næ˦ tɕʰɛi˦ tsɿ˥

撒尿 saʔ˥ sɘi˦ ①撒尿 ②（小孩
　子）尿床

寿辰、丧葬

生日 ꜀sən˦ ȵieʔ˥

做生日 tso˥ ꜀sən˦ ȵieʔ˥

抓周 ꜀ʃya˦ tsɘi˦

做寿 tso˥ tsʰɛi˥ 祝寿

老寿星 ꜀lou˦ tsʰɛi˥ ꜀ɕiȵ˦

丧事 ꜀san˦ zɿ˥

奔丧 pən˦ ꜀san˦

过世了 ko˥ sɿ˥ la˦ 死了

过背 ko˥ pɘi˥ 老人去世

短命鬼 tɵ˦ min˦ ꜀kuɐi˥ 夭亡人

少死鬼 ꜀sou˥ sɿ˦ ꜀kuɐi˥ 二十至
　四十岁之间去世的人

停阿˭板 ꜀tɕʰiin˦ ꜀mən˦ pan˥ 灵
　床

棺材 ꜀ko˦ tsʰæ˦

寿材 tsʰɛi˦ tsʰæ˦ 生前预制的棺
　材

入材 ꜀tʃʰyɔʔ˥ tsʰæ˦ 入殓

拉孝堂 la˦ ꜀ɕiɔu˥ tʰan˦ 灵堂

孝单 ꜀ɕiɔu˥ tan˦ 送给死者家人的被
　面儿，用黄纸裹着，上写"奠"

祭单祭对 ꜀tʃi˥ tan˦ ꜀tʃi˥ tɘi˦ 送
　给死者家人的白布

黄联 ꜀uan˦ li˦ 挽联。写在黄纸
　上的

佛堂 ꜀pʰfiɔʔ˥ tʰan˦

守孝 sɘi˦ ꜀ɕiɔu˥ ①守灵 ②守孝

带孝 tæ˥ ꜀ɕiɔu˥

孝衣 ꜀ɕiɔu˥ i˦

孝帽 ꜀ɕiɔu˥ ꜀mɔu˥

孝鞋 ꜀ɕiɔu˥ hfiæ˦

孝子 ꜀ɕiɔu˥ tsɿ˥

孝孙 ꜀ɕiɔu˥ sən˦

出材 ꜀tʃʰyɔʔ˥ tsʰæ˦ 出殡

摔罐子 ꜀ʃyæ˦ kɘ˦ tsɿ˦

送葬 son˦ tsan˥

葬坟 tsan˥ pʰfiən˦ 下葬

玲珑幡 ꜀liȵ˦ ꜀lon˦ fan˦ 引魂幡

纸扎 tsɿ˥ tsaʔ˥ 用纸扎的人、
　马、房子等

钱钞 ꜀tɕʰi˦ tsʰɔu˦ 纸钱

坟山 ꜀pʰfiən˦ san˦ 坟地

坟墓 ꜀pʰfiən˦ mu˦

石碑 tsʰieʔ˥ pɘi˦ ①墓碑 ②石碑

复山 foʔ˥ san˦ 上坟

飘钱 pʰiɔu˥ tɕʰiʃ˦ 清明上坟烧纸
　线

寻死 ꜀tɕʰiin˦ sɿ˥ 自杀

跳水 tʰiɔu˥ ꜀ʃyɘi˦ 投水（自尽）

落水鬼 loʔ˥ ꜀ʃyɘi˦ ꜀kuɐi˥ 投水
　自尽的人

上吊 tsʰian˦ tiɔu˥

吊死鬼 tiɔu˥ sɿ˦ ꜀kuɐi˥

药水鬼 iaʔɿ ʃʮiɛʃ kuɛi 喝农
　药自尽的人
死人骨头 sɿ nin kuoʔɿ (tɕɦi-
　ɾ) əi 尸骨
骨灰匣子 kuoʔɿ xuɛi ɦfiaʔɿ
　tsɿ

迷信

老天爷 lou tʰi ʮi
灶公菩萨 tsɔu koŋ vu saʔɿ
　灶王爷
佛 pffɦoʔɿ
菩萨 vu saʔɿ
观音菩萨 kɵ in vu saʔɿ
土地庙 tʰəi (tɕɦi-tʰ)ɿ miɔu
土地公公 tʰəi (tɕɦi-tʰ)ɿ koŋ
　koŋ
土地婆婆 tʰəi (tɕɦi-tʰ)ɿ vu
　vu
关公庙 kuan koŋ miɔu
关公菩萨 kuan koŋ vu saʔɿ
城隍庙 tsʰfiəŋ uan miɔu
城隍菩萨 tsʰfiəŋ uan vu
　saʔɿ
包公庵 pou koŋ ɵ
包公菩萨 pou koŋ vu saʔɿ
总管庙 tsoŋ kɵ miɔu 供奉
　三国时东吴总管丁奉的寺庙,相
　传丁奉曾在当地上坝一带开垦荒
　地
总管菩萨 tsoŋ kɵ vu saʔɿ
阎王 ʮiəi uan

判官 pʰɵ kɵ
小鬼 ɕiɔu kuɛi
祠堂 zɿ tʰfian
菩萨龛子 vu saʔɿ kʰɵ tsɿ
　佛龛
香火台子 ɕian xɵ (tɕɦi) æ
　tsɿ ①香案 ②烛台
上供 tsfian koŋ
上捐 tsfian tʃʮiɛi
蜡烛 laʔ tʃʮoʔɿ 敬神用的
片香 pʰi ɕian 敬神用的
香笼 ɕian loŋ 香炉
烧香 sou ɕian
签诗 tɕi sɿ 印有谈吉凶的诗
　文的纸条
求签 tɕɦiəu tɕi
点卦 ti kua 打卦
　卜卦 pʰoʔ kua
卜卦筒 pʰoʔ kua tʰoŋ
珓 kɔu 占卜用,通常用一正一反
　两片竹片制成
阴珓 in kɔu 两面都朝下
阳珓 ian kɔu 两面都朝上
圣珓 sən kɔu 一正一反
庙会 miɔu uəi
做法事 tso faʔ zɿ 做道场
整盅 tsən ku
收嚇 səi xeʔ 迷信认为小孩昼夜
　啼哭是受惊吓所致,就到小孩受
　惊的地方撒茶叶米,沿回家的路
　线一路撒回来
念经 ni tɕin

测字 tsʻeʔ˥˩ zɿ˥ 「˥

看风水 kʻe˥ foŋ˦˥ ʃʯɛi˦

风水先生 foŋ˥˩ ʃʯɛi˦ ɕi˦ sən˦˥

算命 sə˥˩ min˥ ．

算命先生 sə˥˩ min˥ ɕi˦˥ sən˦˥

看相的 kʻɵ˥˩ ɕian˥ teʔ˥˩

马脚 ma˦˥ tɕiaʔ˥ 男巫。当地只
　有男巫

判神 pʻɵ˥˩˥ tsfian˩ 跳神

许愿 ʃʯ˦˥ ʯɛi˥

还愿 uan˦˥ ʯɛi˥

脱鞋子 tʻeʔ˥˩ hfiæ˦˥ tsɿ˥ 「˥

钉纽子 tin˥ niɵu˦˥ tsɿ˥ 「˥ 钉扣子

做花 tsɵ˥ xua˦˥ 绣花儿

打补丁 ta˦˥ pu˦˥ tin˥ 「˥

做被窝 tsɵ˥˩ ʋɿ˥ ɵ˦˥ 「˥

洗衣裳 ʃi˦ i˦˥ (tsfi-z) an˦˥

洗一水 ʃi˦ ieʔ˥˩ ʃʯɛi˦

清 tɕʻin˦ 用清水漂洗

　漂 pʻiɔu˦

晒衣裳 sæ˥ i˦˥ (tsfi-z) an˦˥

浆衣裳 tɕian˦ i˦˥ (tsfi-z) an˦˥

烫衣裳 tʻan˥ i˦˥ (tsfi-z) an˦˥ 熨
　衣服

十六　日常生活

衣

穿衣裳 tɕʻiɵ˦˥ i˦˥ (tsfi-z) an˦˥

脱衣裳 tʻeʔ˥˩ i˦˥ (tsfi-z) an˦˥

量衣裳 lian˦˥ i˦˥ (tsfi-z) an˦˥
　量尺寸 lian˦˥ tsʻeʔ˥˩ tsʻən˥ 「

做衣裳 tsɵ˥ i˦˥ (tsfi-z) an˦˥

贴边 tʻieʔ˥ pi˦ 缝在衣服里子边上
　的窄条

滚边 kuən˦˥ pi˦ 在衣服、布鞋等
　的边缘特别缝制的一种圆棱的边
　儿

缲边 tɕʻiɔu˥ pi˦

做鞋帮子 tsɵ˥ hfiæ˦˥ pan˦ tsɿ˥ 「˥

缉鞋底 tɕʻieʔ˥ hfiæ˦˥ tɿ˥ 「˥ 纳鞋底

滚鞋口 kuən˦˥ hfiæ˦˥ kʻɛi˦

绱鞋子 tsfian˥ hfiæ˦˥ tsɿ˥ 「˥

食

烧火 sɔu˦ xɵ˦˥ 生火

烧饭 sɔu˦ pffian˥ 做饭（总称）

淘米 tʻiɔu˦˥ mɿ˦˥

发酵 faʔ˥˩ ɕiɔu˥ 发面

和面 hfiɵ˦˥ mi˥

揉面 niɵu˦˥ mi˥

擀面 kɵ˦˥ mi˥

蒸大馍 tsən˦ tʃfia˦˥ mɵ˩ 蒸馒头

择菜 tsfieʔ˥˩ tsʻæ˥

烧菜 sɔu˦ tsʻæ˥ 做菜（总称）

烧汤 sɔu˦ tʻan˦ 做汤

饭好了 pffian˥ xɔu˦˥ la˥（包括
　饭菜）

（饭）生 sən˦

夹生子 kaʔ˥ sən˦˥ tsɿ˥ 夹生饭

开饭锅 kʻæ˦ pffian˥ kɵ˦ 开饭了

添饭 tʻi˦ pffian˥ 盛饭

吃饭 tsʻeʔ˥˩ pfɦian˩

搛菜 tɕi˧ tsʻæ˧

　挟菜 kaʃ˧ tsʻæ˧

舀汤 iɔu˧ tʻan˥˩

吃早饭 tsʻeʔ˥˩ tsɔu˧ pfɦian˥˩

吃中饭 tsʻeʔ˥˩ tsoŋ˧ pfɦian˥˩ 吃
　午饭

吃夜饭 tsʻeʔ˥˩ ia˩ pfɦian˥˩ 吃晚
　饭

吃零食 tsʻeʔ˥˩ lin˩ tsɦieʔ˩

用筷子 ioŋ˧ kʻuæ˧ tsʅ˧

肉没烧得烂 tʃɦyɔʔ˩ mei˩ sɔu˥˩
　teʔ˧ lan˩ 肉不烂

咬不动 ŋɔu˧ peʔ˧ tɕɦioŋ˩ 嚼不
　动

(吃饭) 噎得咯了 ieʔ˥ teʔ˧ keʔ˥
　lə˧ 噎住了

打噎嗝 ta˥ ieʔ˧ keʔ˥ 打嗝儿

胀死咯了 tsan˥ sʅ˧ kaʔ˧ la˧
　撑着了

嘴巴没味 tsəi˧ pa˥ meʔ˧ pfɦieʔ˩

喝茶 xoʔ tsɦia˩

喝酒 xoʔ tɕiəu˥

吃烟 tsʻeʔ i˥ 抽烟

饿了 ŋo˧ la˧

住

起来 tʃʻi˧ læ˩ 起床

洗手 ʃi˥ səi˥

洗脸 ʃi˥ li˥

漱口 səi˥ kʻəi˥

刷牙齿 ʃɥaʔ˧ ŋa˧ tsʅ˥

梳头 səi˥ tʃɦiəi˩

梳辫子 səi˥ pfɦi˩ tsʅ˧

梳巴巴头 səi˥ pa˥ pa˥ tʃɦiəi˩
　梳髻

剪指掐 tɕi˥ tsʅ˥ kʻa˥ 剪指甲

掏耳刀 tʻuʔ ɛ˥ tɔu˥

洗澡 ʃi˥ tsɔu˥

撒尿 saʔ˥ səi˧ 小便（动词）

撒屎 saʔ˥ sʅ˥ 大便（动词）

乘凉 tsɦien˧ lian˩

晒太阳 sæ˧ tʻæ˩ ian˥

烘火 xoŋ˥ xɵ˥ 烤火（取暖）

点灯 ti˥ tən˥

阴灯 in˥ tən˥ 熄灯

歇歇 ɕieʔ˥ ɕieʔ˩ 休息一会儿

冲瞌睡 tsʻoŋ˥ kʻeʔ˧ (tʃɦi-ʃ) ɥəi˩
　打盹儿

打啊哈 ta˥ a˥ xa˥ 打哈欠

瞌睡来了 kʻeʔ˧ (tʃɦi-ʃ) ɥəi˩
　læ˧ liɔu˩ 困了

铺床 pʻu˥ tʃɦɥan˩

歪下来 uæ˥ hɦia˧ læ˩ 躺下

歪着咯了 uæ˧ tsɦiaʔ˧ keʔ˥ la˥
　睡着了

打呼 ta˥ xu˥

歪不着 uæ˥ peʔ˧ tsɦiaʔ˥ 睡不着

歪中觉 uæ˧ tsoŋ˥ kɔu˩ 睡午
　觉

仰咯达=了 nian˥ kaʔ˧ taʔ˥ lə˧
　仰面睡

侧咯达=了 tsʻeʔ˧ kaʔ˧ taʔ˥ lə˧
　侧着睡

趴咯达＝了 p·a˦ ka˥ʔ˦ ta˩˥ lə˦ 趴着睡

头僵筋 tʃɦəi˩˥ tɕian˦˥ tɕin˦˥ 落枕

抽筋 tsʻəi˩˥ tɕin˦˥

做梦 tsө˦˥ moŋ˥

讲梦话 koŋ˦˥ moŋ˥ ua˦˥

迷住咯 m̩˦˥ ʒɿ˦˥ ka˥ʔ˥ 魇住了

熬夜 ŋou˦˥ ia˥

行

到田里去（干活）tou˦˥ tʃɦi˩˥
li˦˥ tʃʻi˥

到地里去（干活）tou˦˥ tʃɦi˥
li˦˥ tʃʻi˥

做事去了 tsө˦˥ zɿ˥ tʃʻi˥ la˥ 上工

息工 ɕie˥ʔ˥ koŋ˦ 收工

脱工 tʻe·˥ koŋ˦ 旷工

出去了 tʃʻɥoʔ˥ tʃʻi˦˥ lə˦

回家了 ˦ ka˦˥ lə˦

到街娘＝晃晃 tou˥ kæ˦ nian˦˥
xuan˥ xuan˦˥ 逛街

上街 tsɦian˥ kæ˦˥ 散步

十七　讼事

告状 kou˦˥ tʃɦɥan˥

原告 ɥəi˦˥ kou˥

被告 pəi˥ kou˥

状子 tʃɦɥan˥ tsɿ˦˥

坐堂 tsɦө˥ tʃɦan˩˥

升堂 sən˦ tʃɦan˩˥

审问 sən˦˥ pfɦən˥

退堂 tʻəi˥ tʃɦan˩˥

证人 tsən˥ nin˦˥

人证 nin˦˥ tsən˥

物证 uoʔ˥ tsən˥

对质 təi˦˥ tseʔ˥

刑事 tɕɦin˦˥ zɿ˥

民事 min˦˥ zɿ˥

家务事 ka˦ vu˦˥ zɿ˥

开交 kʻæ˦˥ tɕiou˦˥（民间）调解
劝 tʃʻɥəi˥

律师 lieʔ˥ sɿ˦

代笔 tʃɦæ˦˥ pieʔ˥ 代人写状子的

服 pfɦioʔ˥

不服 peʔ˥ pfɦioʔ˥

上告 tsɦian˦˥ kou˥ 上诉

宣判 ɕi˦ pʻө˥

承认 tsɦən˦˥ nin˥ 招认

口供 kʻie˦˥ koŋ˥

讲出来咯 kan˦˥ tʃʻɥoʔ˦˥ læ˦˥
ka˥ʔ 供（~出同谋）

同谋 tɦioŋ˦˥ məi˥

把意的 pa˦˥ i˥ te˥ʔ˥ 故犯

失手 seʔ˥ səi˥ 误犯

犯法 pfɦian˦˥ fa˥ʔ˥

犯罪 pfɦian˦˥ tsɦəi˥

瞎告 xaʔ˥ kou˥ 诬告

连累 li˦˥ ləi˥ 连坐

担保 tan˦ pou˥ 保释

抓 tʃʻɥa˦ 逮捕

解走 kæ˥˩ tsəi˥ 押解

犯人蹲的车子 pffian˥ nin˨ tən˦ teʔ˨˦ tsʻie˨˦ tsɿ˨˦ 囚车

清官 tɕiŋ˨˦ kɵ˦ 青天老爷

赃官 tsan˦ kɵ˦

受礼 tsfiəi˨˦ li˥ 受贿

送礼 soŋ˧˥ li˥ 行贿

罚款 pffiaʔ˥ kɵ˥

开斩 kʻæ˦ tsan˥ 斩首

枪毙 tɕian˦ vɿ˥

斩标 tsan˥ piɔu˨ 插在死囚背后验明正身的木条

拷打 kʻuɔ˥˩ ta˥

打屁股 ta˦˩ pʻɿ˥ ku˦˩ 旧时刑罚

带枷 tæ˦ ka˦ 上枷

手铐 səi˦ kʻuɔ˥

脚镣 tɕiaʔ˥ liɔu˥

绑起来 pan˦˩ tʃi˦˩ læ˦˩

关起来 kuan˦ tʃi˦˩ læ˥˩ 囚禁起来

坐牢 tsfiɵ˧˥ lou˩

看犯人 kʻɵ˦ pffian˥ nin˨ 探监

逃跑 tʻiɔu˨ pʻɔu˥ 越狱

打个条子 ta˦˩ kɵ˦ tʃiɔu˦ tsɿ˥˩ 立字据

画押 ua˦˩ iaʔ˥

捺手胍 naʔ˦ səi˥˩ lɵ˩ 按手印

捐税 tʃyəi˦ ʃyəi˥

田租 tʻhi˨ tsəi˥˩

田契 tʻhi˨ tʃi˥

税契 ʃyəi˥ tʃi˥ 持契交税盖印，使契有效

牌照 pffiæ˨˦ tsɔu˥ 执照

告示 kɔu˥ zɿ˦

通知 tʻoŋ˦ tsɿ˦

路条 ləi˥ tʃiɔu˩

命令 min˦ lin˥

印 in˥ 官方图章

私访 sɿ˦ fan˥

交代 tɕiɔu˦ tʃiæ˥ 把经手的事务移交给接替的人

上任 tsfian˦ tsfian˥

下任 hfia˦ tsfian˥ 卸任

罢免 pa˦˥ mi˥

卷宗 tʃyəi˥ tsoŋ˦ 案卷

传票 tɕifiɵ˦ pʻiɔu˥

十八　交际

应酬 in˦ tsfiəi˩

往来 uan˥ læ˩ 来往

看人 kʻɵ˥ nin˩ 去看望人

拜访 pæ˥ fan˥

回拜 hfiuəi˦ pæ˥

巴˭接 pa˦ tɕieʔ˥ 接济他人

客人 kʻeʔ˥ nin˥

请客 tɕin˦ kʻeʔ˥

招待 tsɔu˦ tfiæ˥

男客 nɵ˦ kʻeʔ˥

女客 m̩˦ kʻeʔ˥

礼物 li˦ (pffi-v) oʔ˥

人情 nin˦ tɕfiin˩

做客 tsɵ˧˥ kʻeʔ˦

待客 tʃæ˥ kʻeʔ˥
陪客 pʻfɦɛi˩˩ kʻeʔ˩
送客 soŋ˥ kʻeʔ˥
不送了 peʔ˥ soŋ˥ lə˥ 主人说的客气话
走好 tsəi˥ xɔu˥
谢谢 (tɕɦ-ç) ia˥ (tɕɦ-ç) ia˥
不客气 peʔ˥ kʻeʔ˥ tʃʻi˥
摆酒席 pæ˩˩ tɕiəu˩˩ tɕɦieʔ˩
请帖 tɕʻin˩˩ tʻieʔ˩
送请帖 soŋ˥ tɕʻin˩˩ tʻieʔ˩ 下请帖
入座 tʃɦɥoʔ˩˩ tsfɦ˩ 入席
上菜 tsfɦan˩˩ tsʻæ˩˩
筛酒 sæ˩ tɕiəu˥ 斟酒
陪酒 pʻfɦɛi˩˩ tɕiəu˥ 劝酒
干杯 kə˩ pəi˩˩
划拳 hfɦua˥ tʃfɦɥi˥ 行酒令
合不来 keʔ˥ peʔ˥ læ˥ 不和
冤家 ŋəi˩˩ ka˩˩
　对头 təi˩˩ tfɦ˥
冤枉 ŋəi˩˩ uan˥
插嘴 tsʻaʔ˥ tsəi˥
找岔子 tsɔu˩˩ tsʻa˥ tsʅ˩˩ 吹毛求疵
　找琵琶 tsɔu˩˩ vʅ˩˩ (pʻfɦ-v) a˩˩
装假相 tʃfɥan˩ tɕia˩˩ çian˥ 做作
摆架子 pæ˩˩ ka˥ tsʅ˩˩
装孬 tʃfɥan˩˩ nɔu˩˩ 装傻
出洋相 tʃfɥoʔ˥ ian˩˩ çian˥
丢人 tiəu˩ nin˥
呼＝卵泡 xu˥ lə˩˩ pʻuɔ˩˩ 巴结

串人家 tʃʻfɥan˥ nin˩˩ ka˩ 串门儿
　串门 tʃʻfɥaŋ˥ mən˥
聒聒淡 kuaʔ˩˩ kuaʔ˩˩ tfɦan˩ 拉近乎
看得起 kʻə˩ teʔ˥ tʃʻi˥
看不起 kʻə˩ peʔ˥ tʃʻi˥
答应 taʔ˩˩ in˩
不答应 peʔ˥ taʔ˩˩ in˩
喊不听见 xan˥ peʔ˥ tʻin˩˩ tɕi˩˩ 叫人没有回应
　没喊听见 məi˩˩ xax˥ tʻin˩˩ tɕi˩˩
罗＝出去 lə˩˩ tʃfɥoʔ˥ tʃʻi˥ 撵出去

十九　商业　交通

经商行业

字号 zʅ˩˩ xɔu˥
招牌 tsɔu˩˩ pʻfɦæ˥
广告 kuan˩˩ kɔu˥
开店 kʻæ˩ ti˥ 开铺子
店面 ti˩˩ mi˥ 商店的门面
摆摊子 pæ˩˩ tʻan˩˩ tsʅ˩
跑兴＝货 pʻuɔ˩˩ çin˩˩ xɵ˩˩ 跑单帮
做生意 tsɵ˥ sən˩˩ i˩˩
客栈 kʻeʔ˥ tsan˥ 旅店
饭店 pʻfɦan˥ ti˥

下馆子 hɦia˥ kuan˦˥ tʂŋ˥˩

跑堂的 pʻou˦˥ tɦian˦˥ teʔ˥

布店 pu˥ ti˥˩

百货店 peʔ˦ xɵ˦˥ ti˥

杂货店 tsɦaʔ˦ xɵ˦˥ ti˥

油盐店 iəu˩˥ iˎ˦ nei ti˥

粮行 lian˩˥ hɦiaŋ˩

菜˭子行 tsʻæ˥ tʂŋ˦˥ hɦian˩ 瓷器
店

瓷器店 zŋ˦˥ tʃʻiˎ˧ ti˥

书店 ʃʐŋ˥ ti˥˩ 旧时书店不光卖书,
也卖文具

清水茶馆 tɕʻin˦ ʃɥei˧ tsɦa˦
kɵ˦˥

头匠店 tɦiɐi˦ tɕɦian˦˥ ti˥ 理发
店

剃头 tʻŋ˥˧ tʃɦɐi˩ 理发

光脸 kua˦ li˩ 刮脸

光胡子 kuan˦ vu˦˥ tʂŋ˥˩ 刮胡子

猪肉店 tʃʐ˦ tʃɦuɔʔ˦ ti˥ 肉铺

杀猪 saʔ˥ tʃʐ˩

油榨 iəu˦˥ tsa˥ 油坊

当铺 tan˥ pʻu˧

租房子 tsəi˦ pfɦian˦˥ tʂŋ˥˩

典房子 ti˩ pfɦian˦˥ tʂŋ˥˩

煤店 məi˦˥ ti˥˩

煤球 məi˦˥ tɕɦiəu˩ 蜂窝煤。不
是北方说的"煤球"

经营、交易

开业 kʻæ˦ ieʔ˥

停业 tɦin˦˥ ieʔ˥

盘店 pfɦiɵ˦˥ ti˥ 盘点

柜台 hɦiuei˥˩ tʃʻæ˧

开价 kʻæ˦ ka˥

还价 uan˦˥ ka˥

巧 tɕʻui˧ 便宜

贵 kuəi˥

公道 koŋ˦ tʃɦou˥

包圆 pou˦ ɥɛi˩ 剩下的全部买了

买卖兴隆 mæ˦˥ mæ˥ ɕin˩ loŋ˩
买卖好

买卖不行 mæ˦˥ mæ˥ peʔ˥ ɕin˩
买卖清淡

工钱 koŋ˦ tɕɦii˩

本钱 pən˦˥ (tɕɦi-ç) i˩ 利息

保本 pou˦˥ pən˦

赚钱 tʃɦɥan˥˧ tɕɦii˩

蚀本 tsɦieʔ˥ pən˦

路费 ləi˥ fəi˦

利钱 li˥˧ (tɕɦi-ç) i˩ 利息

运气好 ɥn˥ tʃʻiˎ˦ xɔu˧

差 tsʻa˦ ①差：～五角十元 ②欠：
～他三元钱

押金 ŋaʔ˥ tɕin˦

账目、度量衡

账房 tsan˥ pfɦian˦˥

开支 kʻa˦˥ tʂŋ˦˥

关饷 kuan˦˥ ɕian˧ 旧指开工资

收账 səi˦ tsan˥ 记收入的账

出账 tʃʻɥoʔ˦ tsan˥ 记付出的账

欠账 tɕʻi˥ tsan˦˥

讨账 tʻou˦˥ tsan˥

烂账 lan˦ tsan˥ 要不来的账

发票 fa˥ p'iəu˦

收据 səi˦ tʃʅ˥

积存 tɕie˥ tsʰfiən˨ 存款（存下的钱）

整钱 tsən˧ (tɕfi-ɕ) i˦

零钱 lin˨ (tɕfi-ɕ) i˦

钞票 ts'əu˦ p'iəu˦

角子 ko˥ tsʅ˦ 硬币

　硬币 ŋən˨ vʅ˦

铜角子 tʰfioŋ˨ ko˥ tsʅ˦ 铜币

锡角子 ɕie˥ ko˥ tsʅ˦ 现在面值一元的锡币

铜钱 tʰfioŋ˨ (tɕfi-ɕ) i˦

洋钱 ian˨ (tɕfi-ɕ) i˦ 银元

龙洋 loŋ˨ ian˨

袁大头 ɣiɛ˨ tʰfia˨ tʰfiəi˨

一分钱 ie˥ fən˦ (tɕfi-ɕ) i˦

一毛钱 ie˥ məu˨ (tɕfi-ɕ) i˦ 一角钱

一块钱 ie˥ k'uæ˦ (tɕfi-ɕ) i˦

十块钱 tsfie˥ k'uæ˦ (tɕfi-ɕ) i˦

一百块钱 ie˥ pe˥ k'uæ˦ (tɕfi-ɕ) i˦

一张票子 ie˥ tsan˦ p'iəu˦ tsʅ˦

一个铜钱 ie˥ kɵ˦ tʰfioŋ˨ (tɕfi-ɕ) i˦

算盘 sɵ˦ (pffi-v) ɵ˦

天平 t'i˦ pffin˨

戥子 tən˧ tsʅ˦

秤 ts'əŋ˦

磅秤 pan˦ ts'əŋ˦

盘秤 pffiɵ˨ ts'əŋ˦ 台秤

秤盘子 ts'əŋ˦ (pffi-v) ɵ˨ tsʅ˦

秤星 ts'əŋ˦ ɕin˦

秤梗子 ts'əŋ˦ kən˧ tsʅ˦ 秤杆儿

秤钩子 ts'əŋ˦ kəi˦ tsʅ˦

秤砣 ts'əŋ˦ tʰɵ˨

秤纽 ts'əŋ˦ niɵu˧ 秤毫

头纽 tʰfiəi˨ niɵu˧ 称重东西的时候用的

二纽 ɛ˨ niɵu˧ 称一般重量的东西的时候用的

秤旺 ts'əŋ˦ uan˦ （称物时）秤尾高

秤平 ts'əŋ˦ pffin˨ （称物时）秤尾低

探棍 t'an˦ kuən˥ 刮板（平斗斛的木片）

合 ke˥ 旧时量粮食的衡器

升 sən˦ 十合为一升

斗 təi˧ 十升为一斗

斛子 xuo˥ tsʅ˦ 二斗五为一斛

担 tan˦ 四斛为一担

交通

铁路 t'ie˥ ləi˦

铁轨 t'ie˥ kuəi˧ （"轨"变调特殊）

火车 xɵ˧ ts'əi˦

火车站 xɵ˧ ts'əi˦ tsan˦

公路 koŋ˦ ləi˦

汽车 tʃʅ˦ ts'əi˦

客车 k‘eʔ˥ ts‘əi˧（指汽车的）
货车 xɵ˥ ts‘əi˧˦（指汽车的）
公共汽车 koŋ˧ koŋ˥ tʃ‘i˥ ts‘əi˧˦
乌龟车 u˧˦ kuəi˧˦ ts‘əi˧ 小轿车
摩托车 meʔ˥˦ t‘eʔ˥ ts‘əi˧
三轮车 san˧˦ lən˩ ts‘əi˧ 载人的、拉货的都叫三轮车
钢丝车 kan˧˦ sɿ˧˦ ts‘əi˧ 自行车
脚踏车 tɕiaʔ˥˦ t‘aʔ˥ ts‘əi˧
船 tɕɦiɵ˩
大船 ʈɦa˥ tɕɦiɵ˩ 重约三吨的大型木船，多行驶于外河，用来挖泥沙、划龙舟等
木板船 meʔ˥ pan˦˧ tɕɦiɵ˩˦ 中型木船，多行驶于内河
小船 ɕiɔu˦ tɕɦiɵ˩ 小木船，行驶于内河，用于家庭运物、出行等
划盆 ua˩˦ pfɦən˩ 小木船，行驶于内河，用于张网捕鱼
船头 tɕɦiɵ˩˦ ʈɦəi˩
船舱 tɕɦiɵ˩˦ ts‘an˧˦
巴⁼台 pa˧ ʈɦæ˩ 用来分隔四个舱的木板，人坐在上面
船艄 tɕɦɵ˩˦ sɔu˧˦ 船尾
篷 pfɦoŋ˩
桅梗 uəi˩˦ kən˦ 桅杆
舵 ʈɦɵ˥
橹 nɵ˦
桨 tɕian˦
撑篙 ts‘ən˧˦ kɔu˧˦ 篙
跳板 t‘iɔu˥˦ pan˦ 上下船用
篷子船 pfɦoŋ˩˦ tsɿ˦˥ tɕɦiɵ˩ 帆船
舢舨 tsɦan˥˦ pan˦
渔船 m̩˩˦ tɕɦiɵ˩˦
渡船 ʈɦəi˥ tɕɦiɵ˩˦
轮船 nən˩˦ tɕɦiɵ˩˦
过渡 kɵ˥˦ ʈɦəi˥ 过摆渡（坐船过河）
渡船口 ʈɦəi˥ tɕɦiɵ˩˦ k‘əi˦ 渡口

二十　文化教育

学校

私塾 sɿ˧ tʃɦʮoʔ˥
学堂 tʃɦʮoʔ˥ ʈɦan˩
学校 tʃɦʮoʔ˥˦（tɕɦ-ɕ）iɔu˥
入学 ʮoʔ˥˦ tʃɦʮoʔ˥ 上学（开始上小学）
上学 tsɦan˥˦ tʃɦʮoʔ˥ 去学校上课
放学 fan˥˦ tʃɦʮoʔ˥˦ 上完课回家
脱学 t‘eʔ˥˦ tʃɦʮoʔ˥ 逃学
幼儿园 iəu˥ ᴇ˩˦ ʮəi˩ 年龄较大
托儿所 t‘ər˧˥ sɵ˦ 年龄较小（“托儿”合音）
学俸钱 tʃɦʮoʔ˥˦ pfɦoŋ˥（tɕɦ-ɕ）i˩˦ 学费
放假 fan˥˦ tɕia˦
暑假 ʃʮ˦˥ tɕia˦
寒假 hɦan˩˦ tɕia˦
请假 tɕ‘in˦ tɕia˦˦

教室、文具

教室 tɕiɔu˥˦ seʔ˥

上课 tsɦan˥˧ k'ɵ˥
下课 hɦa˥ k'ɵ˥˧
讲台 tɕian˧˥ ʈɦæ˩˧
黑板 xeʔ˥ pan˧˥
粉笔 fən˧˥˧ pieʔ˥
黑板揩 xeʔ˥ pan˧˥ k'æ˧ 板擦儿
点名簿 ti˧˥˧ min˩˧˧ vu˥
戒板 kæ˥˧˩ pan˧˥˧ 戒尺
笔记本 pieʔ˥˧ tʃi˥ pən˧˥
书本 ʃɥ˧˩ pən˧˥ 课本
铅笔 tɕ'i˧ pieʔ˥
橡皮 tɕɦian˥˧˩ vɿ˩˧
铅笔刀 tɕ'i˧ pieʔ˥ tɔu˧ 旋笔刀
圆规 ɥəi˩˧˥ kuəi˧˧
三角板 san˧ koʔ˥˧ pan˧˥
镇纸 tsən˥˧ tsɿ˧˥
作文簿 tsoʔ˥˧（pfɦ-Ø）uən˩˧˧ vu˥
大字本 ʈɦa˥ zɿ˥˧ pən˧˥
描红本 miɔu˩˧˧ hɦoŋ˩˧˧ pən˧˥ 红模子
印本 in˥˧˩ pən˧˥˧ 仿引儿
蓝泅纸 lan˩˧˧ in˧˩ tsɿ˧˥ 复写纸
钢笔 kan˧ pieʔ˥
毛笔 mɔu˩˧˧ pieʔ˥
鸡狼毫 tʃi˧ lan˩˧˧ hɦɔu˩˧˥ 狼毫笔
大字笔 ʈɦa˥˧˩ zɿ˥˧ pieʔ˥ 羊毫笔
笔套子 pieʔ˥˧ t'ɔu˥ tsɿ˧˥˧ 保护毛笔头的笔帽
笔筒子 pieʔ˥˧ t'oŋ˧˥˧ tsɿ˧˥
砚字⁼ ni˥ zɿ˥˧ 砚台
磨黑墨 mɵ˩˧˧ xeʔ˥˧ meʔ˥ 研墨
墨匣子 meʔ˥˧ hɦaʔ˥˧ tsɿ˧˥ 墨盒
墨汁 meʔ˥˧ tseʔ˥ 毛笔用的
掭笔 t'i˥˧ pieʔ˥
墨水 meʔ˥ ʃɥəi˧˥ 钢笔用的
书包 ʃɥ˧˥ pɔu˧˩

读书识字

书生 ʃɥ˧˩ sən˧˥ 读书人
学生 tʃɦɥoʔ˥ sən˧（或tʃɦɥoʔ˥˧ sən˧˥）
识字的 seʔ˥˧ zɿ˥ teʔ˥˧
不识字的 peʔ˥ seʔ˥˧ zɿ˥ teʔ˥˧
念书 ni˥ ʃɥ˧˧
温习 uən˧ tɕɦieʔ˥
背书 pfɦəi˥ ʃɥ˧˧
报考 pɔu˥˧˩ k'ɔu˧˥
考场 k'ɔu˧˥ ts'an˧˥
进考场 tɕin˥ k'ɔu˧˥ ts'an˧˥
考试 k'ɔu˧˥˧ sɿ˥
考试卷子 k'ɔu˧˥˧ sɿ˥ tʃɥəi˥ tsɿ˧˥˧
满分 mɵ˧˥ fən˧˩
零分 lin˩˧˥ fən˧˧
张榜 tsan˧ pan˧˥
头名 ʈɦəi˩˧˥ min˩˧
末名 moʔ˥ min˩˧
毕业 pieʔ˥ ieʔ˥˧
没毕业 məi˩˧ pieʔ˥ ieʔ˥˧ 肄业
文凭 pfɦən˩˧˥ pfɦin˩˧

写字

大楷 ʈɦa˥˧˩ k'æ˧˥˧
小楷 ɕiɔu˧˥ k'æ˧˥˧
字帖 zɿ˥˧ t'ieʔ˥

临帖 lin˦˩ tʰieʔ˥

画脱咯 ua˥ tʰeʔ˦˩ ka˨ 涂了

写白字 ɕia˦˩ pffieʔ˥ zɿ˥

脱了一个字 tʰeʔ˦˩ lə˨ ieʔ˨ kɵ˨ zɿ˥ 掉字

草稿 tsʰou˦˩ kou˥

起草稿 tʃʰi˦˩ tsʰou˦˩ kou˥

誊清 tʃfiən˦˩ tɕʰin˦˩

一点 ieʔ˥ ti˥

一横 ieʔ˥ uən˩

一竖 ieʔ˦˩ zɿ˥

一撇 ieʔ˦˩ pʰieʔ˥

一捺 ieʔ˨ naʔ˥

一勾 ieʔ˥ kəi˨

一翘 ieʔ˦˩ tɕʰiou˥ 一挑

一画 ieʔ˦˩ ua˥ (王字是四画)

偏旁 pʰi˨ pffian˩

单站人 tan˨ tsan˥ tsfiən˩ 立人儿 (亻)

双站人 ʃyan˦˩ tsan˥ tsfiən˩ 双立人儿 (彳)

弯弓张 uan˦˩ koŋ˦˩ tsan˨

立早章 lieʔ˦˩ tsʰou˥ tsan˨

禾旁程 hfiɵ˦˩ pffian˩ tsfiən˩

耳东陈 ɛ˨ toŋ˨ tsfiən˩

草头黄 tsʰou˦˩ tʃfiɛi˩ uan˩

三横王 san˦˩ uən˦˩ uan˩ "王"姓

三点水汪 san˦˩ ti˨ ʃyɛi˩ uan˨ "汪"姓

十八子李 seʔ˦˩ paʔ˥ tsɿ˦˩ li˩

宝盖头 pou˦˩ kæ˩ tʃfiɛi˩ "宀"

和 "⼌"

竖心旁 ʒ˨ ɕin˦˩ pffian˩ 忄

披毛旁 pʰɿ˨ mou˦˩ pffian˩ 反犬旁 (犭)

反耳刀 fan˨ ɛ˨ uɛi˩ tou˦˩ 单耳刀儿 (卩)

双耳刀 ʃyan˦˩ ɛ˨ tou˦˩ 阝

反文旁 fan˨ (pffi-ø) ən˩ pffian˩ 攵

踢土旁 tʰieʔ˦˩ tʰɛi˩ pffian˦˩ 提土旁 (土)

竹字头 tʃyoʔ˦˩ zɿ˥ tʃfiɛi˩

火字旁 xɵ˦˩ zɿ˥ pffian˦˩

四滴水 sɿ˥ tieʔ˦˩ ʃyɛi˩ 四点 (灬)

三滴水 san˨ tieʔ˦˩ ʃyɛi˩ 三点儿水 (氵)

两滴水 lian˨ tieʔ˦˩ ʃyɛi˩ 两点水儿 (冫)

走字 tsəi˦˩ zɿ˥ 走之儿 (辶)

绞丝旁 tɕiou˦˩ sɿ˩ pffian˦˩ 纟

提手旁 tʰieʔ˥ sɛi˨ pffian˦˩ 扌

草字头 tsʰou˦˩ zɿ˥ tʃfiɛi˩ 艹

刮刀 kuaʔ˥ tou˨ 刂

虫字旁 tsfioŋ˦˩ zɿ˥ pffian˩

二十一　文体活动

游戏、玩具

风筝 foŋ˦˩ tsʰən˦˩

躲猫猫子 tɘ˧ mɔu˥˩ mɔu˥˩ tsʅ˧ 藏老蒙儿（寻找预先藏匿在某个角落的同伴）

踢毽子 t'ieʔ˥ tɕi˥ tsʅ˧

抓天子 tʃɥa˧ t'i˥˩ tsʅ˥ 抓子儿（用几个小沙包或石子儿，扔起其一，做规定动作后再接住）

打弹子 ta˥˩ tʃfian˥ tsʅ˥ 弹球儿

揆偏流子 ɕieʔ˥ p'i˩ lɩɘu˩ tsʅ˥˩ 打水飘儿。"偏流子"是一种像八哥大小的水鸟。"揆偏流子"意思是瓦片儿在水面上一点一点的像这种鸟在飞

跳房子 t'iɔu˥ pffian˥˩ tsʅ˥˩

跳绳 t'iɔu˥ tsfiən˩

斗鸡 tɘi˥ tʃi˥˩ 两人一腿站立，一腿弯曲，用膝盖互相撞击，弯曲腿先落地者为输

翻绳子 fan˧ tsfiən˥˩ tsʅ˥˩ 两人轮换翻动手指头上的细绳，变出各种花样

打谜子 ta˥˩ məi˥˩ tsʅ˥˩ 出谜语

猜谜子 ts'æ˧ məi˥˩ tsʅ˥

牌九 pffiæ˥˩ tɕiɘu˥

麻将 ma˥˩ tɕian˥

掷猴子 tsfieʔ˥ hfiɘi˥˩ tsʅ˥˩ 掷色子

做头子 tsɘ˥˩ tʃfiɘi˥˩ tsʅ˥˩（麻将）会儿

听牌了 t'in˥ pffiæ˥˩ la˧

成了 tsfiən˥˩ la˥ 和了

相公 ɕian˥ koŋ˥˩ 打牌或麻将时

多牌、少牌都叫~

拈阄 ni˥˩ kɘi˥˩

抓阄 tʃɥa˧ kɘi˥˩

搭宝 k'eʔ˥ pɔu˥ 押宝

炮仗 p'uɔ˥ tsfian˥˩ 爆竹

放炮仗 fan˥ p'uɔ˥ tsfian˥˩ 放鞭炮

两响头 lian˥˩ ɕian˥˩ tʃfiɘi˩ 二踢脚

双响 ʃɥan˥˩ ɕian˥

烟花 i˥˩ xua˥˩

放花炮 fan˥ xua˥˩ p'uɔ˥

体育

象棋 tɕfiian˥ ʒi˩

下棋 hfiia˥ ʒi˩

将 tɕian˥

帅 ʃɥæ˥

士 zʅ˥

象 tɕfiian˥（"象""相"不同音）

相 ɕian˥

车 tʃɥ˥

马 ma˥

炮 p'uɔ˥

兵 pin˥

卒子 tseʔ˥˩ tsʅ˥˩

拱卒子 koŋ˥˩ tseʔ˥˩ tsʅ˥˩

上士 tsfian˥˩ zʅ˥˩ 士走上去

落士 loʔ˥˩ zʅ˥ 士走下来

飞象 fɘi˥ tɕfiian˥

落象 loʔ˥˩ tɕfiian˥

将军 tɕian˥ tʃɥn˥˩

围棋 uəi˧˩ ʑi˧

黑子 xeʔ˥ tsʅ˧˩

白子 pffie ʔ˥ tsʅ˧˩

和棋 hfio˧˩ ʑi˧

拔河 pffiaʔ˥ hfiθ˩

划水 ua˧˩ ʃ ɥəi˥ 游泳

盼⁼水 pˈan˥ ʃ ɥəi˥ 仰泳

踩水 tʃˈɥæ˥ ʃ ɥəi˧˩

扎猛子 tsaʔ˥ moŋ˧˩ tsʅ˧

切猛骨⁼子 tɕˈieʔ˥ moŋ˧˩ kuo˧˩
　　tsʅ˧˩ 潜水

打球 ta˧˩ tɕ ɦiəu˩

赛球 sæ˧˩ tɕ ɦiəu˩

乒乓球 pˈin˧ pˈaŋ˧ tɕ ɦiəu˩

篮球 lan˧˩ tɕ ɦiəu˩

排球 pffiæ˧˩ tɕ ɦiəu˩

足球 tsoʔ˥ tɕ ɦiəu˩

羽毛球 ʮ˧˩ mou˧ tɕ ɦiəu˩

跳远 tˈiou˥ ɥəi˩

跳高 tˈiou˥ kou˧˩

武术、舞蹈

翻跟斗 fan˧ kən˧˩ təi˥

倒立 tou˧˩ lieʔ˥

玩狮子 uan˩ sʅ˧˩ tsʅ˥ 舞狮子

划花篮船 ua˩ xua˧˩ lan˩ tɕ ɦiθ˩
　　跑旱船

跳秧歌舞 tˈiou˩ ian˧˩ kθ˧˩ vu˩
　　扭秧歌儿

打腰鼓 ta˧˩ iou˧˩ ku˩

跳舞 tˈiou˥ vu˩

戏剧

木偶 meʔ˥ ŋəi˧

大戏 tʃfia˥ ʃi˥ 专指黄梅戏

京剧 tɕin˧ tʃʅ˥

戏园子 ʃi˥ ɥəi˧˩ tsʅ˥

戏台 ʃi˥ tʃfiæ˩

唱戏佬 tsˈan˧ ʃi˥ lou˩ 演员

变把戏 pi˥ pa˧˩ ʃi˥ 变戏法（魔
　　术）

说大鼓书 ʃɥoʔ˥ tʃfia˥ ku˧ ʃʅ˥
　　说书

花脸 xua˧˩ li˩

三花脸 san˧˩ xua˧˩ li˩ 小丑

老生 lou˥ sən˧˩

小生 ɕiou˧˩ sən˧˩

武小生 vu˥ ɕiou˧˩ sən˧˩

老旦 lou˧˩ tan˥

青衣 tɕˈin˧˩ i˧˩

花旦 xua˧˩ tan˥

小旦 ɕiou˧˩ tan˥

跑龙套的 pˈou˧˩ loŋ˧˩ tˈou˩ teʔ˥

二十二　动作

一般动作

站 tsan˥

蹲 tən˧

跌倒了 tieʔ˥ tou˧˩ lə˩

爬起来 pffia˧˩ tʃˈi˥ læ˩

摇头 iɔu˩˧꜔꜒ ʈɦəi˩˧
点头 ti˥˧ ʈɦəi˩˧
抬头 ʈɦæ˩˧꜔꜒ ʈɦəi˩˧
低头 tʅ˧ ʈɦəi˩˧
回头 hɦuəi˩˧꜔꜒ ʈɦəi˩˧
脸转过去 li˥˧ tɕiɵ˥ kɵ˥꜔ tʃʻi˥꜔
遇到咯 ʮ˥ tɔu˥꜔ kaʔ˥꜔ 遇见
看 kʻɵ˥
睁眼睛 tsən˧ ŋan˥˧꜔ tɕin˧꜒
瞪眼睛 ʈɦan˥ ŋan˥˧꜔ tɕin˧꜒
闭眼睛 pʅ˥ ŋan˥˧꜔ tɕin˧꜒
挤眼睛 tʃi˥˧꜔ ŋan˥˧꜔ tɕin˧꜒
眨眼睛 tsaʔ˥ ŋan˥˧꜔ tɕin˧꜒
眼睛乱转 ŋan˥˧꜔ tɕin˧꜒ lɵ˥꜔ tɕiɵ˥
淌眼泪 tʻan˥˧ ŋan˥˧꜔ li˥
哈嘴 xa˧ tsəi˥˧ 张嘴
抿嘴 min˥꜒꜔ tsəi˥˧ 闭嘴
举举嘴 tʃʮ˥˧꜒ tʃʮ˥˧꜔ tsəi˥˧ 努嘴
翘嘴 tɕʻiɔu˥꜒꜔ tsəi˥˧ 噘嘴
举手 tʃʮ˥˧꜒ səi˥˧
摆手 pæ˥˧ səi˥˧꜔
放手 fan˥꜒꜔ səi˥˧꜔ 撒手
伸手 sən˧꜒꜔ səi˥˧
动手 ʈɦoŋ˥꜒꜔ səi˥˧ 只许动口，不许~
拍手 pʻeʔ˥ səi˥˧
背着手 pfɦəi˥ tseʔ˥꜔ səi˥˧
抱着手 pfɦɔu˥ tseʔ˥꜔ səi˥˧ 两手交叉在胸前
拢着手 loŋ˥˧꜔ tseʔ˥꜔ səi˥˧ 双手交叉伸到袖筒里
搡 soŋ˥˧ 推：~了一把

败⁼ pfɦæ˥ 拨拉
捺住咯 naʔ˥꜔ ʒʮ˥ kaʔ˥꜔ 捂住
掐 kʻaʔ˥
扭 niəu˥˧ 拧
拽 tʃʮæ˥
搖 iɔu˩˧
□ xən˥ 撼：他官高根基深，~不动
擘 poʔ˥ 掰
摸摸 mɵ˧꜒꜔ mɵ˧꜔꜒ 摩挲（用手~猫背）
托 tʻoʔ˥ 掿（用手托着向上）
提屎 tʅ˧ sʅ˥˧ 把屎（抱持小儿双腿、哄他大便）
提尿 tʅ˧꜔꜒ səi˧꜒꜔ 把尿
扶咯 vu˩˧꜔ kaʔ˥ 扶着
弹指头 ʈɦan˩˧꜒ tsʅ˥˧꜔ （ʈɦ-ɾ） əi˩˧꜒
鸡⁼紧拳头 tʃi˧ tɕin˥˧꜒ tʃɦʮəi˩˧꜔ （ʈɦ-ɾ） əi˩˧꜒ 攥起拳头
跺脚 tɵ˥꜔ tɕiaʔ˥
踮脚 ti˥꜔ tɕiaʔ˥
跷二郎腿 tɕʻiɔu˥ ᴇ˥ lan˩˧꜔ tʻəi˥˧
弯腿 uan˧ tʻəi˥˧ 蜷腿
腿抖 tʻəi˥˧꜒ təi˥˧ 抖腿
踢腿 tʻieʔ˥ tʻəi˥˧
弯腰 uan˧꜔꜒ iɔu˧꜒꜔
伸懒腰 sən˧ lan˥˧꜔ iɔu˧꜒
撑腰 tsʻən˧꜔꜒ iɔu˧꜒꜔ 支持
翘屁股 tɕʻiɔu˥ pʻʅ˥꜒꜔ ku˥˧꜔ 撅屁股
擂背 ləi˩˧꜔ pəi˥ 捶背
红⁼（鼻头）hɦoŋ˩˧ 擤（鼻涕）

吸鼻头 ɕieʔ˥ pffieʔ˥ (tʃɦ˩) əiˑˌ
　吸溜鼻涕

打嚏兴 ˉta˦˩ tʻŋ˥ ɕin˦˩ 打喷嚏

闻 pffiənˌ 用鼻子~

嫌憎 i˩˦ tsən˥ 嫌弃

哭 kʻuoʔ˥

甩 ʃɥæ˦˩ 扔：把没用东西~了

讲 kan˦˩ 说

唵 θ˦˩ 以手覆物入口：~到嘴里

跑 pʻɔu˦˩

　跳 tɦiɔu˦˩

走 tsɛi˦˩

跳 tʻiɔu˦˩

跪 kʻuɛi˦˩

放 fan˥ ~在桌上

搀 tsʻan˦ 酒里~水

攒 tsan˥ 溅

收 səi˦

挑选 tʻiɔu˦ ɕi˦˩ 选择

拎 lin˦ 提起（东西）

拈起来 ni˦ tʃi˦˩ læˌ 捡起来

擦脱咯 tsʻaʔ˥ tʻeʔ˥ kaʔ˥ 擦掉

脱了咯 tʻeʔ˥ lə˦ kaʔ˥ 丢失

丢 tiəu˦ 落（因忘记而把东西遗
　放在某处）

寻得咯啦 tɕɦin˦˩ teʔ˥ kaʔ˥ la˥
　找着了

囥 kʻan˥（把东西）藏（起来）

躲 tθ˦（人）藏（起来）

码起来 ma˦˩ tʃi˦˩ læˌ˩

　堆起来 təi˦˩ tʃi˦˩ læˌ˩

晓得 ɕiɔu˦˩ teʔ˥ 知道

懂了 toŋ˦˩ la˥

会了 uɛi˥ la˦

认得 nin˥ teʔ˥

不认得 peʔ˥ nin˥ teʔ˥

识字 seʔ˥ zˑ˥

想想 ɕian˦˩ ɕian˦˥

估计 ku˦˩ tʃi˥ 估量

出主意 tʃʻɥoʔ˥ tʃʻɥ˦˥ i˥

猜猜 tsʻæ˦˥ tsʻæ˦˩ 猜想

预计 ɥ˦˩ tʃi˥ 料定

主张 tʃʻɥ˦˥ tsan˦˩

相信 ɕian˦ ɕin˥

怀疑 uæ˩˥ ni˩

想心思 ɕian˦ ɕin˦˩ sˑ˦ 沉思

犹豫 iəu˦˩ ɥ˥

留心 liəu˦˥ ɕin˦

害怕 hfiæ˦˩ pʻa˥

吓坏咯 xeʔ˥ uæ˦˩ kaʔ˥ 吓着了

着急 tʃʻɥoʔ˥ tɕieʔ˥

发懵 faʔ˥ moŋ˦

牵挂 tɕʻi˦ kua˥ 挂念

放心 fan˥ ɕin˦˩

盼望 pʻan˦˩ uan˥

　想望 ɕian˦˩ uan˥

巴不得 pa˦ peʔ˥ teʔ˥

记好咯 tʃi˥ xɔu˦˩ kaʔ˥ 记着
　（不要忘）

忘失咯 man˥ seʔ˥ kaʔ˥ 忘记了

想起来咯 ɕian˦˩ tʃi˦˩ læ˦˩ kaʔ˥

红眼 hɦioŋ˧˩ ŋan˥ 眼红（嫉妒）

讨厌 t'ou˧˩ i˩

恨 hɦən˩

眼羡 ŋan˧˩ ɕi˩ 羡慕

偏心 p'i˥ ɕin˥

恨不得 hɦən˩ peʔ˧ teʔ˧ 忌妒

怄气 ŋəi˥ tʃ'i˩

埋怨 mæ˧ ɥiæ˩

憋气 pieʔ˧ tʃ'i˩

生气 sən˧ tʃ'i˩

惜护 ɕieʔ˧ vu˩（对物）爱惜

痛爱 t'oŋ˩ ŋæ˧（或 t'oŋ˧ ŋæ˥）
（对人）疼爱

喜欢 ʃi˥ xə˧

感谢 kan˧˥（tɕɦi-ɕ）i˩

娇惯 tɕiəu˥ kuan˩

（迁）就 tɕiəu˩

没杂何 məi˩ næ˧ hɦiə˩

语言动作

讲话 kan˧˥ ua˩ 说话

聒淡 kuaʔ˧ tʃfian˩ 聊天

插嘴 ts'aʔ˧ tsəi˥ 搭茬儿

不闹声 peʔ˧ nɔu˩ sən˧ 不做声

拐 kuæ˥ 骗：我~你玩的，不是真
的

告声 kou˩ sən˧ 告诉

抬杠 tʃfiæ˧˥ kan˩

厉〝嘴 li˧ tsəi˥ 顶嘴

吵嘴 ts'ou˧˥ tsəi˥ 吵架

打架 ta˧˥ ka˩

（瞎）骂（xaʔ˧）ma˥ 骂（破口

骂）

讨骂 t'ou˧˩ ma˥ 挨骂

叮嘱 tin˧˥ tʃʅ˥ 嘱咐

讨讲 t'ou˧˩ kan˥ 挨说（挨批评）
　讨批评 t'ou˥ p'i˧ pffin˩

啰唆 lə˧ sə˧ 叨唠

咕咕哝哝 ku˥ ku˧˥ noŋ˧ noŋ˧˥
嘟嘟囔囔

喊 xan˥ ~他来

二十三　位置

上头 tsfian˩（tʃɦi-ɻ）əi˧ 上面

下头 hɦia˩（tʃɦi-ɻ）ie˧ 下面

地下 tʃɦi˩（hɦi-ø）ia˧ 当心！别
　掉~了

地娘〝 tʃɦi˩ nian˧ ~脏极了

天娘〝 t'i˥ nian˧˥ 天上

山娘〝 san˧˥ nian˥ 山上

路娘〝 ləi˩ nian˧ 路上

街娘〝 kæ˧˥ nian˥ 街上

墙娘〝 tɕɦian˧˥ nian˧˥ 墙上

门娘〝 mən˧˥ nian˧˥ 门上

台子娘〝 tʃfiæ˧˥ tsʅ˧˥ nian˧˥ 桌
　上

椅子娘〝 i˧˥ tsʅ˧˥ nian˧˥ 椅子上

边子娘〝 pi˥ tsʅ˧˥ nian˧˥ 边儿上

里头 li˧˥（tʃɦi-ɻ）ie˧˥

外头 uæ˩（tʃɦi-ɻ）əi˧˥

手里头 səi˧˥ li˧˥（tʃɦi-ɻ）əi˧˥

心里头 ɕin˧˥ li˧˥（tʃɦi-ɻ）əi˧˥

大门外头 ʧia˥ mən˧˩ uæ˥
　　(ʧɦ-ɾ) əi˧˩

门外头 mən˧˩ uæ˥ (ʧɦ-ɾ) əi˧˩

墙外头 tɕɦian˧˩ uæ˥ (ʧɦ-ɾ) naiɦ˧˩ əi˧˩

窗子外头 ʧʰuan˥ tsɿ˥ uæ˥
　　(ʧɦ-ɾ) əi˧˩

车娘˭ tsˑəi˧˩ nian˩ 车上：～坐着
　　人

车外头 tsˑəi˧˩ uæ˥ (ʧɦ-ɾ) əi˧˩ ～
　　下着雪

车前头 tsˑəi˧˩ (tɕɦ-ɕ) i˧˩ (ʧɦ-ɾ)
　　əi˩

车后头 tsˑəi˧˩ hɦəi˥ (ʧɦ-ɾ) əi˧˩

前头 tɕɦi˩ (ʧɦ-ɾ) əi˩

后头 hɦəi˥ (ʧɦ-ɾ) əi˧˩

山前头 san˧ (tɕɦ-ɕ) i˧˩
　　(ʧɦ-ɾ) əi˩

山后头 san˧ hɦəi˥ (ʧɦ-ɾ) əi˧˩

房子后头 pfɦian˧˩ tsɿ˥ hɦəi˥
　　(ʧɦ-ɾ) əi˩

背心后头 pəi˥ ɕin˧ hɦəi˥
　　(ʧɦ-ɾ) əi˧˩ 背后

以前 i˩ tɕɦi˩

以后 i˩ hɦəi˥

以上 i˩ tsɦan˥

以下 i˩ hɦa˥

后来 hɦəi˥ læ˧˩ 指过去某事之后

过身 ko˥ sən˧˩ 过后：吵嘴归吵
　　嘴，～就算了咯

从今以后 tsɦon˩ tɕin˧˩ i˩ hɦəi˥

从此以后 tsɦon˧˩ tsɿ˩ i˩ hɦəi˥

东 ton˧

西 ʃi˧

南 neu˩

北 pe?˥

东南 ton˧ neu˩

东北 ton˧ pe?˥

西南 ʃi˧ neu˩

西北 ʃi˧ pe?˥

路边娘˭ ləi˥ pi˧ nian˧˩

当中 tan˧ tson˧ 当间儿

床底下 ʧʃɦuan˩ tɿ˥ (hɦ-ø) ia˥

楼底下 ləi˩ tɿ˥ (hɦ-ø) ia˥

脚底下 tɕia?˥ tɿ˥ (hɦ-ø) ia˥

碗底下 ɵ˥ tɿ˥ (hɦ-ø) ia˥ 碗底
　　儿

锅底下 ko˧ tɿ˥ (hɦ-ø) ia˥ 锅
　　底儿

缸底下 kan˧ tɿ˥ (hɦ-ø) ia˥ 缸
　　底儿

旁边 pfɦian˩ pi˧˩

附近 fu˥ tɕɦin˥

面前 mi˥ (tɕɦ-ɕ) i˧˩ 跟前儿

什么场子 tsɦie?˥ me?˥ tsɦian˩
　　tsɿ˩ 什么地方

左边 tsɵ˥ pi˧

右边 iəu˥ pi˧˩

向里走 ɕian˥ li˩ tsəi˩

向外走 ɕian˥ uæ˥ tsəi˩

向东走 ɕian˥ ton˧ tsəi˩

向西走 ɕian˥ ʃi˧ tsəi˩

向回走 ɕian˥ uəi˩ tsəi˩

向前走 ɕian˥ tɕɦi˩ tsəi˩

…以东 i˩ ton˥

…以西　i˦ ʃi˨
…以南　i˦ nɤ˨
…以北　i˦ peʔ˨
…以内　i˦ nəi˨
…以外　i˦ uæ˨
…以来　i˦ læ˨
…之后　tsʅ˥ hfiɐi˨
…之前　tsʅ˥ tɕfii˨
…之外　tsʅ˥ uæ˨
…之内　tsʅ˥ nəi˨
…之回　tsʅ˥ tɕi˨
…之上　tsʅ˥ tsɦian˨
…之下　tsʅ˥ hfia˨

二十四　代词等

我　ŋɤ˨
尔　n̩˨
　你　ni˨
他　tʰa˦
我□　ŋɤ˦ ta˥　我们
尔□　n̩˦ ta˥　你们
　你□　ni˦ ta˥
他□　tʰa˦ ta˨　他们
我的　ŋɤ˦ teʔ˥
自各　zʅ˨ kaʔ˨　自己
人家　nin˦ ka˥
大家　tɕʰia˥ ka˦
哪(一个)　na˦ (ieʔ˨) kɤ˥　谁
□个　keʔ˨ kɤ˥　这个
箇个　kɤ˦ kɤ˥　那个

哪个　la˦ kɤ˥
□些　keʔ˨ ʃi˨　这些
箇些　kɤ˦ ʃi˨　那些
哪些　la˦ ʃi˦
□里　keʔ˨ li˨　这里
箇里　kɤ˦ li˨　那里
哪里　na˦ li˨
改﹦　kæ˦　这:用不了~许多
□么　keʔ˨ meʔ˨　这么(高)
□么　keʔ˨ meʔ˨　这么(做)
箇么　kɤ˦ meʔ˨　那么(高)
箇么　kɤ˦ meʔ˨　那么(做)
怎么　tseʔ˨ meʔ˨　怎么(搞)
为什么　uəi˦ tsfieʔ˨ me˥
□□　n̩˦ tsa˥　什么:尔姓~?
　什么 tsfieʔ˨ me˥
多少　tɤ˦ sɔu˥　多少(钱)
多少　tɤ˦ sɔu˥　多(久、高、大、厚、重)
好些　xɔu˦ ʃi˨　多少:能吃~就吃~,不怕剩
我□两个　ŋɤ˦ ta˥ lian˦ kɤ˥　我们俩
尔□两个　n̩˦ ta˥ lian˦ kɤ˥　你们俩
　你□两个　ni˦ ta˥ lian˦ kɤ˥
他□两个　tʰa˦ ta˥ lian˦ kɤ˥　他们俩
夫妻俩个　fu˥ tʃʰi˦ lian˦ kɤ˥
母子俩个　m̩˦ tsʅ˦ lian˦ kɤ˥　娘儿俩(母亲和子女)
父子俩个　vu˥ tsʅ˦ lian˦ kɤ˥

爷儿俩（父亲和子女）

叔妹俩个 ʃyoʔ˥ məi˥ lian˥ koʔ˥
　姆娌俩

姑嫂俩个 ku˥ sɔu˥ lian˥ koʔ˥

婆媳俩个 vu˥ ɕieʔ˥ lian˥ koʔ˥

兄弟俩个 ɕioŋ˥(tʃʅ-tʃʅ) ʅ˥ lian˥
　koʔ˥

　弟兄俩个 tʃʅ˥ ɕioŋ˥ lian˥
　koʔ˥

姊妹俩个 tsʅ˥ məi˥ lian˥ koʔ˥
　姐妹俩

兄妹俩个 ɕioŋ˥ məi˥ lian˥ koʔ˥

姐弟俩个 tɕi˥ (tʃʅ-tʃʅ) ʅ˥ lian˥
　koʔ˥

叔侄俩个 ʃyoʔ˥ tsʅieʔ˥ lian˥
　koʔ˥

师徒俩个 sʅ˥ tʃʅəi˥ lian˥ koʔ˥

哪些人 na˥ ʃi˥ nin˥

二十五　形容词

好 xɔu˥

不错 peʔ˥ tsʰɵ˥

差不多 tsʰa˥ peʔ˥ tɵ˥

不怎么样 peʔ˥ tseʔ˥ meʔ˥ ian˥

不抵事 peʔ˥ tʅ˥ zʅ˥ 不顶事

□ hfia˥ 坏（不好）

差 tsʰa˥ 次：东西很~

马马虎虎 ma˥ ma˥ xu˥ xu˥
　凑合

漂亮 pʰiɔu˥ lian˥ 指女性

体面 tʰʅ˥ miˑ˥ 指男性

丑 tsʰəi˥

　难看 nan˥ kʰɵ˥

要紧 iɔu˥ tɕin˥

热闹 nieʔ˥ lɵi˥

牢 lɔu˥ 坚固

硬 ŋəŋ˥

绵 mi˥ 软

干净 kɵ˥ tɕʰin˥

污糟 u˥ tsɔu˥ 脏

　糟煞 tsɔu˥ saʔ˥（连调特殊）

咸 hfian˥

淡 tʃʰfian˥

香 ɕian˥

臭 tsʰəi˥

酸 sɵ˥

甜 tʃʰfi˥

苦 kʰu˥

辣 laʔ˥

涝 lɔu˥（粥）稀

干不涝 kɵ˥ peʔ˥ lɔu˥ 粥不干不
　稀

干 kɵ˥（粥）稠

泡 ᵕ pʰu˥（粥）烫

稀 ʃi˥ 不密

满 mɵ˥ 密

壮 tʃʰʮan˥ ①肥（指动物：鸡很
　~）②胖（指人）

瘦 səi˥（人）瘦

精 tɕin˥（肉）瘦

快活 kʰuæ˥ uo˥ 舒服

难过 nan˥ kɵ˥ 难受

怕丑 pʻa˥˩ tsʻəi˥ 腼腆

乖 kuæ˦

调皮 ʨɦiou˥ vʅ˥

　废 fəi˥

真行 tsən˦ ɕin˥

不中 peʔ˥ tsoŋ˦

伤德 san˦ teʔ˥ 缺德

聪明灵活 tsʻoŋ˦ min˦ lin˦ uoʔ˥

　机灵

灵巧 lin˦ ʨʻiʌu˥ 她的手很~

昏得咯 xuən˦ teʔ˥ kaʔ˥ 糊涂

铁心 tʻieʔ˥ ɕin˦ 死心眼儿

脓包 loŋ˦ pou˦ 无用的人

孬种 nɔu˦ tsoŋ˥

小气鬼 ɕiɔu˦ tʃʻi˥ kuəi˥

小气 ɕiɔ˥ tʃʻi˥

大方 ʨɦia˥ fan˦

整 tsən˥ 鸡蛋吃~的

浑 uən˥ ~身是汗

凸 tʻoʔ˥

凹 ŋɔu˦

凉快 lian˦ kʻuæ˥

荫 in˥ 屋子很~

静烦 ʨɦin˥ pffian˦ 僻静

活络 uoʔ˥ loʔ˥ 活动的、不稳固

地地道道 tʅ˧ tʅ˥ tɔu˥ tɔu˥
　~四川风味

整齐 tsən˥ ʒi˥

称心 tsʻən˥ ɕin˦

晏 ŋan˥ 晚：来~了

多 tə˦

少 sɔu˥

大 ʨɦia˥

□ xæ˥

小 ɕiɔu˥

长 tsɦan˥

短 tə˥

宽 kʻɵ˦

　阔 kʻouʔ˥

窄 tseʔ˥

厚 hɦəi˥

柕 ɕiɔu˥ 薄

深 sən˦

浅 ʨʻi˥

高 kɔu˦

低 tʅ˦

矮 ŋæ˥

正 tsən˥

歪 xuæ˦

斜 ʨɕɦia˥

红 hɦoŋ˥

朱红 tʃʅ˦ hɦoŋ˥

粉红 fən˥ hɦoŋ˥

玫瑰红 məi˦ kuəi˥ hɦoŋ˥

深红 sən˦ hɦoŋ˥

浅红 ʨʻi˥ hɦoŋ˥

蓝 lan˥

浅蓝 ʨʻi˥ lan˥

深蓝 sən˦ lan˥

天蓝 tʻi˦ lan˥

绿 loʔ˥

草绿 tsʻɔu˦ loʔ˥

浅绿 ʨʻi˦ loʔ˥

白 pffie˥

灰白 xuəi┤ pffieʔ┐
苍白 ts'an┤ pffieʔ┐
漂白 p'iɔu┐ pffieʔ┐
雪白 çieʔ┐ pffieʔ┤┤
灰 xuəi┤
深灰 sən┤┤ iexu┤┤
浅灰 tç'i┤ iexu┤┤
银灰 in┘┘ iexu┤┤
黄 uan┙
深黄 sən┤ uan┙
浅黄 tç'i┤ uan┙
青 tç'in┤
鸭蛋青 ŋaʔ┤┤ tʃian┐ tç'in┤
紫 tsʅ┐
古铜 ku┤┤ tʃʰoŋ┘┙ 古铜色
黑 xeʔ┐

二十六　副词　介词

才 tsfiæ┙ 我~来，没赶上
刚好刚 tçian┤ xɔu┙ tçian┤ 刚好：~十块钱
正 tsən┐ 不大不小，~合适
碰巧 p'oŋ┑┐ tç'iɔu┙ ~我在箇那里
光 kuan┤ ~吃米，不吃面
□ tsəi┐ 就；只：~剩下一块钱
有点 iəu┤┤ ti┘┤ 天~冷
怕 p'a┐ 也许：~要下雨
也许 ia┤┤ ʃʅ┐ 明朝~要落雨
差一点 ts'a┤ ieʔ┤┤ ti┐ ~摔了、~没摔

不…不 peʔ┐…peʔ┐ 不到九点不开会
马上 ma┤┤ tsfian┐ ~就来
趁早 ts'ən┙ tsuəi┐ ~走
早晚 tsɔu┤┤ man┙ ~来都行
随时 tsfiəi┙┙ ʅʅ┙
眼看 ŋan┤┤ k'ɵ┐ ~就到期了
得亏 teʔ┐ k'iən┤ ~你来了，要不然我□ ta┐我们就走错了
当面 tan┤ mi┐ 有话~讲
背后 pəi┐ hʃiəi┤ 不要~讲
一起 ieʔ┐ tʃi┤ ①我□ ta┐~去 ② 一共：~才十个人
一个人 ieʔ┤┤ kɵ┐ nin┙ 他~去
自己 zʅ┙┙ tʃi┙
自各 zʅ┙┙ kaʔ┐
顺便 pffin┤┤ pffi┐ 请他~买把书把我
把意 pa┤┤ i┐ 故意：~捣乱
根本 kən┤ pən┐ 他~不晓得
实在 tsfie┤┤ tsfiæ┐ 这个人~好确实 tʃʰɿɔʔ┐ tsfieʔ┐
忒 t'eʔ┐ ~好
小四十 çiɔu┙ sʅ┤┤ seʔ┐ 接近四十：这人已经~了
不要 peʔ┤┤ iɔu┐ 慢慢走，~跑拜⁻ pæ┐
白 pffieʔ┐ 不要钱：~吃
白 pffieʔ┐ ~跑一趟
空 k'oŋ┤
偏要 p'i┤ iɔu┐ 你不叫我去，我~去

非要　fəi˧ iɔu˩

瞎　xaʔ˥　~搞、~讲

先　çi˧　你~走，我随后就来、他~不知道，后来才听人讲的

另外　lin˧˩ uæ˩　~还有一个人

把　pa˥　①给：~大家办事　②被：~狗咬了一口、牛~老虎吃了、树~雷劈了　③把：~门关上。义项③也说"拿 la˩"

把我　pa˥˩ ŋə˥　给我（虚用，加重语气）：你~吃干净这碗饭！

对　təi˩　你~他好，他就~你好

对着　təi˩ tsˑeʔ˥˩　他~我直笑

到　tɔu˩　~哪里去、~哪天为止、扔~水里

在　tsɦæ˩　~哪里住？

从　tsɦoŋ˩　~哪里走？

自从　zɿ˩˩ tsɦoŋ˩　~他走后我一直不放心

照　tsɔu˩　~这样做就好、~我看不算错

用　ioŋ˩　你~毛笔写

顺　pfɦin˩　~这条大路一直走

顺着　pfɦin˩ tseʔ˥˩　沿着：~河边走

朝　tsɦɔu˩　~后头看看
　向　çian˩
　望　man˩

代　tʃɦæ˩　你~我写封信

和　hɦiə˩　这个~简个那个一样
　跟　kən˧
　同　tɦoŋ˩

向　çian˩　~他打听一下
　跟　kən˧

问　pfɦiən˩　~他借一本书
　向　çian˩
　跟　kən˧

管…叫　kə˩ …tçiɔu˩　有些场子地方管白薯叫山药

拿…当　la˩ …tan˧　有些场子地方拿麦秸当柴烧

从小　tsɦoŋ˩˩ çiɔu˩　他~就能吃苦

望外　man˧˩ uæ˩　老王钱多，不~拿

二十七　量词

一把（椅子、米）ieʔ˥ pa˥

一块/个（奖章）ieʔ˥˩ kˑuæ˩ /kə˩

一本（书）ieʔ˥ pən˥

一笔（款）ieʔ˥˩ pie˩

一匹/个（马）ieʔ˥˩ pˑieʔ˥ /kə˩

一条（牛、猪、河、手巾）ieʔ˥ tɦiɔu˩

一封（信）ieʔ˥ foŋ˧

一剂（药）ieʔ˥˩ tʃi˩

一张（药、桌子）ieʔ˥ tsan˧

一味（药）ieʔ˥˩ pfɦəi˩

一顶（帽子、桥）ieʔ˥ tin˥

一锭（墨）ieʔ˥ tʃɦin˥

一桩（事）ieʔ˥ tʃʮan˧

一朵（花儿）ieʔ˥ tə˥

一餐（饭）ieʔ˧ tsʰan˥

一部（车、火车、书）ieʔ˥ vu˥

一片/一颗（香）ieʔ˩ pʼi˥/ieʔ˩ kʼɵ˥

一枝（花、枪、笔）ieʔ˥ tsɿ˥

一隻（手）ieʔ˩ tseʔ˥

一盏（灯）ieʔ˥ tsan˥

一桌（酒席）ieʔ˩ tʃʮoʔ˥

一场（雨）ieʔ˥ tsʰian˩

一错˭/段（戏）ieʔ˩ tsʼɵtʃ/tʃʰɵtʃ

一床（被子）ieʔ˥ tʃʰʮan˩

一身（棉衣）ieʔ˥ sən˥

一根（头发）ieʔ˥ kən˥

一棵（树）ieʔ˥ kʼɵ˥

一粒（米）ieʔ˩ lieʔ˥

一块（砖）ieʔ˥ kʼuæ˥

一个/一条（猪）ieʔ˩ kɵ˥/ieʔ˩ tʃʰiɔu˩

一个（人、客人）ieʔ˩ kɵ˥

两口子 lian˩ kʼɵi˩ tsɿ˥ 夫妻俩

一家（铺子）ieʔ˥ ka˥

一架（飞机）ieʔ˩ ka˥

一间（屋子）ieʔ˥ kan˥

一路（房子、字、桌子、公共汽车）ieʔ˩ ləi˥

一件（衣裳）ieʔ˩ tɕʰi˥

一篇（文章）ieʔ˥ pʼi˥

一叶（书）ieʔ˩ nieʔ˥

一片（好心）ieʔ˩ pʼi˥

一面/货˭（旗）ieʔ˩ mi˥/hfiɵtʃ

一层（纸）ieʔ˥ tsʰfiən˩

一股（香味儿）ieʔ˥ ku˥

一盘（棋）ieʔ˥ pffiɵ˩

一门（亲事）ieʔ˥ mən˩

一刀（纸）ieʔ˥ tɔu˥

一沓子（纸）ieʔ˩ tʼaʔ˩ tsɿ˥

一缸（水）ieʔ˥ kan˥

一碗（饭）ieʔ˥ ɵ˥

一杯（茶）ieʔ˥ pəi˥

一包（花生、行李）ieʔ˥ pɔu˥

一卷子（纸）ieʔ˥ tʃʮi˩ tsɿ˥

一担（米、水）ieʔ˩ tan˥

一挂（鞭炮、葡萄）ieʔ˩ kua˥

一句（话）ieʔ˩ tʃʮ˥

一双（鞋）ieʔ˥ ʃʮan˥

一对（花瓶）ieʔ˩ təi˥

一副（眼镜）ieʔ˩ fu˥

一套（书）ieʔ˩ tʼu˥

一种（虫子）ieʔ˥ tsoŋ˥

一帮（人）ieʔ˥ pan˥

一批（货）ieʔ˥ pʼɿ˥

一个 ieʔ˩ kɵ˥

一起 ieʔ˥ tʃʼi˥

一窝（蜂）ieʔ˥ ɵ˥

一打˭ ieʔ˥ ta˥ ①一拃（大拇指与中指张开的长度）②一虎口（大拇指与食指张开的长度）

一庹 ieʔ˩ tʼoʔ˥ 成人两臂平伸的长度

一指（长）ieʔ˥ tsɿ˥

一成 ieʔ˥ tsʰfiən˩

一脸（土）ieʔ˥ li˥

一身（土）ieʔ˥ sən˥

一肚子（气）ieʔ˩ təi˩ tsɿ˥

（吃）一餐 ie?˥ ts'an˦

（走）一趟 ie?˦ t'an˥

（打）一下 ie?˦ (hɦ-Ø) ia˥

（看）一眼 ie?˥ ŋan˥

（吃）一口 ie?˥ k'ɕi˥

（谈）一造＝ ie?˦ tsfɔu˥ 一阵儿

（下）一阵（雨）ie?˦ tsfɔn˥

（闹）一番 ie?˥ fan˦

（见）一面 ie?˦ mi˥

一座（佛像）ie?˦ tsfɔ˥

一扇（门）ie?˦ ɕi˥

一幅（画）ie?˦ fo˥

一堵（墙）ie?˥ təi˥

一牙/一叶（花瓣）ie?˥ ŋa˦/
　　ie?˦ nie?˥

一个（地方）ie?˦ kθ˥

一班（车）ie?˥ pan˦

（洗）一水（衣裳）ie?˥ ʃɥɕi˥

（烧）一窑（陶器）ie?˥ iɕu˦

一团（泥）ie?˥ tʂfɵ˦

一堆（雪）ie?˥ təi˦

一师（兵）ie?˥ sʐ˦

一旅（兵）ie?˥ ʮ˥

一团（兵）ie?˥ tʂfɵ˦

一营（兵）ie?˥ in˦

一连（兵）ie?˥ li˦

一排（兵）ie?˥ pfɦæ˦

一班（兵）ie?˥ pan˦

一组 ie?˥ tsəi˥

一匝（毛、头发）ie?˦ tsa?˥

（写）一手（好字）ie?˥ səi˥

（写）一笔（好字）ie?˦ pie?˥

（做）一任（官）ie?˦ tsfɔn˥

（下）一盘（棋）ie?˥ pfɦɵ˦

（请）一桌（客）ie?˥ tʃɥɔ˥

（打）一圈（麻将）ie?˥ tʃ'ɥɕi˦

（唱）一台（戏）ie?˥ tʃfæ˦

一点（面粉）ie?˥ ti˥

一滴（雨）ie?˦ tie?˥

一匣（火柴、手饰）ie?˦ hfia?˥

一箱子（衣裳）ie?˥ ɕian˦ tsʐ˥

一架子（小说）ie?˦ ka˥ tsʐ˦

一橱子（书）ie?˥ ʒɥ˦ tsʐ˥

一抽屉（文件）ie?˦ ts'ɕi˦ t'ʐ˥

一筐子（菠菜）ie?˥ k'uan˦ tsʐ˥

一篮子（梨）ie?˥ lan˦ tsʐ˥

一篓子（炭）ie?˥ ləi˦ tsʐ˥

一池子（水）ie?˥ zʐ˦ tsʐ˥

一缸（金鱼）ie?˥ kan˦

一瓶子（醋）ie?˥ pfɦin˦ tsʐ˥

一罐子（盐）ie?˦ kθ˥ tsʐ˦

一坛（酒）ie?˥ tfɵ˦

一桶（汽油）ie?˥ t'oŋ˥

一铫（开水）ie?˦ tfɕu˥

一盆子（洗澡水）ie?˥ pfɦɵn˦
　　tsʐ˥

一壶（茶）ie?˥ vu˦

一锅（饭）ie?˥ kθ˦

一笼（包子）ie?˥ loŋ˦

一盘子（水果）ie?˥ pfɦɵ˦
　　tsʐ˥

一碟子（小菜）ie?˦ tɕie?˦ tsʐ˥

一碗（饭）ie?˥ θ˥

一杯（茶、酒）ie?˥ pəi˦

一挑子（汤、酱油）ie?┐ t'iɔu仆
tsɹ仆 一勺

个把两个 kɵ┐ pa仆 lian仆 kɵ┐

百把来个 pe?┐ pa仆 læ仆 kɵ┐

千把人 tɕ'i仆 pa仆 nin↙

万把块钱 pffian┌ pa仆 k'uæ仆
tɕfii↙

里把路 li仆 pa仆 ləi┐

里把二里路 li仆 pa仆 ᴇ┐ li仆 ləi┐

亩把二亩 mɵ仆 pa仆 ᴇ⼂ mɵ仆

二十八　数字　附加成分

后加成分

-得很 te?┐ xen↙ 好~、热~

-要命 iɔu仆 min┐

-不行 pe?┐ ɕin↙

-死了/-死人了/-煞　sɹ仆 lə┐/
tsɹ仆 nin仆 ə┐/sa?┐

-不得了 pe?┐ te?┐ liɔu┐

最…不过 tsəi┌ …pe?┐ kɵ┐

吃头 ts'e?仆（tʃɦ-ɹ）əi仆 这个菜
没~

喝头 xo?仆（tʃɦ-ɹ）əi┐ 箇那个酒
没~

看头 k'ɵ┐（tʃɦ-ɹ）əi仆 这段戏有
个~

干头 kan┐（tʃɦ-ɹ）əi仆

奔头 pən┐（tʃɦ-ɹ）əi仆

前加成分

飘轻飘轻 p'iɔu仆 tɕ'in仆 p'iɔu仆
tɕ'in仆

懒ᵇ轻懒ᵇ轻 lan┐ tɕ'in仆 lan┐
tɕ'in仆

死 sɹ┐ ~坏~坏、~咸~咸、~硬~
硬

崭 tsan┐ ~新~新的

生 sən┤ ~冷~冷的

焦 tɕiɔu┤ ~乌~乌的、~乌漆黑

乌 u┤ ~焦~焦的

漆 tɕ'ie?┐ ~黑~黑的

稀 ʃi┤ ~烂~烂的

怪 kuæ┐ ~好的、~可意

老 lɔu┐ ~张、~大~大的、~高~
高的、~长~长的、~深、~厚

数字

一号 ie?仆 hfiɔu┐（指日期，下
同）

二号 ᴇ┐ hfiɔu仆

三号 san仆 hfiɔu┐

四号 sɹ┐ hfiɔu┐

五号 vu仆 hfiɔu┐

六号 lo?仆 hfiɔu┐

七号 tɕ'ie?仆 hfiɔu┐

八号 pa?┐ hfiɔu┐

九号 tɕiəu仆 hfiɔu┐

十号 se?仆 hfiɔu┐

初一 ts'əi┤ ie?┐

初二 ts'əi┤ ᴇ┐

初三 ts'əi san
初四 ts'əi sʅ
初五 ts'əi vu
初六 ts'əi loʔ
初七 ts'əi tɕ'ieʔ
初八 ts'əi paʔ
初九 ts'əi tɕiəu
初十 ts'əi seʔ
老大 lou tɕ'ia
老二 lou ɛ
老三 lou san
老四 lou sʅ
老五 lou vu
老六 lou loʔ
老七 lou tɕ'ieʔ
老八 lou paʔ
老九 lou tɕiəu
老十 lou seʔ
老幺 lou iou
大哥 tɕ'ia kə
二哥 ɛ kə
一个 ieʔ kə
两个 lian kə
三个 san kə
四个 sʅ kə
五个 vu kə
六个 loʔ kə
七个 tɕ'ieʔ kə
八个 paʔ kə
九个 tɕiəu kə
十个 seʔ kə
第一 tɕʰiŋ ieʔ

第二 tɕʰiŋ ɛ
第三 tɕʰiŋ san
第四 tɕʰiŋ sʅ
第五 tɕʰiŋ vu
第六 tɕʰiŋ loʔ
第七 tɕʰiŋ tɕ'ieʔ
第八 tɕʰiŋ paʔ
第九 tɕʰiŋ tɕiəu
第十 tɕʰiŋ seʔ
第一个 tɕʰiŋ ieʔ kə
第二个 tɕʰiŋ ɛ kə
第三个 tɕʰiŋ san kə
第四个 tɕʰiŋ sʅ kə
第五个 tɕʰiŋ vu kə
第六个 tɕʰiŋ loʔ kə
第七个 tɕʰiŋ tɕ'ieʔ kə
第八个 tɕʰiŋ paʔ kə
第九个 tɕʰiŋ tɕiəu kə
第十个 tɕʰiŋ seʔ kə
一 ieʔ
二 ɛ
三 san
四 sʅ
五 vu
六 loʔ
七 tɕ'ieʔ
八 paʔ
九 tɕiəu
十 seʔ
十一 seʔ ieʔ
二十 ɛ seʔ
二十一 ɛ seʔ ieʔ

三十 san˧ seʔ˥

三十一 san˧ seʔ˧˦ ieʔ˥

四十 sɿ˥˩ seʔ˧˦

四十一 sɿ˥ seʔ˧˦ ieʔ˥

五十 vu˧˩ seʔ˥

五十一 vu˧˩ seʔ˧˦ ieʔ˥

六十 loʔ˧˦ seʔ˥

六十一 loʔ˧˦ seʔ˧˦ ieʔ˥

七十 tɕʰieʔ˧˦ seʔ˥

七十一 tɕʰieʔ˧˦ seʔ˧˦ ieʔ˥

八十 paʔ˧˦ seʔ˥

八十一 paʔ˧˦ seʔ˧˦ ieʔ˥

九十 tɕiəu˧˩ seʔ˥

九十一 tɕiəu˧˩ seʔ˧˦ ieʔ˥

一百 ieʔ˧˦ peʔ˥

百来个 peʔ˧˦ læ˧˩ kɵ˥

一百一 ieʔ˧˦ peʔ˧˦ ieʔ˥

一百一十个 ieʔ˧˦ peʔ˧˦ ieʔ˧˦ seʔ˧˦ kɵ˥

一百一十一 ieʔ˧˦ peʔ˧˦ ieʔ˧˦ seʔ˧˦ ieʔ˥

一百一十二 ieʔ˧˦ peʔ˧˦ ieʔ˧˦ seʔ˧˦ E˥

一百二（十） ieʔ˧˦ peʔ˧˦ E˥ (seʔ˧˦)

一百三（十） ieʔ˥ peʔ˥ san˧ (seʔ˥)

一百五 ieʔ˥ peʔ˧˦ vu˧

一百五十个 ieʔ˧˦ peʔ˧˦ vu˧˩ seʔ˧˦ kɵ˥

二百五 E˥ peʔ˧˦ vu˧

二百五十个 E˥ peʔ˧˦ vu˧˩ seʔ˧˦

kɵ˥

三百一 san˧ peʔ˧˦ ieʔ˥

三百三 san˧ peʔ˥ san˧

三百六 san˧ peʔ˧˦ loʔ˥

三百八 san˧ peʔ˧˦ paʔ˥

一千 ieʔ˥ tɕʰi˧

一千一 ieʔ˥ tɕʰi˧ ieʔ˥

一千一百个 ieʔ˧˦ tɕʰi˧ ieʔ˧˦ peʔ˧˦ kɵ˥

一千九 ieʔ˥ tɕʰi˧ tɕiəu˧

一千九百个 ieʔ˥ tɕʰi˧ tɕiəu˧˦ peʔ˧˦ kɵ˥

三千 san˧˩ tɕʰi˧˥

五千 vu˧ tɕʰi˧˥

八千 paʔ˥ tɕʰi˧

一万 ieʔ˧˦ pffian˥

一万二千 ieʔ˧˦ pffian˥ E˥ tɕʰi˧˦

一万两千 ieʔ˧˦ pffian˥ lian˧ tɕʰi˧˥

一万二 ieʔ˧˦ pffian˥ E˥

一万两千个 ieʔ˧˦ pffian˥ lian˧˦ tɕʰi˧ kɵ˥

三万五 san˧ pffian˧˦ vu˧

三万五千个 san˧ pffian˧˦ vu˧˩ tɕʰi˧ kɵ˥

零 lin˨

二斤 E˥ tɕin˧˦

两斤 lian˧ tɕin˧˥

二两 E˥ lian˧

二钱 E˥ tɕʰfi˨

两钱 lian˧ tɕʰfi˨

二分 E˥ fən˧˦

两分 lian fən

十多个 se? tɵ kɵ 比十个多

二厘 ɛ li

头十个 tʃfiəi se? kɵ 比十个少

两厘 lian li

十来个 se? læ kɵ

二丈 ɛ tsfian

一百多个 ie? pe? tɵ kɵ

两丈 lian tsfian

千把个 tɕ'i pa kɵ

二尺 ɛ ts'e?

百把个 pe? pa kɵ

两尺 lian ts'e?

百来个 pe? læ kɵ

二寸 ɛ ts'ən

半个 pɵ kɵ

两寸 lian ts'ən

一半 ie? pɵ

二里 ɛ li

两半 lian pɵ

两里 lian li

多半 tɵ pɵ

两担 lian tan

一大半 ie? tɕfia pɵ

二斗 ɛ təi

一个半 ie? kɵ pɵ

两斗 lian təi

…上下 tsfian hfia

二升 ɛ sən

…左右 tsɵ iəu

两升 lian sən

二合 ɛ ke?

两合 lian ke?

两项 lian ɕian

二亩 ɛ mə

两亩 lian mə

几个 tʃi kɵ

好多个 xɔu tɵ kɵ

好几个 xɔu tʃi kɵ

一些些 ie? ʃi ʃi 量小

多一些 tɵ ie? ʃi 量略大

多些 tɵ ʃi

好些 xɔu ʃi

大些 tɕfia ʃi

一点 ie? ti

一点点 ie? ti ti

大点 tɕfia ti

干支

甲 tɕia?

乙 ie?

丙 pin

丁 tin

戊 vu

己 tʃi

庚 kən

辛 ɕin

壬 tsfiən

癸 kuəi

子 tsɿ

丑 ts'əi

寅 in

卯 mɔu

辰 tsfiən

巳 ʐɿˈˈ

午 vuˈ

未 pfʰiəiˈ

申 sənˈ

酉 iəuˈ

戌 ɕieʔˈ

亥 ɦfiæˈ

第六章　安徽宣城（雁翅）方言语法例句

1. la˦˧ kɵ˥ a˨? ŋɵ˥ zɿ˥ lou˥ san˦˧.
   哪　个　啊？我　是　老　三。

2. lou˦˧ sɿ˥ tou˦˧ la˦˧ li˥ tʃʼi˥ ka˨˧? tʼa˦ tsʰæ˦˧ kɵn˦ ie˨˧
   老　四　到　哪里　去　咯？他　在　跟　一
   kɵ˥ pʼfʰoŋ˦˧ iɵu˦˧ kan˦˧ ua˥.
   个　朋　友　讲　话。

3. tʼa˦ a˦˧ məi˦˧ kan˦˧ liou˧?
   他　还　没　讲 了他还没有说完吗？

4. miɵu˧. tʃʰa˥ kʼæ˦˧ tsæ˥ iɵu˦˧ ie˨˧ tsʰou˥ tsʰou˥ tɕʰiɵu˦˧
   没有。大　概　再　有　一　造‗造一会儿　就
   iɔu˦˧ kan˦˧ liou˦˧ lə˥.
   要　讲　了　嘞。

5. tʼa˦ kan˧ ma˦˧ tsʰan˥ iɔu˥ tsɐi˧, tse˨˧ me˨˧ kɔu˦˧ te˨˧ tou˥
   他　讲　马　上　要　走，怎　么　搞　得　到
   tɕʰi˦˧ tsʰæ˥ a˦˧ tsʰæ˦˧ ka˦˧ li˧?
   现　在　还　在　家　里？

6. ni˦˧ tɔu˥ na˦˧ li˧ tʃʼi˥? ŋɵ˥ tou˦˧ kæ˦˧ nian˦˧ tʃʼi˥.
   你　到　哪里　去？我　到　街　娘‗城里　去。

7. tsʰæ˦˧ kɵ˦˧ li˧, pe˨˧ tsʰæ˦˧ ke˨˧ li˧.
   在　箇那里，不　在　□这里。

8. pe˨˧ zɿ˥ kuan˦˧ tsɿ˦˧ tsɵ˥, zɿ˥ iɔu˦˧ kian˦˧ tsɿ˦˧ tsɵ˥.
   不　是　箇样那样　子　做，是　要　这样　子　做。

9. tʼa˥ tɵ˦˧ ka˨˧, iɔŋ˥ pe˨˧ liou˦˧ kæ˥ ʃɿ˥ tɵ˦˧, tsɿ˦˧ iɔu˥
   太　多　咯，用　不　了　改‗这许多，只　要

keʔ˦˥ ti˧˥ tɕʰiəu˥ kəi˧˥ la˦.
　□这　点　就　够　啦。

10.　keʔ˦˥ kɵ˥ tʃʰia˧˥, kɵ˦ kɵ˥ çiɔu˥, keʔ˦˥ lian˧˥ kɵ˥ la˦
　　□这　个　大，　箇那　个　小，　□这　两　个　哪

kɵ˥ xɔu˧˥ ʃi˧˥?
个　好　些?

11.　keʔ˦˥ kɵ˥ pɿ˧˥ kɵ˦ kɵ˥ xɔu˧.
　　□这　个　比　箇那　个　好。

12.　keʔ˦˥ ʃi˧˥ pfʰian˧˥ tsɿ˧˥ miəu˥ kɵ˦ ʃi˧˥ pfʰian˧˥ tsɿ˧˥
　　□这　些　房　子　没有　箇那　些　房　子

xɔu˧.
好。

13.　keʔ˦˥ tʃʮ˥ ua˥ iɔŋ˥ ŋan˥ tsɿ˦˥ ua˥ tsəʔ˦˥ meʔ˦˥ kan˧?
　　□这　句　话　用　雁　翅　话　怎　么　讲?

14.　tʰa˦ kən˦˥ ni˥ tɵ˦ tʃʰia˥ ni˧˥ tʃi˥?
　　他　今　年　多　大　年　纪?

15.　tsʰa˦ peʔ˥ tɵ˦ iəu˥ san˦˥ seʔ˦˥ la˦ ʃʮəi˥.
　　差　不　多　有　三　十　拉　岁。

16.　keʔ˦˥ kɵ˥ toŋ˦˥ ʃi˦˥ iəu˥ tɵ˦ sɔu˥ tsɦɔŋ˥?
　　□这　个　东　西　有　多　少　重多重?

17.　iəu˧˥ vu˧˥ seʔ˥ tɕin˦ tsɦɔŋ˥.
　　有　五　十　斤　重。

18.　ni˧˥ keʔ˥ nən˧˥ la˦˥ teʔ˦˥ tɦɔŋ˥?
　　你　可　能　拿　得　动?

ni˧˥ keʔ˥ nən˧˥ la˧˥ teʔ˦˥ tʃʰi˥ læ˧˥?
你　可　能　拿　得　起　来?

19.　ŋɵ˥ la˧˥ teʔ˦˥ tɦɔŋ˥, tʰa˦ la˧˥ peʔ˦˥ tɦɔŋ˥.
　　我　拿　得　动，　他　拿　不　动。

ŋɵ˥ nən˧˥ la˧˥ tɦɔŋ˥, tʰa˦ la˧˥ peʔ˦˥ tɦɔŋ˥.
我　能　拿　动，　他　拿　不　动。

20.　tsən┤ pe↱┐ tɕ'in┤, ŋɵ╅┠ te↱┐ la╅┠ pe↱┠ tɦioŋ┐.
　　真　不　轻,　我　得　拿　不　动。

　　tsən┤ pe↱┐ tɕ'in┤, ŋɵ╅┠ te↱┐ la╅┠ pe↱┠ tʃ'i╅┠ læ╅┌.
　　真　不　轻,　我　得　拿　不　起　来。

21.　ni╅┌ kan╅┠ te↱┠ xən╅┌ xɔu┐, ni╅┌ a╅┠ uəi┐ kan┐ ti╅┠
　　你　讲　得　很　好,　你　还　会　讲　点

　　tsɦie↱┠ me↱┐?
　　什　么?

22.　ŋɵ┐ pe↱┠ uəi┐ kan╅┠ ua┐, ŋɵ┐ kan╅┠ t'a┤ pe↱┠ kɵ┐.
　　我　不　会　讲　话,　我　讲　他　不　过。

　　ŋɵ┐ pe↱┠ uəi┐ kan╅┠ ua┐, ŋɵ┐ kan╅┠ pe↱┠ t'a┤ kɵ┐.
　　我　不　会　讲　话,　我　讲　不　他　过。

　　ŋɵ┐ pe↱┠ uəi┐ kan╅┠ ua┐, ŋɵ┐ kan┐ pe↱┠ kɵ┐ t'a┤.
　　我　不　会　讲　话,　我　讲　不　过　他。

23.　kan╅┠ lə┠ ie↱┠ pi┐, iəu┐ (kan╅┠ lə┠) ie↱┠ pi┐.
　　讲　了　一　遍,　又　(讲　了)　一　遍。

24.　tɕ'in┐ ni╅┠ tsæ┐ kan╅┠ ie↱┠ pi┐!
　　请　你　再　讲　一　遍!

25.　pe↱┠ tsɔu╅┠ lə┌, k'uæ╅┠ tʃ'i┐!
　　不　早　了,　快　去!

26.　tɕɦi┐ tsɦæ╅┠ a╅┌ tsɔu┐, çie↱┐ ie↱┠ tsɦɔu┐ tsæ╅┠ tʃ'i┐.
　　现　在　还　早,　歇　一　造＝一会儿　再　去。

27.　ts'e↱┠ ka↱┐ pfɦan┐ tsæ╅┠ tʃ'i┐, xɔu╅┠ pe↱┠ xɔu┐?
　　吃　咯了　饭　再　去,　好　不　好?

28.　man╅┠ man┐ te↱┠ ts'e↱┐, pe↱┠ iɔu┐ tse↱┠ tɕie↱┐!
　　慢　慢　地　吃,　不　要　着　急!

29.　tsɦɵ┐ ka↱┠ ts'e↱┐ p┐ tsan┐ ka↱┐ ts'e↱┐ xɔu╅┠ ʃi┤┐.
　　坐　咯着　吃　比　站　咯着　吃　好　些。

30.　t'a┤ ts'e↱┠ ka↱┠ pfɦan┐ la┠, ni╅┌ ke↱┠ ts'e↱┠ pfɦan┐?
　　他　吃　咯了　饭　啦,　你　可　吃　饭?

他吃了饭了, 你吃了饭没有呢?

31.　tʰa˦ tʃʰiʔ˩ kθ˥ tsʰian˥ xæ˩, ŋθ˩ məi˦ tʃʰiʔ˩ kθ˦.
　　　他　去　过　上　海，我　没　去　过。

32.　pffiən˦ pffiən˥ keʔ˦ tθ˥ xua˦ ɕian˦ peʔ˩ ɕian˦?
　　　闻　闻　□这　朵　花　香　不　香?

33.　pa˦ ŋθ˥ ieʔ˩ pən˦ ʃ˥!
　　　把给　我　一　本　书!
　　　pa˦ ieʔ˩ pən˥ ʃ˦ pa˥ ŋθ˩!
　　　把　一　本　书　把给　我!
　　　pa˦ keʔ˦ pən˥ ʃ˦ pa˥ ŋθ˩!
　　　把　□这　本　书　把给　我!

34.　ŋθ˩ tsfieʔ˦ tsfiæ˥ miəu˩ ʃ˦!
　　　我　实　在　没有　书!

35.　ni˦ kɔu˥ sən˦ tʰa˦.
　　　你　告　声=告诉 他。

36.　xɔu˦ xɔu˥ teʔ˦ tsəi˩, pæ˥ pʰɔu˩!
　　　好　好　地　走，别　跑!

37.　tan˦ ɕin˦ tieʔ˩ (hfi-ø)a˦ tʃʰiʔ˦ pffia˦ təi˥ pffia˦ peʔ˦
　　　当　心　跌　下　去　爬　都　爬　不
　　　tsʰian˥ læ˦!
　　　上　来!

38.　i˦ sən˦ tɕiəu˥ ni˩ tθ˦ uæ˦ ieʔ˦ tsfiəu˥.
　　　医　生　叫　你　多　歪睡　一　造=一会儿。

39.　tsʰeʔ˩ i˦ xoʔ˩ tsfia˩ təi˦ peʔ˩ tsoŋ˦.
　　　吃　烟　喝　茶　都　不　中。

40.　i˦, tsfia˩, ŋθ˦ təi˦ peʔ˦ æ˥ xɔu˩.
　　　烟，茶，我　都　不　爱　好。

41.　peʔ˩ kuan˦ ni˩ tʃʰiʔ˩ peʔ˦ tʃʰiʔ˩, ŋθ˩ fan˦ tsən˩ iəu˦ tʃʰiʔ˩
　　　不　管　你　去　不　去，我　反　正　要　去
　　　teʔ˦.
　　　的。

42.　ŋθ˩ fəi˦ tʃʰiʔ˦ peʔ˩ kʰθ˩.
　　　我　非　去　不　可。

43. ni⌐ zʅ⌐ la⌐ ni⌐ læ⌐ teʔ⌐?
　　你　是　哪　年　来　的?

　　ni⌐ zʅ⌐ la⌐ ni⌐ æ⌐ tɔu⌐ keʔ⌐ li⌐?
　　你　是　哪　年　来　到　□这　里?

44. ŋɵ⌐ zʅ⌐ tɕɦi⌐ ni⌐ tɔu⌐ teʔ⌐ peʔ⌐ tɕin⌐.
　　我　是　前　年　到　的　北　京。

45. kən⌐ tsɔu⌐ kʼæ⌐ uəi⌐ la⌐ kɵ⌐ teʔ⌐ tʃʅ⌐ tɕɦieʔ⌐?
　　今　朝今天 开　会　哪　个　的　主　席?

　　kən⌐ tsɔu⌐ kʼæ⌐ uəi⌐ la⌐ kɵ⌐ zʅ⌐ tʃʅ⌐ tɕɦieʔ⌐?
　　今　朝今天 开　会　哪　个　是　主　席?

46. ni⌐ in⌐ kæ⌐ tɕʼin⌐ ŋɵ⌐ teʔ⌐ kʼeʔ⌐.
　　你　应　该　请　我　的　客。

47. pi⌐ tsəi⌐ pi⌐ kan⌐.
　　边　走　边　讲。

48. ɥoʔ⌐ tsəi⌐ ɥoʔ⌐ ɥéi⌐, ɥoʔ⌐ kan⌐ ɥoʔ⌐ tɵ⌐.
　　越　走　越　远,　越　讲　越　多。

49. pa⌐ kɵ⌐ kɵ⌐ toŋ⌐ ʃi⌐ la⌐ pa⌐ ŋɵ⌐.
　　把　箇那　个　东　西　拿　把给　我。

50. iəu⌐ ʃi⌐ tsʰan⌐ tsʅ⌐ pa⌐ tʼæ⌐ ian⌐ tɕiɔu⌐ nieʔ⌐
　　有　些　场　子地方 把　太　阳　叫　日
　　(tʃɦ-ɾ)əi⌐.
　　头。

51. n̩⌐ ɕin⌐ n̩⌐ tsaʔ⌐? ŋɵ⌐ ɕin⌐ uan⌐.
　　尔你 姓　□ □什么? 我　姓　王。

52. n̩⌐ ɕin⌐ uan⌐, ŋɵ⌐ ɕin⌐ uan⌐, ŋɵ⌐ ta⌐　lian⌐ kɵ⌐
　　尔你 姓　王,　我　姓　王,　我　□我们 两　个
　　təi⌐ ɕin⌐ uan⌐.
　　都　姓　王。

53. ni⌐ ɕi⌐ tʃʼi⌐, ŋɵ⌐ taʔ⌐ tən⌐ ieʔ⌐ tsʰɔu⌐　tsæ⌐ tʃʼi⌐.
　　你　先　去,　我　□我们 等　一　造="一会儿 再　去。

54. keʔ⌐ kɵ⌐ tsʼeʔ⌐ teʔ⌐, kɵ⌐ kɵ⌐ tsʼeʔ⌐ peʔ⌐ teʔ⌐.
　　□这　个　吃　得,　箇那　个　吃　不　得。

55.　 keʔ˧˦ zɿ˦ ɬ t'a˧ te˦ʔ ʃɥ˧, ko˧˩ ieʔ˧˦ pan˥ zɿ˦ ɬ t'a˧ ko˧˥ ko˧˥
　　　□这　是　他　的　书，箇那　一　　本　是　他　哥　　哥

　teʔ˥.
　的。

56.　k'o˧ ʃɥ˧ teʔ˧˦ k'o˧ ʃɥ˧, k'o˧˩ pɔu˥ teʔ˧˦ k'o˧˩ pɔu˥,
　　　看　书　的　看　书，看　报　的　看　报，

　çia˧˦ zɿ˦ teʔ˧˦ çia˧˦ zɿ˦.
　写　字　的　写　字。

57.　p'ən˧˦ çian˧˦ teʔ˧˦, keʔ˧˦ zɿ˦ teʔ˧˦?
　　　喷　香　的，　可　是　的是不是啊?

58.　sɿ˥ sɿ˧˦ k'o˥.
　　　试　试　看。

　sɿ˥ ieʔ˧˦ (hɦi-ø)ia˧˦ k'o˥.
　试　一　　下　　看。

　sɿ˥ ieʔ˧˦ (hɦi-ø)ia˧˦.
　试　一　　下。

　sɿ˥ ieʔ˧˦ sɿ˥.
　试　一　试。

　sɿ˥ sɿ˧˦.
　试　试。

59.　kən˧˦ tsɔu˧˦ xən˧˦ nieʔ˥.
　　　今　朝今天　很　　热。

　kən˧˦ tsɔu˧˦ nieʔ˥ teʔ˧˦ xən˥.
　　　今　朝今天　热　得　很。

　kən˧˦ tsɔu˧˦ fəi˧˦ tsfian˩ nieʔ˥.
　　　今　朝今天　非　常　热。

60.　ŋo˥ mæ˧˦ kaʔ˥ ieʔ˧˦ ko˥ o˥.
　　　我　买　略了　一　个　碗。

61.　t'a˧ tsɦæ˥ ŋan˥ tsɿ˧˦ koŋ˧ tsoʔ˥.
　　　他　在　雁　翅　工　作。

62.　t'a˧ tsən˥ ts'eʔ˧˦ pɦfian˧.
　　　他　正　吃　饭。

t'a˨ tsɦæ˥ ts'eʔ˦ pfɦian˥.
他　在　吃　饭。

63.　t'a˨ kən˦ tsou˦ tɕiɵ˨ kaʔ˥ ieʔ˥ sən˨ ɕin˦ i˦ (tsɦ-z)an˨.
　　他　今　朝今天穿　咯着　一　身　新　衣　裳。

64.　t'a˨ ka˨ mən˨ sɵ˦ kaʔ˥, tʃ'yan˦ tsʅ˥ ia˦ kuan˦ kaʔ˦,
　　他　家　门　锁　咯着，　窗　子　也　关　咯着，
ieʔ˦ kɵ˥ nin˨ tɵi˨ meʔ˦ teʔ˥.
　　一　个　人　都　没　得。
t'a˨ ka˨ mən˨ sɵ˦ kaʔ˦, tʃ'yan˦ tsʅ˥ ia˦ kuan˦ kaʔ˦,
　　他　家　门　锁　咯着，　窗　子　也　关　咯着，
meʔ˦ teʔ˥ ieʔ˦ kɵ˥ nin˨.
　　没　得　一　个　人。

65.　t'a˨ læ˦ kaʔ˥.
　　他　来　咯了。

66.　t'i˨ iɔu˥ loʔ˥ ȵ˥　la˥.
　　天　要　落下雨下雨　啦。

67.　ni˥ pa˦ mən˨ kuan˦ kaʔ˦.
　　你　把　门　关　咯上。

68.　ni˥ pa˦ tɕɦi˨ sɵi˨ xɔu˦ kaʔ˥, pæ˥ kɔu˥ t'eʔ˦ kaʔ˥.
　　你　把　钱　收　好　咯了，　别　搞　脱　咯了。
ni˥ pa˦ tɕɦi˨ koʔ˦ xɔu˦ kaʔ˥, pæ˥ kɔu˥ t'eʔ˦ kaʔ˥.
　　你　把　钱　搁　好　咯，　别　搞　脱　咯。

69.　keʔ˦ kɵ˥ ɵ˥ pa˦ t'a˨ ta˦ lə˨ kaʔ˥.
　　□这　个　碗　把被　他　打　了　咯了。

70.　ni˦ ieʔ˥ pa˥ tɕi˦ tsʅ˥ pa˥ ŋɵ˥.
　　你　一　把　剪　子　把　我你给我一把剪子。
ni˦ pa˥ ieʔ˥ pa˥ tɕi˦ tsʅ˥ pa˥ ŋɵ˥.
　　你　把　一　把　剪　子　把　我。
ieʔ˥ pa˥ tɕi˦ tsʅ˥ pa˥ ŋɵ˥.
　　一　把　剪　子　把　我。
pa˦ ieʔ˥ pa˥ tɕi˦ tsʅ˥ pa˥ ŋɵ˥.
　　把　一　把　剪　子　把　我。

niꜛ paꜛ ŋɵ꜔ ieʔꜙ pa꜔ tɕiꜛ ts꜔꜕.
你　把　我　一　把　剪　子。

71.　t'aꜙ pa꜕ ŋɵ꜔ ieʔꜙ kɵꜙ tɕʰiouꜛ ts꜔꜕.
　　　他　把　我　一　个　桃　子他给我一个桃子。

t'aꜙ ieʔꜙ kɵꜙ tɕʰiouꜛ ts꜔꜕ pa꜕ ŋɵ꜔.
他　一　个　桃　子　把　我。

t'aꜙ pa꜔ ieʔꜙ kɵꜙ tɕʰiouꜛ ts꜔꜕ pa꜕ ŋɵ꜔.
他　把　一　个　桃　子　把　我。

72.　keʔꜙ kɵꜙ sanꜛ ŋɵ꜔ pʰfiaꜛ teʔꜙ tsʰian꜕꜖ tʃ'iꜙ, t'aꜙ pʰfiaꜛ
　　　□这　个　山　我　爬　得　上　去，　他　爬
peʔꜙ tsʰian꜕꜖ tʃ'iꜙ.
不　上　去。

73.　niꜙ tsæꜙ t'iꜛ ieʔꜙ ɵ꜔.
　　　你　再　添　一　碗。
niꜙ tsæꜙ ts'eʔꜙ ieʔꜙ ɵ꜔.
你　再　吃　一　碗。

74.　ŋɵ꜔ məiꜛ t'inꜙ tɕinꜛ, niꜙ tsæꜙ kanꜙ ieʔꜙ piꜙ.
　　　我　没　听　清，　你　再　讲　一　遍。

75.　xoʔꜙ tsoʔꜙ t'aꜙ məiꜛ læꜛ, kanꜛ tsouꜙ t'aꜙ aꜛ məiꜛ
　　　喝⁼昨昨天　他　没　来，　今　朝今天他　还　没
læꜛ.
来。

76.　ŋɵꜙ ʐꜙ louꜙ s꜔ꜛ, t'aꜙ aꜛ ʐꜙ louꜙ s꜔ꜛ.
　　　我　是　老　师，　他　还　是　老　师。

77.　niꜙ keʔꜙ tʃ'iꜙ?
　　　你　可　去你去不去?
niꜙ tʃ'iꜙ peʔꜙ tʃ'iꜙ?
你　去　不　去?

78.　t'aꜙ tʃ'iꜙ məiꜛ tʃ'iꜙ?
　　　他　去　没　去?

79.　tʃʰiꜙ ɕioŋꜙ sanꜛ kɵꜙ t'aꜙ tsəiꜙ tʃʰiaꜙ.
　　　弟　兄　三　个　他　最　大。

tɕfi˥˩ ɕioŋ˦˨ san˦˨ kɵ˦˨ tʰa˦ tin˦˨ tɕfia˥˩.
弟　兄　三　个　他　顶　大。

80.　keʔ˦˨ θ˦˨ tsʰ˥˩ xan˦˨ xɘn˦˨ kaʔ˥˩.
　　□这　碗　菜　咸　很　略了。

keʔ˦˨ θ˦˨ tsʰæ˥˩ tʰæ˦˨ xan˦˨ kaʔ˥˩.
□这　碗　菜　太　咸　略了。

81.　san˦˨ θ˦˨ pffian˥˩ ŋɵ˥ tsʰeʔ˥˩ kuan˦˨ kaʔ˦˨ məi˦˨ tsʰeʔ˥˩ pɔu˥.
　　三　碗　饭　我　吃　光　略了　没　吃　饱。

ŋɵ˥ tsʰe˦˨ kaʔ˥˩ san˦˨ θ˦˨ pffian˥˩ məi˦˨ tsʰeʔ˥˩ pɔu˥.
我　吃　略了　三　碗　饭　没　吃　饱。

82.　ni˦ tsfiɵ˦˨ keʔ˦˨ li˦˨, tʰa˦ tsfiɵ˦˨ kɵ˦˨ li˦˨.
　　你　坐　□这　里，　他　坐　箇　那　里。

83.　tsfiɵ˥˩ kaʔ˥˩, peʔ˦˨ iɔu˦˨ tsan˥˩ tʃʰi˦˨ læ˦.
　　坐　略着，　不　要　站　起　来。

84.　tʰa˦ kʰɵ˥ tɕfi˦˨ ʐɿ˥ kʰɵ˥ kʰɵ˦˨ kʰɵ˥ kʰɵ˦˨ uæ˦˨ teʔ˦˨ kaʔ˦˨
　　他　看　电　视　看　看　看　看　歪　得　略
la˥.
啦睡着了。

tʰa˦ kʰɵ˥ tɕfi˦˨ ʐɿ˥ kʰɵ˥ kaʔ˦˨ kʰɵ˥ kaʔ˦˨ uæ˦˨ teʔ˦˨ kaʔ˦˨
他　看　电　视　看　略着　看　略着　歪　得　略
la˥.
啦。

85.　tʰi˦ nən˦˨ la˥.
　　天　冷　啦。

86.　ni˦ keʔ˦˨ tsʰeʔ˦˨ pffian˥?
　　你　可　吃　饭你吃了饭没有?

pffian˥ tsʰeʔ˦˨ kaʔ˥ miəu˦?
　饭　吃　略了　没有?

ni˦˨ pffian˥ tsʰeʔ˦˨ kaʔ˥ miəu˦?
你　饭　吃　略　没有?

ni˦˨ tsʰeʔ˦˨ kaʔ˦˨ pffian˥ miəu˦?
你　吃　略　饭　没有?

87. tʻa˧ tʃʻiɔu˧˦ teʔ˧˦ xən˧˦ kʻuæ˦.
　　他　跳跑　　得　　很　　快。

88. ŋɵ˦ ta˧˦ teʔ˧˦ kɵ˦ tʻa˧.
　　我　打　得　过　他。

　　ŋɵ˦ ta˧˦ teʔ˧˦ tʻa˧ kɵ˦.
　　我　打　得　他　过。

89. ŋɵ˦ ta˧˦ peʔ˧˦ kɵ˦ tʻa˧.
　　我　打　不　过　他。

　　ŋɵ˦ ta˧˦ peʔ˧˦ tʻa˧ kɵ˦.
　　我　打　不　他　过。

　　ŋɵ˦ ta˦ tʻa˧ peʔ˧˦ kɵ˦.
　　我　打　他　不　过。

90. ni˧˦ tʃʻi˥ xan˧˦ tʻa˧ ieʔ˥ sən˧.
　　你　去　喊　他　一　声。

　　ni˧˦ tʃʻi˥ xan˧˦ ieʔ˥ sən˧ tʻa˧.
　　你　去　喊　一　声　他。

91. keʔ˧˦ tsʰɵ˥ san˧ miɵu˦ kɵ˧˦ tsʰɵ˥ san˧ kɔu˧.
　　□这　座　山　没有　箇那　座　山　高。

92. pæ˥˦ tɕieʔ˥, ɕi˧ xo˥ ti˧˦ ʃui˥ tsæ˥ kan˦.
　　别　急，　先　喝　点　水　再　讲。

93. ni˦ keʔ˧˦ iɵu˥˦ tɕʰi˩?
　　你　可　有　钱 你有没有钱?

　　ni˦ iɵu˧˦ teʔ˥ tɕʰi˧˦ meʔ˧˦ teʔ˥ tɕʰi˩?
　　你　有　得　钱　没　得　钱?

　　ni˧˦ iɵu˥˦ tɕʰi˩ meʔ˥ tɕʰi˩?
　　你　有　钱　没　钱?

94. ni˧˦ keʔ˧˦ iɵu˥˦ tɕʰi˩ la˧? —— ŋɵ˧˦ iɔŋ˥ kaʔ˧˦
　　你　可　有　钱 啦 你还有钱吗? —— 我　用　咯得

　　tsʅ˧˦ tsʰən˥ kaʔ˧˦ ieʔ˧˦ kʻuæ˥ tɕʰi˩.
　　只　剩　咯了　一　块 钱 我花得只剩一块钱了。

　　ni˧˦ keʔ˧˦ iɵu˥˦ tɕʰi˩ la˧? —— tsʅ˥˦ iɵu˦ ieʔ˥ kʻuæ˥
　　你　可　有　钱 啦 你还有钱吗? —— 只　有　一　块

tɕifii˩.

　　钱。

95.　kua˥ tsʅ˦ kɵ˦ kaʔ˦, kʰu˥ tsʅ˦ miɵu˩ kɵ˦.

　　　裤　子　干　略了，　裤　子　没　有　干。

96.　tʰa˦ tsfiɵ˥ kaʔ˦ i˦ tsʅ˦ nian˩.

　　　他　坐　略在　椅　子　娘˭上。

97.　ni˦ zʅ˥ an˦ xuɵi˦ nin˩, ŋɵ˦ ia˦ zʅ˥ an˦ xuɵi˦ nin˩,

　　　你　是　安　徽　人，　我　也　是　安　徽　人，

　　　tʰa˦ peʔ˦ zʅ˥ an˦ xuɵi˦ nin˩.

　　　他　不　是　安　徽　人。

98.　ni˥ ʃʅ˦ peʔ˥ tsoŋ˦, sɵi˦ i˥ peʔ˥ tsoŋ˦, n̩˥ tseʔ˦ me˥

　　　念　书　不　中，　手　艺　不　中，　尔你　怎　么

　　　kɔu˥?

　　　搞?

　　　ni˥ ʃʅ˦ ni˥ peʔ˥ xɔu˥, sɵi˦ i˥ tsfiɵʔ˥ peʔ˥ uɵi˥, n̩˥

　　　念　书　念　不　好，　手　艺　学　不　会，　尔你

　　　tseʔ˦ me˥ kɔu˥?

　　　怎　么　搞?

99.　tsʰən˦ nian˦ tɵi˦ tsɔu˥ kɔu˦ kaʔ˥ tɵi˦ mɵi˦ tsɔu˦ tɔu˥

　　　村　娘˭上　都　找　交　略了　都　没　找　到

　　　tʰa˦.

　　　他找遍了整个村子都没找到他。

第七章　安徽宣城(雁翅)方言长篇语料

一　谜语

1. tsɦioŋ˩˥ ɕiɔu˧˥ ieʔ˥ kˀɵ˦ tsˀuɔ˦, tsan˧˥ tˀɦa˦ tɕɦian˥ kˀɵ˦ ʒʮ˥,

   从　　小　　一　　棵　　草，　长　　大　　像　　棵　　树，

   ʒʮ˥ nian˩˥ kˀæ˦ uan˩˥ xua˧˥, uan˩˥ xua˦ tɕieʔ˥ tɕˀin˩˥ kɵ˦,

   树　娘⸗上　开　　黄　　花，　黄　　花　　结　　青　　果，

   tɕˀin˩˥ kɵ˦ kˀæ˦ pffieʔ˥ xua˦.

   青　　果　　开　　白　　花。（谜底：棉花）

2. ɕioŋ˦ tˀɦi˦ tɕˀieʔ˥ paʔ˩˥ kɵ˦, uəi˦ kaʔ˥ ʒʮ˥ tsʮ˩˥ tˀɦəʔ˩˥

   兄　　弟　　七　　八　　个，　围　　咯　着　柱　　子　　团

   tˀɦɵ˦ tɕɵi˥, ie˥ˀ sən˦ iɔu˧˥ fən˦ ka˦˩, i˦ zan˦ la˦ teʔ˥

   团　　转，　一　　身　　要　　分　　家，　衣　　裳　　拉　　得

   sɔiˀ pˀɵ˦.

   碎　　破。（谜底：蒜头）

3. tsɦæ˦ ka˦ san˦ peʔ˥ tˀi˦, tʃˀʮɔˀ mɘm˦ ʮn˦ peʔˀ kuəi˦,

   在　　家　　三　　百　　天，　出　　门　　永　　不　　归，

   tˀeʔˀ (ɦi-ø)a˦ tˀɦa˥ ɦioŋ˩˥ pffiuɘ˦, tɕɵi˦ kaʔˀ sʮ˦ tʃˀfi˦

   脱　　下　　大　　红　　袍，　穿　　咯　上　　四　　季

   i˦.

   衣。（谜底：新生儿）

4. ʮəi˦ tsɦæ˥ tˀi˦ pi˦, tɕˀɦin˥ tsɦæ˦ ŋan˦ tɕˀfi˧˥, vu˧˥ tˀa˦

   远　　在　　天　　边，　近　　在　　眼　　前，　无　　它

təi˨ iɔu˥ sʅ˥, tɕi˥ t'a˦ ɕin˦ kə˥ læ˩.

　都　要　死，见　它　醒　过　来。（谜底：太阳）

5.　tsʰɔŋ˩ ɕiɔu˥ sən˦ læ˩ ie˩ tsan˦ koŋ˩, ʮ˥ ti˦ tɕiɔu˩ t'a˦
　从　　小　生　来　一　张　弓，　玉　帝　叫　它

　tsəi˥ ʃi˦ toŋ˩, tsan˦ tou˥ se˥ vu˥ tsəi˥ p'iəu˥ lian˩, ɛ˥
　走　　西　东，　长　到　十　五　最　漂　亮，　二

　se˩ loʔ˩ tɕie˥ tɕiəu˦ soŋ˥ tsoŋ˩.
　十　六　七　就　送　终。（谜底：月亮）

6.　k'ɵ˥ tʃ'i˦ læ˩ iɔu˥ pe˥ kɔu˦, ɕian˦ ɕian˦ k'ɵ˥ iəu˥
　看　起　来　又　不　高，　想　想　看　又

　peʔ˩ tʃ'iaˀ, uəi˥ tsʰieʔ˩ meˀ ieˀ kan˦ uoʔ˥ tʃʮan˦ peʔ˩
　不　大，　为　什　么　一　间　屋　装　不

　hfia˥.
　下。（谜底：灯）

7.　toŋ˦ t'i˦ li˥ toŋ˦ sən˦, hfia˥ t'i˦ li˥ hfia˥ sən˦, iəu˥
　冬　天　里　冬　生，　夏　天　里　夏　生，　有

　kən˦ vu˦ nieʔ˥, kən˦ ɕian˥ tsʰan˥ sən˦.
　根　无　叶，　根　向　上　生。（谜底：冰凌）

8.　ʮəi˦ k'ɵ˥ tɕhian˥ lɵ˦ tsʰæ˩, tɕʰin˥ k'ɵ˥ san˦ nian˦ læ˩,
　远　看　像　芦　柴，　近　看　山　娘＂上　来

　t'oʔ˥ t'oʔ˥ məi˦ xɔu˦ tsʰoŋ˥, tʃʰʮoʔ˥ mən˥ lian˦ nin˦
　托　托　没　好　重，　出　门　两　人

　tʃʰæ˩.
　抬。（谜底：算命瞎子用的竹竿）

9.　sən˦ tsʰæ˥ ian˦ ka˦ tsʰən˦, ka˥ tou˥ tʃʮoʔ˥ ka˦ tʰoŋ˥,
　生　在　羊　家　村，　嫁　到　竹　家　洞，

　uæ˥ tsʰæ˥ tʰoŋ˦ tʃʰʮan˦ nəi˥, tsʰieʔ˥ pan˦ tʃ'i˦ xoʔ˥
　歪睡　在　铜　床　内，　石　板　去　喝

　ʃʮəi˥.
　水。（谜底：毛笔）

10.　ieˀ k'ɵ˦ mɔu˦ tʃʮoʔ˥ seˀ ɛ˦ tɕieʔ˥, tsʰian˦ mi˥ tɕi˥
　一　棵　毛　竹　十　二　节，　上　面　记

ka?˥˨ ni˦˨ ɻɣo?˦˨ tsɦie?˥˨, çin˦˨ tsoŋ˦ çian˩ ie?˥˨ çian˩, lian˦˨
咯　着　年　月　日，　心　中　想　一　想，　两

tɦiɐi˦˨ pin˦ toŋˉ tsoŋ˦˨ kan˦˨ kuən˦˨ nie?˥˨.
头　冰　冻　中　间　滚　热。

（谜底：日历旧时日历是用竹子做的）

11. tsɦie?˥˨ (tʂ̩-ɾ)əi˦˨ nian˦˨ hɦia˥ tsŋ˥˨, ʃɣəi˦˨ mi˩ nian˦˨
　　石　　头　　娘ˉ上　下　籽，　水　面　娘ˉ上

k'æ˦˨ xua˦˨, pu˥ ti˦˨ li˦˨ kuəi˦ tsoŋ˩, t'ie?˦˨ tçɦian˩ ti˦ li˦˨
开　花，　布　店　里　归　总，　铁　匠　店　里

fən˦˨ ka˦˨.
分　家。（谜底：磨豆腐）

12. ie?˥˨ təi˥ k'oŋ˦˨ tçia˥˨ man˦˨ tsɦan˥ fəi˦, fəi˦ læ˦˨ fəi˦
　　一　对　孔　雀　望　上　飞，　飞　来　飞

tç'i˥ pa˩ ka˦ kuəi˦, ie?˥ ni˦˨ læ˦˨ ie?˥˨ tsŋ˥˨, ie?˥˨ kø˦˨
去　把　家　归，　一　年　来　一　次，　一　个

ɻɣo?˦˨ læ˦˨ san˦˨ ɣəi˩.
月　来　三　回。（谜底："八"字）

13. tç'i˦ zŋ˥˨ tsɦæ˥ tsfian˥ mi˦˨, pa?˦˨ zŋ˥˨ lian˦˨ pø˥ pi˦, xɔ˩
　　千　字　在　上　面，　八　字　两　半　边，　好

ie?˦˨ kø˥ uan˦˨ xua˦ m̩˩, tsan˥ tsɦæ˦˨ kuəi˦˨ mi˩ tçɦi˦˨.
一　个　黄　花　女，　站　在　鬼　面　前。

（谜底："魏"字）

14. ie?˦˨ me?˥ tsɦæ˥ t'i˦˨ pi˦, ka˦ iəu˥ san˦˨ k'əi˩ pe?˥ tçɦi˩,
　　一　木　在　天　边，　家　有　三　口　不　全，

tʂɦɣo?˥˨ iɔɯ˥ ts'æ˦˨ tɔɯ˦ ts'ŋ˦˨ zŋ˥˨, kø˦˨ tɦəi˥ pe?˥ iɔɯ˥
若　要　猜　到　此　字，　过　渡　不　要

tçɦiə˦˨ tçɦi˩.
船　钱。（谜底："桥"字）

15. tçiəu˩˨ θ˦ ie?˥˨ k'æ˥ tsŋ˩ tçi˦, tç'ie?˥˨ θ˦˨ pffian˥ ie?˥˨
　　九　碗　一　筷　子　搛，　七　碗　饭　一

θ˦ t'i˦.
碗　添。（谜底：韭菜；七筒子一种小碗儿（参看第五章分类词汇））

二　谚语

16.　toŋ˧ kan˥ nie?˦ (tʃɦ-ɾ)əi˥ ʃi˧ kan˥ ʮ˥.
　　东　虹　日　头　西　虹　雨。

17.　ʃʮan˧ pi˥ ʃʮəi˥, tʻi˧ pi˥ kuəi˥.
　　霜　变　水，天　变　鬼。（预示着要下雨了）

18.　çiɔu˥ loŋ˦ uan˥ man˧ nian˥, tʃɦia˥ kʻou˥ ie?˥ tsʻan˥；
　　小　龙　王　望　娘，大　哭　一　场；
　　kuan˧ ʮn˦ tsʻfian˥ mə˦ tou˦, iɔu˧ ku˧ tsa˥.
　　关　云　长　磨　刀，腰＂姑＂炸。
　　（预示着要下大雨了）

19.　tçʻin˦ min˥ iɔu˥ min˦ pe?˥ te?˦ min˥, kuo?˥ ʮ˥ iɔu˥
　　清　明　要　明　不　得　明，谷　雨　要
　　lin˥ pe?˥ te?˦ lin˥.
　　淋　不　得　淋。

20.　hɦia˥ tsʅ˦ hɦia˥, pe?˦ çiei˦ tʃɦou˥ iɔu˥ çiei˦ pfɦia˥.
　　夏　至　夏，不　秀　稻　要　秀　稗。
　　（到了夏至，稻子不抽穗稗子抽穗）

21.　tʃɦou˥ tie?˥ ie?˦ pə˥, me?˥ tie?˥ ie?˥ kʻə˥.
　　稻　跌　一　半，麦　跌　一　看。
　　（稻子倒伏了能收一半，麦子倒伏了就连种子也收不着，只能干看着）

22.　soŋ˥ hɦia˥ soŋ˥ tou˥ toŋ˧ nə˥, se?˦ ni˥ tsʻfian˦ tsæ˥
　　送　夏　送　到　东　南，十　年　存　债
　　ie?˥ nie?˦ uan˥；soŋ˦ hɦia˥ soŋ˥ tou˥ çi˧ pe?˥, li˦ m̩˥
　　一　日　还；送　夏　送　到　西　北，鲤　鱼
　　fəi˧ tsʻfian˥ uo?˥.
　　飞　上　屋。（刮西北风要丰收，刮东南风要遭水灾）

23.　tsɔu˥ ʮn˥ man˥ toŋ˧, pe?˦ te?˥ tɔu˥ tsoŋ˥.
　　早　云　望　东，不　得　到　中。
　　（早上东边有云，不到中午就会下雨）

24. nieʔ˥ loʔ˥ u˦ ȵn˩ tʃʰæ˥ , iɤu˥ ȵ˦ pɤ˦ ia˩ læ˩ ; nieʔ˥
    日   落 乌 云 抬,   有 雨 半 夜 来; 日
    loʔ˥ u˦ ȵn˩ tsɤ˦ , lan˥ ni˩ sæ˥ tsfiɤn˥ tɕiɤ˦ .
    落 乌 云 钻, 烂 泥 晒 成   砖。

25. tʃʰȵn˦ vu˩ ie˥ tʃ˥ tsɔu˦ tɕʰiȵ˥ , tɕʰie˥ vu˩ lian˦ fɤn˦ toŋ˦
    春   雾 一 朝   晴,   秋   雾 凉   风 冬
    vu˥ ɕieʔ˥ .
    雾 雪。

26. tɕʰiɤu˦ tɕfii˩ san˦ tsʰan˦ ȵ˥ , pʰi˩ tʃʰi˦ tʃʰȵoʔ˥ uan˥ tɕin˦ .
    秋   前   三   场 雨, 遍 地   出   黄   金。

27. ian˥ xua˦ pffiɤŋ˥ pffiɤŋ˥ , lɤu˦ sɤu˥ toŋ˦ toŋ˦ .
    杨 · 花 蓬   蓬, 老 少 动   动。
    (杨树开花的时候要干活了)

28. hfia˥ li˦ tsæ˦ ian˦ ka˦ pa˥ ka˥ , ɕiɔu˦ mɤ˥ tsæ˦ ian˦
    夏 里 栽 秧 家 把 家, 小   满 栽 秧
    pʰu˥ tʰi˦ hfia˦
    普 天 下。

29. tʃfiɤu˥ ȵn˦ san˦ kɔu˥ m˥ vu˥ kʰan˦ , mi˦ tɕʰieʔ˥
    稻   耘 三   交遍 米 无 糠, 棉 茸整理
    tɕʰieʔ˥ kɔu˥ pffieʔ˥ s˥ ʃȵan˦ .
    七   交遍 白 似   霜。

30. tʃfiɤu˥ ta˥ pɔu˥ , ʃȵei˥ ʒȵ˦ iɔu˥ .
    稻 打 苞, 水 齐   腰。

31. kuoʔ˥ ȵ˥ tɕfii˩ , xɔu˦ tsoŋ˦ mi˩ .
    谷 雨 前, 好 种 棉。

32. li˥ ʒȵ˦ kʰæ˥ xua˦ ni˦ peʔ˥ tsɤ˥ , niɔu˦ tsȵ˥ kʰæ˥
    楝 树 开 花 你 不 做, 绕 子芦苇 开
    xua˦ pa˦ tɕiaʔ˥ tɤ˥ .
    花 把 脚 踩。(楝树开花可以不劳作,芦苇开花再不劳
    作就急死人了)

33. tʃʰȵn˦ toŋ˦ fɤn˦ , ȵ˥ ka˦ koŋ˦ .
    春   东 风, 雨 家 公。

34. ɥ˩˦ to˨˥˥ məi˩˦ tɕʰiəi˧˨˥, lan˥˥ tʰeʔ˧˦ li˩˦ tʰiəi˧˨˥.
雨　沃　梅　头，　烂　脱　犁　头。

35. tʰæ˥ ian˨˦ lan˩˦ tsoŋ˧ tɕʰii˥˥, san˧˦ tʰi˧ peʔ˧˦ tɕi˥˥ mi˥.
太　阳　拦　中　现，　三　天　不　见　面。
（中午只要出太阳，三天都会是雨天）

36. ɥoʔ˧˦ lian˥˥ tsan˧˦ mɔɯ˨˦, tʰæ˥ ian˩˦ tsɦɵ˩˦ lɔu˥.
月　亮　长　毛，　太　阳　坐　牢。

37. pfɦɔʔ˧˦ li˩˦ ie˥˥ tʰi˧ ieʔ˧˦ kɵ˧ pfɦɔu˥˥, tsɦɵ˥˥ tsʰæ˧˦ ka˩˦
伏　里　一　天　一　个　暴，　坐　在　家
li˩˦ səi˧ tɕɦɔu˥˥.
里　收　稻。

38. nin˨ pʰa˥˥ lɔu˩˦ læ˩˦ tsɦoŋ˨˦, tɕɦɔu˥˥˩ pʰa˥˥ ia˥˥ toŋ˧˦ fən˧˦.
人　怕　老　来　穷，　稻　怕　夜　东　风。

39. tɕʰin˧ min˨ tɕɦɵ˧˦ çieʔ˥˥, kuo˥˥ ɥ˥ tɕɦɵ˥˥ ʃuan˧˦.
清　明　断　雪，　谷　雨　断　霜。

40. tsʰeʔ˥˥ kaʔ˧˦ ɦfia˧˦ tsɿ˧˦ mi˥, ieʔ˥˥ tʰi˧ tɵ˧˦ ieʔ˥˥ çi˥˥. tsʰeʔ˥˥
吃　咯了　夏　至　面，　一　天　短　一　线。　吃
kaʔ˧˦ toŋ˧ tsɿ˧˦ mi˥, ieʔ˥˥ tʰi˧ tsɦan˧˦ ieʔ˥˥ çi˥˥.
咯了　冬　至　面，　一　天　长　一　线。

41. ɥ˩˦ çieʔ˥˥ ni˩˦ ni˥˥ iəu˥, peʔ˧˦ tsʰæ˥˥ san˧˦ tɕiəu˥ tsʰæ˥˥
雨　雪　年　年　有，　不　在　三　九　在
sɿ˥˥˩ tɕiəu˥.
四　九。

42. tsɦoŋ˩˦ ian˧˨˥ peʔ˧˦ loʔ˥˥ man˥˥ seʔ˥ san˧, seʔ˥ san˧ peʔ˧˦
重　阳　不　落　望　十　三，　十　三　不
loʔ˥˥ tɔu˥˥ uəi˥˥ tsʰan˧˦.
落　到　会　场。　（农历九月初九不下雨，等九月十三下。九
月十三不下，等到九月十八下。当地九月十八是"会"的时间）

43. tɕʰieʔ˧˦ tɕiəu˧˦ loʔ˧˦ seʔ˥ san˧, tɕɦin˧˦ ləi˥˥ pa˧ i˧˦ tan˧˦.
七　九　六　十　三，　行　路　扒　衣　单。
（数九后第七九，天已暖和，走在路上得脱衣服）

44.　iəu˧ sai˦ vu˧ sai˦ tsfæ˥ ʮ˦ ʃʮəi˧, sai˦ tɵ˦ sai˦
　　有　　收　　无　　收　　在　　于　　水，收　　多　　收

　　sou˧ tsfæ˥ ʮ˦ pffiəi˩.
　　少　　在　　于　　肥。

45.　sou˧ pa˦ tʃiəi˦ nian˧ tʃʮoʔ˥ uan˦ tɕin˦.
　　扫　　把　　头　　娘˭上　　出　　黄　　金。(积肥重要)

46.　tʃiæ˧ tʃiəi˦ san˦ tsˈeʔ˧ iəu˦ tsfiən˦ lin˩, tʮ˦ tʃiəi˦ san˦
　　抬　　头　　三　　尺　　有　　神　　灵，低　　头　　三

　　tsˈeʔ˧ iəu˦ kuəi˦ uən˩.
　　尺　　有　　鬼　　魂。

47.　tɵ˦ vu˧ peʔ˦ tæ˦ ŋæ˥, sʮ˦ kaʔ˥ iəu˧ pi˦ kuæ˥.
　　端　　午　　不　　带　　艾，死　　咯了　　要　　变　　怪。

48.　tsəi˦ kˈuæ˥ san˦ fən˦ tʮ˧, tɕiaʔ˦ kˈuæ˥ tˈaʔ˥ saʔ˦ tʃi˧.
　　嘴　　快　　三　　分　　低，脚　　快　　踏　　杀　　鸡。

49.　tɕfin˩ tæ˥ ʮ˦ san˧, pou˦ tæ˥ kɵ˦ lian˩.
　　晴　　带　　雨　　伞，饱　　带　　干　　粮。

50.　san˦ tɕiəu˧ tˈi˦ li˧ xoʔ˥ lian˦ ʃʮəi˧, ti˦ tieʔ˥ tsfæ˥
　　三　　九　　天　　里　　喝　　凉　　水，点　　滴　　在

　　çin˦.
　　心。

51.　nɵ˦ teʔ˥ peʔ˥ iəu˦ m̩˦ teʔ˥ ieʔ˥ tsan˦ tsʮ˧, m̩˦ teʔ˥
　　男　　的　　不　　要　　女　　的　　一　　张　　纸，女　　的

　　peʔ˦ iəu˧ nɵ˦ teʔ˥ tsʮ˧ iəu˦ sʮ˧.
　　不　　要　　男　　的　　只　　有　　死。

52.　m̩˦ ɛ˧ ian˧ peʔ˥ teʔ˥ nian˩, xuəi˦ təi˦ taʔ˥ peʔ˥ teʔ˦
　　女　　儿　　养　　不　　得　　娘，灰　　堆　　搭　　不　　得

　　tɕfian˩.
　　墙。

53.　m̩˦ ɛ˧ peʔ˥ sən˦ iəu˦ teʔ˦ kɵ˥, sən˦ kaʔ˦ zʮ˧ kɵ˥
　　女　　儿　　不　　生　　有　　得　　过，生　　咯了　　是　　个

　　pffiəi˧ tɕfi˦ xɵ˥.
　　赔　　钱　　货。

54. mɵ˦ pffin˦ tsʅ˦ tsʻəi˥ peʔ˦ xuan˥, pɵ˦ pffin˦ tsʅ˦ tsʻəi˥ lie˥ peʔ˦ xuan˥,
    满　瓶　子　醋　不　晃，　半　瓶　子　醋
    xuan˥ tan˦.
    晃　当。

55. kan˦ tsəi˦ te˦ʔ lan˦ tsoŋ˦ mei˦ xɔu˦ ia˥.
    讲　嘴　的　郎　中　没　好　药。

56. kuan˥ tsʅ˦ peʔ˦ çiɔu˥, kuan˥ tʃi˦ tsfian˦ tsɔu˥.
    惯　子　不　孝，　惯　鸡　上　灶。

57. tsan˦ tsʅ˦ peʔ˦ nian˦ tfian˦ tçfii˦ tʃʅ˥.
    长　子　不　让　堂　前　地。（当地分家习俗）

58. nian˩ lɔu˦ tsʅ˥ ʃi˦ xɵ˦ lɔu˦ xan˥ ɛ˦.
    娘　老　子　喜　欢　老　□　儿最小的孩子。

59. tiɵu˦ tʻaʔ˦ tʻɔu˦ pffian˥ kuɵn˥, man˥ saʔ˦ xan˦ kæ˦ zʅ˩.
    丢　脱　讨　饭　棍　忘　煞　喊　街　时。

60. çin˥ nin˩ peʔ˥ tsəi˥, çin˦ kuəi˦ tsfieʔ˦ tsʻəi˦.
    信　人　不　走，　信　鬼　直　抽。

61. ŋəi˦ tʃʻi˦ sɔu˦ çian˦, peʔ˥ ʅ˩ tçfin˥ tʃʻi˦ tçieʔ˦ teʔ˥.
    远　去　烧　香，　不　如　近　去　积　德。

62. tʃi˦ pa˦ ŋɵŋ˦ peʔ˦ kɵ˥ tfia˦ tʻəi˦.
    鸡　巴　硬　不　过　大　腿。

63. ta˦ pan˥ teʔ˦ xɔu˦ nia˦ nin˦ tʻiɔu˥, sən˦ læ˦ teʔ˦
    打　扮　得　好　惹　人　跳，　生　来　得
    xɔu˦ nia˦ nin˦ çiɔu˥.
    好　惹　人　笑。

64. nɵ˩ tsɵ˥ m̥˦ koŋ˦, tsʻeʔ˦ pʻʅ˥ ɵ˦ fən˦.
    男　做　女　工，　吃　屁　窝　风。

65. tʃʻi˦ sʅ˦ kaʔ˦ peʔ˥ ta˦ kɵ˦ sʅ˦.
    气　死　咯　了　不　打　官　司。

66. tsʅ˦ kʻɵ˦ tɔu˦ ian˦ tçi˦ tin˦ ka˦, peʔ˦ kʻɵ˦ tçi˦ in˦
    只　看　到　阳　间　顶　枷，　不　看　见　阴
    tçi˦ səi˦ tsfiəi˥.
    间　受　罪。

67. iɔu˩ ɕian˦ nin˦ peʔ˦ tsʅ˩, ʒʯ˥ fəi˦ tʃi˦ moˉ uəi˩.
　　要　想　人　不　知，　除　非　己　莫　为。

68. tsɦioŋ˥ peʔ˦ kʼɔu˩ tɕʼin˦, nən˦ peʔ˦ kʼɔu˩ tən˦.
　　穷　不　靠　亲，　冷　不　靠　灯。

69. pfɦian˩ iəu˩ san˦ tsʼan˦ peʔ˦ ŋoˉ, iˉ iəu˩ san˩ tɕɦiˉ
　　饭　有　三　餐　不　饿，　衣　有　三　件

　　peʔ˦ pʼɵˉ.
　　不　破。

70. iəu˦ xoˉ peʔ˦ səi˩ tsɦioŋ˥, vu˦ xoˉ tɕieʔ˩ sʅ˥ nin˥.
　　有　货　不　受　穷，　无　货　急　死　人。

71. ɕian˥ tʃi˦ fu˦ ɦfɦ sɔu˩, tsʅ˦ ɕiɔˉ vu˦ ɕin˥ kʼɵ˦.
　　贤　妻　夫　祸　少，　子　孝　父　心　宽。

72. nən˦ peʔ˦ koˉ ʃi˦ peʔ˩ foŋ˦, tɕʼin˦ peʔ˦ koˉ ia˦ lɔu˩
　　冷　不　过　西　北　风，　亲　不　过　野　老

　　koŋ˦.
　　公。

73. tsʼən˩ peʔ˩ tʃɦæ˥ tʃɦəi˩ kʼɵˉ peʔ˦ tsɦɦəi˩.
　　秤　不　抬　头　客　不　受。

74. ieʔ˦ zʅ˩ vu˦ lian˦ naʔ˩.
　　一　字　无　两　捺。

75. tsɦɦæ˦ sʅ˩ peʔ˦ ɕiɔ˩, sʅ˦ ɦfɦ tʃɦ ɦʯoʔ˩ mɔu˦ tɕiɔu˩.
　　在　世　不　孝，　死　后　学　猫　叫。

76. kuoʔ˩ ku˦ kuoʔ˩ ku˦, kuan˩ toŋ˦ xɔu˦ koˉ, tʼi˦ tʼi˦
　　谷〓咕　谷〓咕布谷鸟，　广　东　好　过，　天　天

　　sɔu˦ koˉ.
　　烧　锅吃饭。

77. sən˦ iˉ peʔ˦ tsoˉ tsɦən˦ iˉ tsɦæ˦.
　　生　意　不　做　仁　义　在。

78. tsoˉ sən˦ iˉ tsən˦ tʃɦəi˩ nian˦ ɕieʔ˦ tʼieʔ˩.
　　做　生　意　针　头　娘〓上　削　铁。（小本薄利）

79. tsʼeʔ˩ xoʔ˩ peʔ˦ tʃi˥ tɕiɔu˦, mæ˦ mæ˩ nən˦ fən˦ ɦfɦ.
　　吃　喝　不　计　较，　买　卖　论　分　毫。

80.　xɵ˥ pfɦən˧ san˦˥ ka˦˥ peʔ˥ tsʻeʔ˥ kʻuəi˦.
　　货　问　三　家　不　吃　亏。

81.　kʻuəi˦ ni˧ peʔ˥ mæ˥, kʻuəi˦ ŋɵ˥ peʔ˥ mæ˩.
　　亏　你　不　买，　亏　我　不　卖。

82.　ta˥ læ˩ ma˥˩ læ˩, kʻiɛu˦ pən˥ peʔ˥ læ˩.
　　打　来　骂　来，　亏　本　不　来。

83.　ieʔ˥ kɵ˥ vɿ˩ i˩ san˦˥ kɵ˥˩ ŋæ˩.
　　一　个　便　宜　三　个　爱。

84.　hɦiɵ˩ tsɦoŋ˩ tçiaʔ˥ (hɦi-ø)a˩ tʃʻi˩, pfɦin˥ tsɦoŋ˦˥ kʻəi˦˥
　　寒　从　脚　下　　起，病　从　口

　　tsoŋ˦ ʮoʔ˥.
　　中　入。

85.　pfɦan˥˦ hɦiəi˦˥ ieʔ˥ tʃæ˥ i˦, sæ˥ kɵ˦˥ uo˥ tsɦɛn˦˥ çi˦.
　　饭　后　一　袋　烟，赛　过　活　神　仙。

86.　tsʻeʔ˥ peʔ˥ tsɦoŋ˩, tçʻiɵ˦ peʔ˥ tsɦoŋ˩, sɵ˥ tʃʻi˦ peʔ˥ tɔu˥
　　吃　不　穷，　穿　不　穷，　算　计　不　到

　　ieʔ˥ sɿ˥ tsɦoŋ˩.
　　一　世　穷。

87.　kən˦ nin˩ tsɦʮoʔ˥ tsoŋ˥˦ tʃɦi˩, peʔ˥ hɦiɵ˦˥ nin˦˥ ka˦˥ sæ˥˦
　　跟　人　学　种　田，不　和　人　家　赛

　　kɵ˥˦ ni˩.
　　过　年。

88.　tan˦ mi˥ liəu˦˥ ieʔ˥ çi˥, nieʔ˥ hɦiəu˥ xou˦˥ tçi˦˥ mi˩.
　　当　面　留　一　线，日　后　好　见　面。

89.　peʔ˥ i˥ tsɿ˦ tsɦæ˩ peʔ˥ iɔu˥, peʔ˥ li˥ tsɿ˥ zɿ˩ peʔ˥ tsɵ˩.
　　不　义　之　财　不　要，不　利　之　事　不　做。

90.　xan˥ nin˩ peʔ˥ tsɦieʔ˥ pən˥, tsɦəi˥˦ tsəi˩ ta˦˥ kɵ˥ kuən˥.
　　喊　人　不　蚀　本，　随　嘴　打　个　滚。

91.　çian˥ tsʻou˥ məi˥ xou˥˦ i˩, çian˥ ta˥ məi˥ xou˥˦ tsɦʮəi˩.
　　相　吵　没　好　言，相　打　没　好　拳。

92.　kɵ˦ tʃɦəi˩ pfɦan˥ xou˦˥ tsʻeʔ˥, kɵ˦ tʃɦəi˩ ua˥ peʔ˥ nən˦˥
　　锅　头　饭　好　吃，过　头　话　不　能

kan˦.
讲。

93. san˦˩ tsɔu˥ tʅ˦˩ ie˧ʔ koŋ˦.
　　三　早　抵　一　工。

94. tˈi˦ tsoʔ˥ iəu˦˥ ʮ˥, nin˦˩ tsoʔ˥ iəu˦˩ hfie˥.
　　天　作　有　雨，　人　作　有　祸。

95. tsfiæ˥ ka˦˩ peʔ˦˩ taʔ˥ nin˩, tʃʮoʔ˥ mən˩ miəu˦ nin˦˩ taʔ˥.
　　在　家　不　答　人，　出　门　没　人　答。

96. kən˦ xou˦˩ pffie˥ tʃʮoʔ˥ xou˦˩ pffie˥, miəu˩ xou˦˩ pffie˥
　　跟　好　伴　学　好　伴，　没　好　伴

tæ˥ uæ˦˩ pffie˦˩.
带　坏　伴。

97. nin˦˩ pˈa˥ san˦˩ çin˦˩, ʒʮ˥ pˈa˦˥ tçifii˥ kən˦˩.
　　人　怕　伤　心，　树　怕　现　根。

98. tou˦ ta˦˩ tʃfiəi˦˥ vu˦ lian˦˩ mi˥ kuan˦˩.
　　刀　打　豆　腐　两　面　光。

99. tʃfie˦˥ kˈəi˦ tsaʔ˥ teʔ˦˩ ʒʮ˥, nin˦˥ kˈəi˦ tsaʔ˦˩ peʔ˦˩ ʒʮ˥.
　　坛　口　扎　得　住，　人　口　扎　不　住。

100. çin˦˩ lou˦˩ tʃfia˥, tçifiəu˥ lou˦˩ E˥, pu˦˩ pu˦˥ li˦˩ li˦˥
　　　新　老　大，　旧　老　二，　补　补　连　连

pa˥ lɔu˥ san˦˩.
把给　老　三。

101. pffian˥ xɔu˦˩ tsˈeʔ˥, tʃʮoʔ˥ pˈu˦˥ nin˩, ian˦˥ ian˦˩ sən˦
　　　饭　好　吃，　粥　泡˵烫 人，　样　样　生

uoʔ˥ təi˦ ləi˥ nin˩.
活　都　累　人。

102. ieʔ˦˩ kə˥ nin˦˩ ta˦˥ ʃʮei˥ peʔ˥ uən˥, ieʔ˥ kˈə˦ ʒʮ˥ taʔ˥
　　　一　个　人　打　水　不　稳，　一　棵　树　搭

tçifiəu˩ nan˦˥ tçfiin˩.
桥　难　行。

103. ieʔ˥ nin˩ peʔ˦˩ xoʔ˥ tçiəu˥, E˥ nin˦˩ peʔ˥ təi˦ tçifii˩.
　　　一　人　不　喝　酒，　二　人　不　赌　钱。

104.　ieʔ˧ ka˦ peʔ˧ tsˠ˦ ieʔ˧ ka˦.
　　　一　家　不　知　一　家。（家家有本难念的经）

105.　ɕiɵu˥ ka˦ xɵ˧ tsɵ˨ seʔ˧ʮ ʃʮɛi˨ pi˦ p'ʮu˨ li˥ˠ t'i˦ʜ；paʔ˧
　　　小　家　伙　做　十　岁　鞭　炮　连　天；八
　　　seʔ˧ʜ ʃʮɛi˨ lʮu˨ t'ɛi˧ʮ nɵn˦ʜ pieʔ˧ tɕ'in˦ˠ xuɛi˦ʜ.
　　　十　岁　老　头　冷　壁　清　灰。

106.　nieʔ˧ loʔ˧ʜ ɕi˦ˠ san˦ˠ tsɦiɵŋ˨ tɕi˦ʜ mi˥，ʃʮɛi˥ liɵu˨ toŋ˦ʜ
　　　日　落　西　山　重　见　面，水　流　东
　　　xæ˥ peʔ˧ uɵi˥ t'ɦɛi˨.
　　　海　不　回　头。（挽联）

107.　nin˦ˠ tʃ'æ˨ nin˨ kɵu˦，ʃʮɛi˥ʜ tʃ'æ˨ tɕɦiɵ˦ˠ kɵu˦ˠ.
　　　人　抬　人　高，　水　抬　船　高。

108.　nin˦ˠ ɕin˦ʜ nan˦ʜ mɵ˦ʜ，tʃi˦ˠ tʃ'ʮn˦ˠ nan˦ʜ poʔ˧.
　　　人　心　难　摸，鸡　肫　难　剥。

109.　nin˦ˠ tɕɦin˨ t'ɦa˨ sˠ˦ʜ tsæ˨，t'ɦɛi˦ˠ tin˥ kɵ˦ ɛ˦ˠ mæ˦.
　　　人　情　大　似　债，头　顶　锅　儿　卖。

110.　ieʔ˧ʜ tʃ'ʮ˨ ua˨ kan˦ʜ teʔ˧ nin˦ʜ ɕiɵu˥，ieʔ˧ʜ tʃ'ʮ˨ ua˨
　　　一　句　话　讲　得　人　笑，一　句　话
　　　kan˦ʜ teʔ˧ nin˦ʜ t'iɵu˨.
　　　讲　得　人　跳。

111.　ieʔ˧ʜ kɵ˨ sˠ˦ʜ vu˨ ieʔ˧ʜ pa˦ʜ ts'eʔ˧.
　　　一　个　师　父　一　把　尺。

112.　ieʔ˧ nian˦ʜ sɵn˦ tɕiɵu˦ˠ tsˠ˨，tɕiɵu˦ˠ tsˠ˨ peʔ˧ʜ tɕɦian˨
　　　一　娘　生　九　子，九　子　不　像
　　　nian˦ʜ.
　　　娘。

113.　ku˥ peʔ˧ k'ɵu˦ peʔ˧ ɕian˨，ua˨ˠ peʔ˧ kan˥ peʔ˧ min˨.
　　　鼓　不　敲　不　响，话　不　讲　不　明。

114.　ʐʮ˦ˠ t'ɦa˨ fɵn˦ˠ ŋa˦ˠ，ɛ˦ t'ɦa˨ fɵn˦ˠ ka˦ˠ.
　　　树　大　分　桠，儿　大　分　家。

115.　tsɵu˦ˠ laŋ˨ pɵu˦ˠ koŋ˦ˠ，tsoŋ˦ˠ laŋ˨ tɕɦian˨ kuan˦ˠ
　　　早　浪˭上　包　公，　中　浪˭上　像　关

koŋ˧˩, man˧˩ tɕʰiəi˧˩/man˧˩ lan˥ tʃi˧˩ koŋ˧˩.

　公，　晚　头　/　晚　浪＝上　鸡　公。（早上黑着脸像
包公，中午喝酒脸红像关公，晚上吃请像鸡公。形容某些官员的
作风）

三　歇后语

116.　tsaʔ˥ pa˧ ŋan˧ man˧˩ tʰæ˥ ian˧˩ ——ieʔ˥ səi˧˩ tsa˧˩ tʰi˧˩.
　　　眨　巴　眼　望　太　阳　——　一　手　遮　天。

117.　ni˧˩ ma˧ kʰæ˧ pʰʅʔ˥ ŋan˧ ——lian˧˩ pe˥ kɵ˧˩ tɕʰin˧.
　　　泥　巴　揩　屁　眼　——　两　不　干　净。

118.　lɵ˧˩ tsʰiæ˩ kʰæ˧ pʰʅʔ˥ ŋan˧ ——lian˧˩ pi˧ xuən˧.
　　　芦　柴　揩　屁　眼　——　两　边　混。
（骂人没立场）

119.　kɵ˧ tsʰæ˩ li˧˩ sən˧˩ tʃʰʮʔ˥ səi˧˩ læ˩ ——sʅ˧˩ iɔu˧˩
　　　棺　材　里　伸　出　手　来　——　死　要
tɕʰi˩.
钱。

120.　　ma˧˩ pu˧˩ tʃʰæ˥ tʃʮan˧˩ tsən˧˩ ——kɵ˥ kɵ˧˩ ɕian˧˩
　　　　麻　布　袋　装　针　——　个　个　想
tʃʰʮʔ˥ tʃʰiəi˩.
　出　头。

121.　xɵ˧ sɔu˧˩ u˧˩ kuəi˧˩ ——tʰiəi˧˩ li˧˩ tʰoŋ˥.
　　　火　烧　乌　龟　——　肚　里　痛。

122.　lou˧˩ tʃʰʮ˧˩ tsʅ˥ tsɵ˧ niɵu˧˩ koʔ˥ tɕi˧ ——tɕʰin˥ tʰiəi˧˩
　　　老　鼠　子　钻　牛　角　尖　——　尽　头
ia˧˩ mən˩.
　衙　门。（走到尽头如同进了衙门，进出都难）

123.　tʰan˧˩ tsʅ˧ kʰɵ˧˩ ʃi˥ ——tsan˧˩ peʔ˥ tsʰian˩.
　　　瘫　子　看　戏　——　站　不　长。

124.　loŋ˩˦ tsʅ˥˧ teʔ˩˦ ɛ˩˦ tɔu˥˧ —— pʼəi˧ pʼəi˧ ɕian˥˧.
　　　聋　子　的　耳　刀耳朵 —— 配　配　相装个样子。

125.　lian˥˧˩˦ kə˥ ŋa˩˦ pa˧ tsʅ˥˧ uæ˩˦ ie˩˦ tʃɦiəi˩˦ ——məi˩˦ ua˩˦
　　　两　个　哑　巴　子　歪　一　头　—— 没　话
　　　kan˩˦.
　　　讲。

126.　tɕian˧ lɔu˩˦ tʃɦəi˩˦ tsʅ˥˧ pʼəi˧ tɕian˧ næ˩˦ næ˩˦˩ ——tɕian˧
　　　江　老　头　子　配　江　奶　奶　—— 刚
　　　xɔu˩˦ tɕian˧˩˦.
　　　好　刚。

127.　tɕʼɵ˧ tin˩˦ ɦfiæ˩ toʔ˧ kuæ˩˦ kuan˥ ——tsəi˥ pa˩˦ uan˩˦.
　　　穿　钉　鞋　笃=拄 拐　棍　—— 最　把　稳。

128.　mɔu˩˦ sʅ˩˦ kan˩˦ li˩ teʔ˩˦ tsɦieʔ˩˦(tʃɦi-ɻ)ie˩˦ —— iəu˩˦
　　　茅　司　缸　里　的　石　头　—— 又
　　　tsəi˥ iəu˩˦ ŋən˥.
　　　臭　又　硬。

129.　i˩ poʔ˩˦ tʃɦəi˩˦ li˩˦ tʃʼʮoʔ˥ tʃʼi˩ ——xaʔ˥ kan˩˦.
　　　盐　钵　头　里　出　蛆　—— 瞎　讲。

130.　tsɔu˩˦ tsʅ˥˧ tʼeʔ˩˦ tɔu˩˦ iəu˩˦ tʃɦiə˩˦ li˩˦ —— iəu˩˦ tɕi˧ iəu˩˦
　　　枣　子　脱　到　油　坛　里　—— 又　尖　又
　　　uaʔ˩˦.
　　　滑。

131.　lian˥˧˩˦ kə˥ tsən˧ tɕɕɦian˥ ta˩˦ ka˥ ——tsən˧ kan˥.
　　　两　个　针　匠　打　架　——真(针)干。

132.　paʔ˩˦ seʔ˩˦ ʃʮəi˥ lɔu˩˦ næ˩˦ næ˩˦˩ tʃʃɦʮoʔ˥ tʃʼʮəi˧ ku˩˦
　　　八　十　岁　老　奶　奶　学　吹　鼓
　　　səi˥ —— tʼæ˩˦ uan˩˦.
　　　手　—— 太　晚。

133.　tɕiəu˩˦ ɦfiua˩˦ san˧ vu˩˦ saʔ˥ tʃ˥ ——tsɔu˥ ʮəi˥ peʔ˩˦ tsɔu˩˦
　　　九　华　山　菩　萨　—— 照　远　不　照
　　　tɕɦin˥.
　　　近。

134.　tsˑfiən˥˩ uan˥˩ miɔu˥ li˥˩ ʃɥɔʔ˥ tʃia˥ ʃɥ˥˩ ——kan˥ teʔ˥˩
　　　城　　隍　　庙　　里　　说　　大　　书　——讲　　的

kan˥,　tʰin˧ teʔ˥ tʰin˧.
讲，　　听　的　听。

四　歌谣

135. 接亲歌

A：　mən˥˩ ɕian˥ kʰæ˧ mən˥˩!
　　　门　　相　　开　　门!

B：　hfie˥˩ nin˩ tɔu˥ tsˑʅ˥?
　　　何　　人　　到　　此?

A：　tsan˧˩ ɕi˧˩ tɔu˥ tsˑʅ˥!
　　　张　　仙　　到　　此!

B：　hfie˥˩ nin˩ sθ˥ tsˑæ˧˩?
　　　何　　人　　所　　差?

A：　ʮ˥ ti˥ sθ˥ tsˑæ˧˩.
　　　玉　帝　所　　差。

B：　tsˑæ˧ ni˥˩ tsθ˥˩ tsfieʔ˥˩ meʔ˥?
　　　差　　你　　做　　什　　么?

A：　tsˑæ˧ ŋθ˥˩ soŋ˥˩ tsʅ˥ læ˥˩.
　　　差　　我　　送　　子　　来。

B：　xɔu˥ nθ˩ soŋ˥ tʃi˥˩ kθ˥?
　　　好　　男　　送　　几　　个?

A：　xɔu˥ nθ˩ soŋ˥ vu˥˩ kθ˥.
　　　好　　男　　送　　五　　个。

B：　xɔu˥ ᵐy˥ soŋ˥ tʃi˥˩ kθ˥?
　　　好　　女　　送　　几　　个?

A：　xɔu˥ ᵐy˥ soŋ˥ ieʔ˥˩ ʃɥan˧.
　　　好　　女　　送　　一　　双。

tɕɦiʅ vuᴴ ko꜒ hɦiəi꜒ ieʔ꜒ ʃʯan꜓,

  前　五　个　后　一　双，

tɕieʔꜟ ts꜒꜓ tɕɦoᴴ ŋəiʅ soŋꜛꜝ ɕinᴴ lan꜔.

  七　子　团　圆　送　新　郎。

tɦia꜒ ɕianꜛꜝ koŋ꜓ ie꜒ p'inᴴ tan꜓ tsɦou꜔,

  大　相　公　一　品　当　朝，

E꜒ ɕianꜛꜝ koŋ꜓ E꜒ ŋəiʅ tɕɦieʔꜟ tɦŋ꜒꜓,

  二　相　公　二　元　及　第，

san꜓ ɕianꜛꜝ koŋ꜓ tɦouꜛꜝ ŋəiʅ san꜓ tɕieʔꜟ ni꜒,

  三　相　公　桃　园　三　结　义，

sʅ꜒ ɕianꜛꜝ koŋ꜓ pfɦənꜛꜝ vu꜒ ʃʯan꜓ tɕɦiʅ,

  四　相　公　文　武　双　全，

vuᴴ ɕianꜛꜝ koŋ꜓ tsəi꜒ ma꜒ tsɦian꜓ꜝ tsɦən꜒.

  五　相　公　走　马　上　阵。

tɦiaꜛꜝ m̩꜒ꜝ E꜒ꜝ uan꜓ ti꜒ nian꜒ꜝ nianꜛꜝ,

  大　女　儿　皇　帝　娘　娘，

E꜒ m̩꜒ꜝ E꜒ꜝ ieʔ꜒ p'in꜒ fuᴴ ninʅ.

  二　女　儿　一　品　夫　人。

136. 十二月花名

tsən꜓ ŋoʔ꜒ məiᴴ xuaᴴꜝ,

  正　月　梅　花，

E꜒ꜝ ŋoʔ꜒ tɕɦin꜒ xuaᴴꜝ,

  二　月　杏　花，

san꜒ꜝ ŋoʔ꜒ tɦouᴴ xua꜒ꜝ,

  三　月　桃　花，

sʅ꜒ꜝ ŋoʔ꜒ tɕɦianꜛꜝ məiʅ,

  四　月　蔷　薇，

vuᴴꜝ ŋoʔ꜒ tsʅꜛꜝ tsʅ꜒,

  五　月　栀　子，

loʔ꜒ꜝ ŋoʔ꜒ hɦɵᴴꜝ xuaᴴꜝ,

  六　月　荷　花，

tɕʰieʔ˦˨ ɳoʔ˥ lin˦˨ xua˧˥,

　七　　月　　菱　　花，

paʔ˦˨ ɳoʔ˥ kuəi˧ xua˦˨,

　八　　月　　桂　　花，

tɕiəu˦˨ ɳoʔ˥ tʃɦɳoʔ˦˨ xua˧˥,

　九　　月　　菊　　花，

seʔ˦˨ ɳoʔ˥ vu˦˨ ioŋ˧˥,

　十　　月　　芙　　蓉，

seʔ˦˨ ieʔ˦˨ ɳoʔ˥ laʔ˥ məi˨˩,

　十　　一　　月　　腊　　梅，

seʔ˦˨ ɛ˦˨ ɳoʔ˥ ɕieʔ˥ xua˦.

　十　　二　　月　　雪　　花。

137. 划拳令

ieʔ˥ ti˦˨ tsɿ˧˥ kɔu˦˨ sən˦˨,

　一　　点　　子　　高　　升，

ɛ˥ ka˦˨ iəu˦˥ ʃi˥ ʃi˥,

　二　　家　　有　　喜，

san˦˨ ɕin˦˨ kɔu˦ tsɔu˥,

　三　　星　　高　　照，

sɿ˥˧ ʃi˦˨ faʔ˥ tsfɦæ˨˩,

　四　　喜　　发　　财，

vu˥˧ tsɿ˥ tən˦˨ kʰɵ˦˨,

　五　　子　　登　　科，

loʔ˥ loʔ˦˨ tʃɦa˦˨ pfɦin˥,

　六　　六　　大　　顺，

tɕʰieʔ˥ tsɿ˥ tʃɦɵ˦˨ ɳəi˨˩,

　七　　子　　团　　圆，

paʔ˦˨ foʔ˥ tɕʰin˦˨ tsfɦəi˥,

　八　　福　　庆　　寿，

tɕiəu˥˧ lɔu˥ tsfɦian˦˨ tsfɦəi˥,

　九　　老　　长　　寿，

seʔ˥ seʔ˥ tɕɦi˩˦ tɕɦi˩,

十　十　全　全，

pɔu˥ tʃɦiɥəi˩ ie˥ təi˥.

宝　拳　一　对。

五　故事

138. 雁翅地名的由来

tʃi˦ pe˥ ni˩˦ tɕɦi˩, nin˦ mən˩ iɔu˥ tsfæ˥ uəi˩ kən˥

几　百　年　前，人　们　要　在　圩　埂

nian˩ ɕiəu˦ təi˦ mən˩. təi˦ mən˩ tsfian˥ lian˦ teʔ˥ zʅ˦

娘上 修 斗 门水闸。斗 门 上 梁 的 时

hɦiɦ˩ iɔu˥ ie˥ kə˥ nin˥ tin˥, tɕɦiəu˦ tɕɦian˥ tɕɦin˦ sʅ˦

候 要 一 个 人 顶， 就 像 秦 始

uan˥ ɕiəu˦ tsfian˦ tsfian˥ ie˥ ian˥, iɔu˥ sʅ˥ nin˦ kaʔ˥. keʔ˥

皇 修 长 城 一 样， 要 死 人 咯的。□这

kə˥ zʅ˦ hɦiɦ˩ iəu˦ tse˥ tʃɦia˥ ŋan˥ fəi˦ kə˥ læ˦ kaʔ˥，

个 时 候 有 只 大 雁 飞 过 来 咯，

sʅ˦ teʔ˥ kaʔ˦ la˦. tsʅ˥ pan˥ t'eʔ˥ teʔ˥ kaʔ˥. keʔ˥ kə˥ ŋan˥

死 得 咯 啦。翅 膀 脱 得 咯。□这 个 雁

tɕɦiəu˦ t'ʅ˥ nin˦ kaʔ˥, nin˥ tɕɦiəu˦ peʔ˥ iɔŋ˥ sʅ˦ kaʔ˥. na˥

就 替 人 咯， 人 就 不 用 死 咯。那

i˦ hɦiɦ˩, keʔ˥ kə˥ təi˦ mən˩ tɕɦiəu˦ tɕiɔu˥ "ŋan˥ tsʅ˥

以 后，□这 个 斗 门 就 叫 "雁 翅

təi˦ mən˩". pffiin˥ kaʔ˥ ŋan˥ tsʅ˥ təi˦ mən˩ teʔ˥ keʔ˥

斗 门"。 顺 咯着 雁 翅 斗 门 的 □这

tʃɦiɔu˩ kæ˦ tɕɦiəu˦ tɕiɔu˥ ŋan˥ tsʅ˥ kæ˦.

条 街 就 叫 雁 翅 街。

139. 春节耍龙灯的传说

tɕʰiɵɿ˥˧ ʃʮoʔ˧ tsʰæ˥ tʰiæ˧ tsʰuei˥ ni˥ tʰiæˀ, ʮʔ˥ uan˧

传　说　　在　唐　朝　年　代，　玉　皇

tʰia˥ ti˥ iɵu˥ pa˥ ieʔ˥ tʰiɵuʃ˧ uæi˥ kən˥ pʻɵ˥ tʻeʔ˧, pa˥

大　帝　要　把　一　条　圩　埂　破　脱，　把

tʃʮan˧ ka˥ ŋan˧ kuan˧, pa˧ uæ˥ çiŋ˧ nin˥ ŋan˧ sɿ˥.

庄　稼　淹　光，　把　坏　心　人　淹　死。

tɕʰiɵu˥ pʻæ˥ kaʔ˥ ieʔ˥ tʰiɵuʃ˥ loŋ˥ hfia˥ pʰfian˧, ioŋ˥ mɵi˧

就　派　咯了　一　条　龙　下　凡，　用　尾

pʻɵu˥ pa˥ uæi˥ kən˥ kou˧ pʻɵ˥, fan˧ ʃʮei˥ ŋan˧ moʔ˧. keʔ˥

巴　把　圩　埂　绞　破，　放　水　淹　没。□这

tʰiɵu˥ loŋ˥ pa˥ tʰæi˥ ka˥ tsʰæ˧ uæi˥ kən˥ nian˥, kʻɵ˥ kaʔ˥

条　龙　把　头　架　在　圩　埂　娘″上，看　咯着

tɕin˧ uan˥ seʔ˥ teʔ˥ tʰæi˥ kuoʔ˥, kʻɵ˥ kaʔ˥ tsoŋ˥ tʰæi nin˥,

金　黄　色　的　稻　谷，　看　咯着　种　田　人，

liɵu˧ (hfi-Ø)a˥ kaʔ˥ ŋan˧ li˥, hfia˥ peʔ˥ teʔ˥ sɵi˥. tʻa˥ ŋɵ˥

流　下　咯了　眼　泪，　下　不　得　手。他　硬

ʐɿ˥ təŋ˥ loŋ˥ min˥ pa˥ tʰæi˥ kuoʔ˥ sɵi˧ teʔ˥ kaʔ˥ lɵ˥,

是　等　农　民　把　稻　谷　收　得　咯　嘞，

sæ˥ kɵ˧ kaʔ˥, ian˥ kɵ˧ tɕʰin˧ kaʔ˥, ʮ˥ tʰou˥ san˧ tʃʮ˥

晒　干　咯，　扬　干　净　咯，　运　到　山　区

kaʔ˥, tsʰæ˥ pa˥ uæi˥ kən˥ kou˧ pʻɵ˥. kʻɵ˥ ʐɿ˥ tʻa˥ pʻfian˥

咯，　才　把　圩　埂　绞　破。　可　是　他　犯

kaʔ˧ tʻi˥ tʰiɵu˥, ʐɿ˥ sɿ˥ tsʰɵi˥. mɵi˧ teʔ˥ pʻfian˥ faʔ˥, tsɿ˥

咯　天　条，　是　死　罪。　没　得　办　法，　只

xou˥ tʻoʔ˥ moŋ˥ pa˧ tʰian˥ uan˥ li˥ sɿ˥ min˥. li˥ sɿ˥ min˥

好　托　梦　把给　唐　皇　李　世　民。李　世　民

pʻfian˥ tʻa˧："ŋɵ˥ tsən˥ meʔ˥ tɕiɵu˥ ni˥?" lou˥ loŋ˥ pi˥ kʻuoʔ˥

问　他：“我　怎　么　救　你？”　老　龙　边　哭

pi˥ kan˥："saʔ˥ ŋɵ˥ teʔ˥ peʔ˥ ʐɿ˥ pʻfian˧ nin˥, ʐɿ˥ ni˥ teʔ˥

边　讲：“杀　我　的　不　是　旁　人，　是　你　的

ʈʂʰa˥˩ tsʰiən˩ uəi˩ tsən˦˧. ni˩ tsʐ˩˧ iɔu˩ tʰa˧ tsʰæ˥ vu˦˧ ɣo˧˩
大　臣　魏　征。　你　只　要　他　在　五　月

tsʰiɛ˥ vu˩ tsoŋ˧ pfɦan˥ zʐ˦˧ hfɦəi˩ peʔ˥ tʃʰɣoʔ˥ læ˦ tɕɦiəu˩
初　五　中　饭　时　候　不　出　来　就

tsoŋ˦. kɤ˥ kaʔ˦˧ vu˦˧ zʐ˧˩, ŋɤ˧ tɕɦiəu˩ nən˦ mi˦ teʔ˥ ieʔ˥
中。　过　咯　午　时，　我　就　能　免　得　一

sʐ˩˧." li˦˧ sʐ˩ min˩ taʔ˥ in˦ kaʔ˥. tɔu˩ kaʔ˥ vu˦ ɣoʔ˧ tsʰɛ˦˧
死。"　李　世　民　答　应　咯。　到　咯　五　月　初

vu˩, tʰa˧ tɕʰin˩ uəi˩ tsən˦˧ læ˦ pfɦəi˩ tʰa˧ hfɦa˧i˩. vu˦ zʐ˩˧
五，　他　请　魏　征　来　陪　他　下　棋。　午　时

teʔ˥ zʐ˦˧ tɕi˩˥. uəi˩ tsən˦ æ˦ teʔ˥ kaʔ˥, æ˦ teʔ˥ mɤ˩ sən˦˧
的　时　间，　魏　征　歪睡　得　咯，　歪睡　得　满　身

zʐ˦˧ hfɦɤ˥. li˦˧ sʐ˩ min˩ kʰɤ˥ tʰa˧ tʃʰɣoʔ˥ hfɦɤ˩. tɕɦiəu˩ ioŋ˩
是　汗。　李　世　民　看　他　出　汗，　就　用

ɣ˩˧ ɕi˩ pa˩ tʰa˦ ɕi˩˧ kaʔ˥ san˦ hfɦa˩. uəi˩ tsən˦ "a˦ ia˦" ieʔ˥
御　扇　把　他　扇　咯　三　下。　魏　征　"啊　呀"　一

sən˦, kɔu˩ sən˦ li˦˧ sʐ˩ min˩: "ŋɤ˩ tsən˩ tʃʰɣəi˦ saʔ˥ ieʔ˥
声，　告　声告诉　李　世　民："我　正　追　杀　一

ʈʂʰiəu˩ lɔu˩ loŋ˩, tɕɦiəu˩ zʐ˦˧ tsan˩ tʰa˦ peʔ˥ tɔu˩. ɕin˩ kʰuəi˦
条　老　龙，　就　是　斩　他　不　到。　幸　亏

pfɦan˦ ʃɣəi˩ pa˩ ŋɤ˩ ka˦˧ liɔu˩ ieʔ˥ pa˦ lieʔ˥, pa˩ ɣ˩ ɕi˩
万　岁　把　我　加　了　一　把　力，　把　御　扇

ɕi˩ ŋɤ˩, ŋɤ˩ tsʰæ˦ pa˦ lɔu˩ loŋ˩ tsan˩ tsʰɦ˩ kaʔ˥ tɕʰieʔ˥
扇　我，　我　才　把　老　龙　斩　成　咯　七

tɕieʔ˥˦." lɔu˩ peʔ˥ ɕin˩ uəi˩ tʃi˩ nian˦ lɔu˩ loŋ˩, sɔu˦
节。"　老　百　姓　为　纪　念　老　龙，　烧

ɕian˦˧ kʰuəi˦˧ pæ˩. tɕɦiəu˩ tsʰæ˦˧ tʃʰʉn˦ tɕieʔ˥ uan˩ loŋ˩ tən˦
香　跪　拜。　就　在　春　节　玩　龙　灯

tʃi˩ ni˩ tʰa˦.
纪　念　他。

140. 狗为什么吃屎

tsʰɛ˥ xən˩˧ ku˥ te˩ ʐ̩˩˧ hɕiəi˥, tɕʰi˩˧ li˩ sən˩˧ tsan˥
在　　很　　古　　的　　时　　候，　田　　里　　生　　长

kaʔ˩ tɕʰiou˥ kuoʔ˩, tsʐ̩˩ lieʔ˥ tsʰoŋ˩˧ tsʰian˥ mi˩ tɕie˥ tou˩
咯着　稻　　谷，　子　　粒　　从　　上　　面　　接　　到

hɕiə˥ mi˩, loŋ˩˧ nin˩ keʔ˩ tʰiou˥ teʔ˩ ʐ̩˩˧ hɕiəi˥ peʔ˩ tʰin˩
下　　面，　农　　民　　割　　稻　　的　　时　　候　　不　　停

teʔ˩ ma˩. ʐ̩˩˧ tɕi˩ ma˥ tsʰian˩˧ kaʔ˩, ʮ˥ ti˩ ɕiou˩ teʔ˩
地　　骂。　时　　间　　骂　　长　　咯，　玉　　帝　　晓　　得

kaʔ˩, tɕʰiəiou˥ pa˩ tʰiou˥ tsoŋ˥ tɕʰi˩ vu˥ səi˩ uəi˩ kaʔ˩,
咯，　就　　把　　稻　　种　　全　　部　　收　　回　　咯，

ieʔ˩ lieʔ˥ peʔ˩ faʔ˩. tsʐ̩˩ hɕiəi˥ san˥ ni˩, nin˩ kan˥ ieʔ˩
一　　粒　　不　　发。　此　　后　　三　　年，　人　　间　　一

lieʔ˩ lian˩ tsʰie˥ təi˩ məi˩ teʔ˩. tsʐ̩˥ xou˥ sou˩ ɕian˩
粒　　粮　　食　　都　　没　　得。　只　　好　　烧　　香

tɕʰiəiou˩ lou˩ tʰi˩ ʮi˩ tsə˥ tsə˩ xou˩ ʐ̩˩. kan˥ tsʰɛ˥ peʔ˩ faʔ˩
求　　老　　天　　爷　　做　　做　　好　　事。　讲　　再　　不　　发

lian˩, lou˥ peʔ˩ ɕin˥ ʮi˩ ŋə˥ sʐ̩˥ kaʔ˩. keʔ˩ kə˥ ʐ̩˩
粮，　老　　百　　姓　　要　　饿　　死　　咯。　□这　个　　时

hɕiəi˥, kəi˩ tsʐ̩˥ tsan˥ tʃʰuoʔ˥ læ˩ kan˥: "ŋə˥ tsʰian˥ tʰi˩ tʃʰi˥
候，　狗　　子　　站　　出　　来　　讲："我　　上　　天　　去

tsou˥ ʮ˥ uan˩ tɕʰia˩ ti˩, tɕʰiəiʔ˩ tʰa˩ tɕiəu˥ ni˩ taʔ˩." kəi˩
找　　玉　　皇　　大　　帝，　求　　他　　救　　你　　□你们。"　狗

tsʐ̩˥ tsʰoŋ˩ nə˩ tʰi˩ mən˩ fəi˩ læ˩ tʰi˩ kaʔ˩, uaʔ˩ ʃʮiəʔ˥
子　　从　　南　　天　　门　　飞　　来　　天　　咯，　划　　水

kə˩ kaʔ˩ in˩ hɕiəʔ˩, tou˥ kaʔ˩ ʮ˥ uan˩ tʰia˩ ti˥ mi˩ tɕʰi˩,
过　　咯　　银　　河，　到　　咯　　玉　　皇　　大　　帝　　面　　前，

kʰuəi˩ pæ˩ ieʔ˥ fan˥, ʃʮiəʔ˥ min˩ læ˩ i˥. tsʰieʔ˩ tʃʰi˥ tsʰian˩
跪　　拜　　一　　番，　说　　明　　来　　意。　实　　际　　上，

ʮ˥ ti˩ tsou˩ i˩ ɕiou˩ teʔ˩, tɕiou˩ kəi˩ tsʐ̩˥ tou˥ tʰiou˥
玉　　帝　　早　　已　　晓　　得，　叫　　狗　　子　　到　　稻

tsʻan꜔ tʃʻiꜛ tʃʻʅꜞ. kəi꜔ tsʅꜛ məi꜔ tæꜚ tʃɥan꜔ lian꜔ tsʃieʔꜚ
仓　去　取。　狗　子　没　带　装　粮　食

teʔꜛ toŋ꜔ ʃi꜔, məi꜔ pffieꜞ faʔꜚ çianꜛ, tsʅꜛ xɔuꜛ tsfæꜚ
的　东　西，　没　办　法　想，　只　好　在

tʃɦɔuꜚ tsʻan꜔ li꜔ taꜛ kaʔꜚ ieʔꜛ kɵꜛ kuanꜛ, tʃɦɔuꜚ tsʅꜛ tsan꜔
稻　仓　里　打　咯　一　个　滚，　稻　子　粘

kaʔꜛ ieʔꜚ sən꜔ tçiɦieuꜛ uəiꜞ ka꜔. tɔuꜛ kaʔꜛ inꜞ hɦieꜞ pi꜔
咯　一　身　就　回　家。　到　咯　银　河　边，

məi꜔ iəuꜞ tçiɦieꜞ, tsʅꜛ xɔuꜛ uaꜞ ʃɥəiꜞ kɵꜛ hɦieꜞ. tçieʔꜛ kɵꜛ
没　有　船，　只　好　划　水　过　河。　结　果

tʃɦɔuꜚ tsʅꜛ paꜛ ʃɥəiꜞ tsoŋ꜔ tʻeʔꜛ kaʔꜚ, tsʅꜛ iəuꜞ məiꜞ pɔu꜔
稻　子　把被　水　冲　脱　咯，　只　有　尾　巴

nian꜔ tsfiəŋꜚ (hɦi-ø)a꜔ ieʔꜛ ʃiꜚ tʃɦɔuꜞ tsoŋ꜔, tæꜞ uəiꜞ nin꜔
娘三上　剩　下　一　些　稻　种，　带　回　人

kan꜔ꜞ. tçieʔꜚ kɵꜛ tʃɦɔuꜞ tsʅ꜔ tsʅꜛ iəuꜞ ɦieʔꜞ miɔuꜞ teʔꜛ
间。　结　果　稻　子　只　有　禾　苗　的

tsfianꜚ mi꜔ tçieʔꜛ kaʔꜛ ieʔꜛ tiꜛ tʃɦɔuꜞ kuoʔꜛ, hɦiaꜞ mi꜔ məi꜔
上　面　结　咯　一　点　稻　谷，　下　面　没

teʔꜛ kaʔ꜔ꜞ, peʔꜛ kəiꜞ tsʻeʔꜛ. kəi꜔ tsʅꜛ tçiɦieuꜞ tsɦoŋ꜔ tɔu꜔
得　咯，　不　够　吃。　狗　子　就　重　到

tʻi꜔ꜞ nian꜔ tçiɦieuꜞ ʅꜛ uan꜔ tʃfiaꜞ ti꜔ꜞ. ʅꜞ tiꜞ kanꜞ: "peʔꜛ
天　娘三上　求　玉　皇　大　帝。　玉　帝　讲："不

kəiꜞ tsʻeʔꜛ, taʔꜛ ti꜔ sʅꜛ tsʻeʔꜛ tsʻeʔꜛꜞ." kəi꜔ tsʅꜛ iꜞ uəiꜞ sʅ꜔ laꜚ
够　吃，　搭　点　屎　吃　吃。"　狗　子　以　为　是　啦

tçiɔuꜚ tʻaꜞ taʔꜛ ti꜔ꜞ sʅꜛ tsʻeʔꜛ, tçiɦieuꜚ kʻæ꜔ꜞ sʅꜛ tsʻeʔꜛ sʅ꜔ꜞ laꜚ.
叫　它　搭　点　屎　吃，　就　开　始　吃　屎　啦。

参考文献

崔允慧 2012 安徽宣城（雁翅）方言连读变调研究，中国社会科学院研究生院硕士学位论文（未刊）

黄京爱 2012 安徽宣城（雁翅）方言语音研究，中国社会科学院研究生院硕士学位论文（未刊）

沈 明 2013 安徽宣城雁翅吴语古並母字今读音，载《太田斋、古屋昭弘两教授还历纪念中国语学论集》，［日］《中国语学研究·开篇》单刊 No. 15，好文出版

沈 明、黄京爱 2015 安徽宣城（雁翅）方言音系，《方言》第 1 期

沈 明、崔允慧 2016 安徽宣城（雁翅）方言两字组连读变调，《方言》第 2 期

石汝杰 1998 汉语方言中高元音的强摩擦倾向，《语言研究》第 1 期

张 林、谢留文 2010《安徽铜陵方言记略》，中国社会科学出版社

赵日新 2007 汉语方言的［i］＞［ʅ］，《中国语文》第 1 期

赵日新 2009 安徽省的汉语方言，《方言》第 2 期

中国社会科学院、澳大利亚人文科学院 1987 《中国语言地图集》，（香港）朗文出版（远东）有限公司

中国社会科学院语言研究所、中国社会科学院民族学与人类学研究所、香港城市大学语言资讯科学研究中心 2012 《中国语言地图集（第 2 版）》，商务印书馆

朱 蕾 2009 宣州吴语铜泾型古全浊声母的演变，《方言》第 2 期

后　　记

　　安徽南部的徽语、吴语很有特点，应当有一批比较系统的单点方言调查研究报告。所以在完成"徽语调查"的项目之后，我们再次听取了同事谢留文的建议，于2010年申请到了中国社会科学院重点项目"安徽吴语调查研究"。我选点在宣城雁翅，刘祥柏和陈丽分别在芜湖六郎和泾县查济，谢留文则选在了江苏高淳古柏。

　　调查前后去了三次（2010年10月至11月，2011年6月和2015年4月）。第一次是带着硕士生方胜蓝、黄京爱和崔允慧一起去的。她们仨当时读二年级，正好可以当做田野调查实习课。从北京到宣城近二十个小时的火车，住一宿再坐一个多小时的汽车，才颠颠腾腾地到了雁翅，这一路直接把黄、崔两位韩国女生给弄晕了。回程的时候坚决要求从南京坐飞机回，可飞机的一晚再晚以及禄口机场的服务，别说她们，连我都晕了。

　　雁翅原先是个乡，2002年合并到水阳镇后成为一个社区。一条主街平时略显冷清，唯一的菜市场倒是热闹，一大早鸡飞鸭叫，新鲜果蔬，馒头点心什么的倒挺全乎，不过一到九点便安静了下来。宾馆就在市场边儿上，我们的早点就在那儿解决，每天不变的豆腐脑和包子。雁翅的深秋不时下个雨，有时候连着三四天。遇到这种天气，宾馆里的太阳能热水器便不能用了，所以等到太阳一出来，立马一片欢呼，赶紧收工，洗澡、洗衣服。每年的农历九月十八，是雁翅唯一的会，热闹得跟电影上的似的。我们放假一天。她们仨还买了些炸鸡腿、糖什么的，晚饭时间站在我的门口，怯怯地说："老师，我们可以不吃晚饭吗?"问："鸡腿好吃吗?"答："不怎么好吃。"黄京爱、崔允慧总是漂漂亮亮的，晚上悄悄地到楼下的美甲店染指甲，收拾得得体也出挑。更重要的是，一点儿也不娇气。这两位家境甚好，从小宠爱有加。雁翅的生活条件和调查强度，确实够她们受的。允慧体质较弱，到了二十多天的时候还是发了烧。我劝她回北京，她坚持不走，休息了一天便又接着做，着实让我一番感慨又一番感动。两次的调查语料后来成了黄京爱、崔允慧学位论文的重要内容。

发音人夏振英先生在当地颇有威望，有学识，正直公道。平时就对方言及文化感兴趣，小本儿上工工整整地记着一些方言俗语。他很明白我们要调查什么，生活经验丰富，精力又充沛，是这许多年来难得的理想的发音合作人。夏先生严肃里带着柔软，有时候会带着两个孙女来，有时候会带几朵栀子花来。请我们到家里吃饭的时候，还亲自划着小船载着我们四人游玩，指着一条水路说："我当年到宣城念师范的时候，就是从这条水路坐船去的。"调查结束的时候道别，大家心里都很不舍，允慧还掉了眼泪。今年4月第三次去的时候，距第一次调查已经过去5年，夏老师依然还是当年模样，很是宽慰。

最后是感谢。感谢宣城的李国强老师和雁翅中学的江灵霞老师。感谢中国社会科学院语言研究所一直以来的支持。感谢中国社会科学院所给予的出版资助。感谢张林编辑。

作　者
2015 年 10 月 14 日